中央高校基本科研业务费专项资金资助项目
浙江大学文科精品力作出版资助计划资助项目

RETURNING TO
ON THE SCIENTIFIC RECOVERY
OF ECONOMICS RESEARCH

回归本我

论经济学研究的科学性重建

马良华　著

ZHEJIANG UNIVERSITY PRESS
浙江大学出版社

序

　　经济学作为一门"经世济民"的显学，过去几十年来为理解纷繁的经济现象、改善人们的生活质量和支持经济的稳定增长发挥了重要作用。一些经济学者认为经济学比其他社会科学更具"科学性"。这个科学性可能反映在相关的两个方面。一是较强的逻辑性。假定经济主体的行为，比如消费者追求效用最大化、企业追求利润最大化，市场均衡便有了唯一性，一个外部冲击对经济造成的影响，完全可以根据经济逻辑推理出来。二是较高的数学化。数学的运用对于加深理解经济现象也很重要，比如在马歇尔引入"边际"的概念之后，经济最优解就成为看得见、摸得着的事物。近年来，数学在经济学研究中的应用更是达到了登峰造极的地步，不运用数学模型的学术论文通常很难在顶级期刊发表。

　　不过令人尴尬的是，经济学的这些"科学化"改造并未使它变得更加科学。有媒体报道，英国女王对经济学家没能预言十几年前的那场全球金融危机深感困惑。这样的困惑当然是基于对经济学不切实际的期望，但也说明经济学并不具有科学预言的能力。有一种流行的说法，"一个屋子里五位经济学家，往往会有六种观点"，这说明经济学其实不是很严谨。经济学家强调"自圆其说"，考验的显然是逻辑推理能力，但也说明经济学的可验证性比较弱，容易造成"公说公有理、婆说婆有理"的局面。自 20 世纪 30 年代起，凯恩斯与哈耶克连续论战数十年。甚至可以说，这场论战至今仍在延续。论战是良好学风的体现，但论战了将近一个世纪尚未决出胜负，经济学的科学性又体现在哪里？

　　这就是我理解的马良华教授新著《回归本我》所研究的问题的大背景。马教授开门见山，直击经济学的命门：为什么经济科学不具科学性？他认为，经济学研究受到普遍的诟病，问题出在根子上，即经济学的认识论和方法论偏离了经济科学的本我特性。《回归本我》首先从科学认识论最基本的哲学问题，即存在与认识在具体与抽象以及名与实、时间与空间中的逻辑思辨，以及经济科学特性这两个层面的研究出发，包括经验数据的不同特性，论述经济科学特性与自然科学之间的本质区别，论述经济学方法论的构建和确立为什么应该不同于自然科学，而应该回归到经济学本我的特性上来，在此基础上，指出建立在现有方法论之上的经济理论研究和应用研究中所存在的缺陷，并设计了新方法论构建的原则、方向、框架与路径。

《回归本我》是我所看到的对经济学反思最为彻底的一部原创性学术著作，不但视野广阔，而且自成体系。所涉及的学科很多，远远超出了传统经济学的范畴。研究如此宏大的课题，挑战性很大，对于反思甚至重建经济学的方法论和理论框架，有很重要的参考价值。几十年来，学术界对经济学理论的各种批评声音从来就没有停止过，但直接从认识论和方法论的层面开始，系统解析经济学面临的困境，马良华教授是第一人。他在撰写本书的五年间所倾注的心血，是外人难以想象的。《回归本我》论证渐次演进，一环紧扣一环，首先讨论一般的认识论和方法论，然后根据经济科学的特性评估已有方法论可能存在的问题，最后再提出构建新的方法论的思路。逻辑严谨、思路清晰，读来有一种酣畅淋漓、水到渠成的感觉。

现在还无法预料《回归本我》是否会引发一场新的经济学革命，但其中的一些重要命题值得引起整个经济学界的重视。比如，马良华教授指出，与自然物质事物不同，经济事物具有更加明显的多样性与时变性。同样一个经济事物，在不同的时间、不同的环境可能会具有不同的形态，也可能产生不同的效果。这说明用自然科学包括数学的方法来描述经济事物具有很大的局限性，需要满足更多的约束条件，在许多情况下是不恰当的。因为经济科学和自然科学有着本质不同的特性，经济事物和自然事物有着不同的内在规定性。数学无法很好地描述和反映经济事物的一致性。如果这个结论靠谱，那么接下来的推论应该让所有的经济学家都彻夜难眠：经济学在引入简单的假设条件与复杂的数学工具之后，不仅没有变得更加"科学"，反而变得更加脱离实际，甚至演变成学术小圈子的数学游戏。因此，过去一百年来经济学的"科学化"改造完全是误入歧途，甚至是南辕北辙。

这样看来，经济学为什么受到普遍的诟病，问题出在了根子上。如果认识论和方法论搞错了，任何修修补补的努力都不可能从根本上改变局面。正是基于这个原因，我愿意把《回归本我》推荐给所有对经济学感兴趣的学者与学生，一起来思考经济学的现状与未来。更大的挑战在于，自然科学的方法不行，那么正确的经济学方法又是什么？马良华教授在书中也提出了他的设想。前面提到的英国女王的困惑，其实也反映了经济学方法论的困境，即如何分析人作为经济过程的一部分所形成的反馈机制。即便一项经济预测起初是准确的，但人会根据这个预测调整行为，这样很可能会使得最终的结果偏离最初的预测。这个例子说明，马良华教授从认识论和方法论入手，很好地点出了经济学的根本问题。但如何在经济学研究中获得方法论重建，增进经济学研究的科学性，仍然任重道远，有待于更多的人一起努力。

黄益平

北京大学国家发展研究院

2021 年 2 月

前　言

（一）

　　人类对于客观世界的认识取决于人类认识这个世界的方式。认识的错误和不足，以及未能获得正确的认识，很可能是因为认识的方式和方法在一开始就发生了错误。而认识论进而方法论则是认识方式的确立和具体获得何种认识的重要基础。

　　现代科学的迅速发展，得益于人类客观和理性的科学认识观的确立。从人类科技发展的历史变迁来思考，与其说是科学方法的运用推动和促进了科学事业的发展，还不如说是人类整体在认识客观世界的始源和路径的根本改变导致了这一结果。科学方法上的拓展进步也是这种认识论发生根本改变或转向的结果。具体地说，现代科学认识论的确立和不断拓展，使得人类对于客观世界的认识理性回归到客观存在着的事物本身而非之外，而科学方法论则是在这一方向的指引下获得有关事物存在的客观认识的路径和方法，或即以符合事物本身特性的路径和方法去获得对于不同事物的科学认知及理解。正是在这两个方面进步的共同推动下，现代科学才取得了快速发展。

　　但是，迄今为止，就我个人的观点来说，科学认识论进而与其相对应的方法论所带来的科学发展及取得的应用成就，主要发生在自然科学领域甚或只是其中的一些事质领域，例如物理学、化学和生物学及以其为基础的领域。在认识所研究探索的不同事物领域中，科学认识论和方法论的深化拓展——类意义上对于不同事质领域在认识论上的具体化及其相对应方法论的研究探索和建设

1

方面，以及对彼此之间的区分研究，依然是不能令人满意的。无论是在科学哲学的一般意义还是具体意义上对于科学认识论和方法论的研究仍然严重不足，在本体论意义对于不同事物特性的研究及其对方法论构建的科学意义缺乏足够的认识和重视。正是科学认识论和方法论在深化研究上的停滞不前，导致了科学认识论和方法论在不同事质领域（特别是经济科学和自然科学）及其不同抽象层面上的混淆或者跨界滥用，导致了某些领域科学研究的异化和科学价值的缺失。经济科学就是其中的典型一例。

我对其他科学研究领域的情况缺乏深入的了解，但对于经济科学这一领域而言，我自信应该拥有很大的发言权。在我近四十年的经济研究过程中，随着研究的不断拓展和学习、观察及思考的增进，我对于经济学研究之科学性的疑问和困惑也与日俱增。放眼整个学界，无论是在国际还是国内，经济理论研究对于经济事物或现象的解释和预测能力都缺乏足够令人信服的证据，经济应用研究在整体上所提供的可操作性同样十分欠缺。经济学界的话语权或者影响力，基本与 17 世纪之前的自然科学所处的状况相似，不是取决于研究的科学性特征，而是主要取决于话语者的身份、地位或者"光环"，不是取决于经济学研究成果的科学性得以彰显的一致性，而是取决于"科学形式"和"混圈子"。乃至于在这个领域，各种所谓"科学"通过形式化得以普遍泛滥，甚至"游戏化"，随意性到处存在。在这个科学领域，客观与理性这一用以反映科学特征的词语，不幸在实际研究过程和学术活动中整体已经明显地偏离了科学目标，似乎是与这一学科毫无关系，取而代之的是"形式主义"和功利化的各种表现。

这种状况是糟糕的，是与这门科学的科学性要求不相符合的，它促使我对这个问题进行深思和深入探究产生了浓厚兴趣。当然，我也深知从事这项工作所面对的巨大挑战和困难——不仅来自学术研究本身，而且还来自现实中与研究主流和短期的功利化管理体制背道而驰所可能带来的结果。但我仍然决定一试。

长期的学习、思考和研究告诉我，经济研究中所普遍存在的科学性特征缺失现象，其始源发生在科学认识论上。是科学认识论在一般层面上对有关存在与反映、具体与抽象、名与实等之间的逻辑对应关系以及在时间与空间、同一性与差异性的表现上的许多基本问题缺乏系统深入的研究，导致经济学在方法论构建和确立上存在许多认识的模糊不清和逻辑混淆、混乱；是科学认识论在经济科学中的拓展和深化研究的不足，特别是对经济科学本我特性及其与自然科学的本质区别研究得不深不透，导致了经济学在方法论构建或确立上"本我意识"的缺失和"本我特性"的迷失，进而导致了方法论及其具体研究方法上的许多错误。所以，要解决这一问题，就必须从科学认识论这一最基础的层面入手，通过对科学认识论在一般层面和经济学本我层面的深入研究，来审视和构建经济学方法论，来进行经济学研究的科学性重建。为此，我阅读了许多与科学、哲学、认识论、方法论等以及科学史相关的著作及其他文献，特别是海德格尔的《存在与时间》、米塞斯的《人的行为》和《经济学的认识论问题》、库恩的《科学革命的结构》、拉卡托斯的《科学研究纲领方法论》、迈因策尔的《复杂性中的思维》、休谟的《人类理解研究》和《人性论》、门格尔的《经济学方法论探究》、布劳格的《经济学方法论》和《经济学方法论的新趋势》、博伊兰的《经济学方法论新论》、查尔默斯的《科学究竟是什么》等，从中深受启发，受益匪浅。新的阅读思考和我之前长期积累的学习思考，帮助我解决了许多困惑，使得许多模糊的认识得到澄清，思路得到开拓，知识得以增进，理解得以深入，逻辑得以系统化。

在我看来，除了米塞斯、海德格尔等的著述外，总体而言，我所看到、听到的现在有关对方法论的论述和批判评述，绝大多数是建立在对于这些方法论及其不同层次进行的就事论事式的基础上，而非基于科学认识论研究。这样做的后果是，结论的得出只是对这一层面上合理性所作的思考和评判，却缺乏来自更深层次这一最重要最基本的认识论依据及支撑。这也就意味着，有关这方面的评判和修正，不论看起来是如何有道理，然而终究是浅层的和表面的。就其认识的始源而言，其实从一开始就搞错了方向——以至于后面不论如何修正——或者即使评判是正确的，却也终归囿于表象而不得要领。它无助于经济学研究科学性缺失问题的根本解决。

基于上述认识和逻辑，我在本书对经济学认识论和方法论方面的研究文献只作了非常简要的回顾梳理，也没有用很多的篇幅评述和指出现有经济学理论及应用研究中存在的许多具体问题，而把重点放在科学哲学、经济学认识论进而方法论中有关科学活动所需的最基本问题的研究论述而非文献的重复梳理上，目的是通过对科学认识论研究的拓展深化或经济学认识论的研究构建，使得经济学方法论回归到经济科学的本我特性上来，通过经济学方法论的科学性重建来增强经济学研究的科学性。我认为，只要把科学哲学的基本问题和经济科学的本我特性及其与自然科学之间的本质区别搞清楚了，现有经济学方法论以及在具体研究过程中所存在的缺陷和问题也就昭然若揭、不言自明了。当然，如何反映和检验经济学研究的科学性问题，以及经济学研究的科学性重建的方向、路径、原则等也就得到了进一步的明确。这也是这项基础研究的意义所在。

有关最近几十年中经济学认识论特别是方法论的历史变迁，以及诸多不同学派众多学者对于现代经济学研究在方法论上的诸多争论和分歧的文献，如果读者对这些方面感兴趣，不妨阅读一下我在前面所提及的文献，特别是米塞斯、库恩、拉卡托斯、布劳格、博伊兰等学者的著述。

（二）

本书是一部建立在科学、哲学和经济学以及其他相关领域的跨学科知识研究融合基础之上有关科学认识论特别是经济学认识论及方法论研究的著作，为了让读者更全面地了解我的观点以及我提出这些观点的思想基础或者依据，我在导论和前面几章对相关的基本观点和思想基础进行了概要的研究论述。当然，这些概括论述是初步的和不具体的，并不能帮助读者深入地理解、领会书中的全部论述，所以若要全面具体地了解我的观点及其依据，或者批驳我的观点，请耐心地通读全书的全部内容并阅读相关的理论文献。

我认为，哲学是认识的基础，科学哲学则是事物真相得以科学认识的基础。然而，不幸的是科学哲学研究及其重要作用被许多人忽略甚至无视了。由于深奥莫测和晦涩难懂，人们对于哲学普遍地知之甚少或者望而却步。经济科学就面临着这一窘境。作为科学哲学的重要组成部分，已有的经济学认识论继而方法论是不完整的或是零碎的。甚至可以说，经济学缺少自己的认识论基础，对自己并不了解，经济学方法论也没有建立在经济科学的本我特性之上，存在着认识上的诸多缺陷或者问题。这导致了经济学研究中的许多错误——特别是科学性特征的缺乏，以及"科学形式主义"和随意性现象的普遍存在。因此，若要改变这种糟糕的状况，就必须对经济学认识论及方法论进行研究重建／重构。需要在本体论意义上遵循"从事物本身的存在中获得认识答案"和"根据事物存在的特性去寻求获得科学答案的路径和方法"——被我认为是现代科学最基本的两个原则，通过对经济事物和经济研究本身的特性、特征的系统研究，使得经济学方法论回归本位，并指导经济学的科学研究，检验经济学研究的科学性。

　　按照我在本书中的观点和逻辑，读者不难发现，我实际上是一个方法论多元主义者。我也并不否定和排斥实证分析和数学方法在经济科学中的作用，但我强调这些方法在运用时的恰当性或应该严格遵循的条件，反对这些方法在经济学研究中的滥用。与其他的方法论多元主义者不同的是，我对经济学方法论构建和确立的观点主张是建立在对科学哲学一般层面和学科层面认识论——特别是有关存在与认识在具体与抽象、名与实、时间与空间和同一性与差异性等关系的逻辑思辨和经济科学本我特性的研究基础之上的，而非笼统的感觉、印象和概念。我认为，在许多时候，经济学研究还需要根据命题的性质或者研究目标和研究类型的不同来选择具体的研究路径和方法，需要运用多种手段和方法。但无论选择何种手段和方法，都需要与所研究事物的特性、研究命题的性质和要求相符一致，并反映出科学特征，具有可一致检验性。

（三）

　　本书的撰写始于 2015 年，断断续续地进行了大约五年时间，整个过程并不是很顺利。2017 年、2018 年、2019 年我遇到睡眠障碍和头部不适症，严重时寝食难安，坐立不是，为此我不得不几次中断撰写，强迫自己闭关静养。为了完成这项工作，我把自己的大多数时间和精力放在对这一问题的文献收集，以及学习、思考和研究探索上。

　　作为一部关于经济学认识论及方法论研究的原创性著述，本书旨在通过各种科学、哲学、经济学和多学科知识的融合研究和逻辑思辨，使得科学认识论或者科学哲学能够在经济学领域有所创新拓展和深化。因此，不同于之前的大多数同类主题著述，本书没有拘泥于现有的主要针对经济学方法论层面的论述、批判和拓展，而是以现代科学哲学本体论，即从事物存在的本身去寻找科学答案为基础和依循，通过对科学哲学及其在经济学认识论上的具体反映这一经济科学最基本的源头开始进行拓展深化研究和逻辑思辨，来审视、揭示现有的经济学方法论及其研究手段方法上存在着的科学性缺陷和局限，来反思现代经济学研究科学性缺失的根本原因，来思考和研究探索经济学研究的科学性重建。我在这部著作中有关科学认识论的阐述，同样适用于其他科学研究领域。

由于本书的研究论述涉及科学、哲学、经济学以及其他多个学科相关的理论和知识，所以如果缺乏相关领域的知识基础，对本书的阅读和理解一定会有不少困难，这是正常的现象。也正因为此，正确与错误经常仅仅就在一线之隔或者毫厘之差，因此本书所做的阐述、论述中难免会有一些遗憾和不足，词不达意、言不尽意、错误也肯定会存在。但我自以为，我正在朝着一个正确的方向行走，通过本书对最基础的认识问题的澄清和拓展，希望能够引起更多的经济学人的思考和研究，并为经济学认识论和方法论的研究构建进而为经济学研究的科学性回归提供理论基础。

本书的出版，得到了来自众多同行朋友的鼓励和浙江大学出版社的支持。在这里，我要特别感谢北京大学国家发展研究院的黄益平教授，他不仅认真地审读了书稿，并提出了不少建议，而且还在百忙之中为本书作了序；感谢上海外国语大学国际工商管理学院的杨晓兰教授，浙江大学经济学院的孔伟杰副教授、俞彬副教授和浙江大学管理学院的钱美芬副教授对书稿的审读和建议；感谢浙江大学出版社的陈丽霞和赵静编辑。他们的支持和努力工作，使得本书得以顺利出版。当然，我还要感谢我的妻子龚淑英教授和女儿马心悦，本书的撰写离不开她们始终一贯的支持，她们一直是我能够致力于独立研究的坚实后盾。

目 录

CONTENTS

导论：我为什么要，以及如何撰写本书？

> ……众里寻他千百度，蓦然回首，那人却在，灯火阑珊处。
>
> ——辛弃疾《青玉案·元夕》

我们研究的，是物质和意识及其相互关系所对应的事物，即物质事物、意识事物以及它们之间的相互关系。一元论者试图把一切存在归结为其中的一个方面，而事实是存在之所以得以反映离不开这两个方面中的任何一个。这就是人类面对的世界。

之所以认识世界时会出现类似一元论者那般的观点，源于认识之对于客观世界多样性、层次性的错位和混淆，或者同一性与差异性在抽象与具体层次上的混淆——它们各自对应着事物存在的不同方面，却要把这两个不同性质的东西混在一起等而视之。同一性只在抽象意义上发生，而差异性则普遍存在于具体的事物。在人类的认识世界里，抽象与具体本就不是一样的东西，就像物质与意识。它们之间相依共生，却本质不同。

科学认识，面对物质和意识这两大事物，形成了自然科学和社会科学两大不同领域。自然物质事物和意识事物分别成为科学认识的两大对象。物质是一种存在形式，意识是另一种存在形式，是人类这一物质基础上的衍生。意识性既与物质性相关，又与物质性存在很大的不同。人的意识虽然由人这一生命体所发生，但决不能说人的意识等同于人的生命体，就像不能因为阳光来源于太阳就把阳光等同于太阳一样。

物质的存在和变化反应是一种物质内在规定性的反映，而有目的的意识则是一种由逻辑规定的思维活动。人的无目的无意识的反应，例如人体之对于温度的反应，由人的物质性（生物性）决定而引起；而人的有目的有意识的反应，例如人感到寒冷，因而想要选择一种方式来进行御寒，这是由人的逻辑思维决定的。它们各自涉及不同性质的规定性，对应着事物在类意义上的不同阈值。

人类如何获得对于事物的科学认识，或者何以使得事实得到科学反映？

答案是：回到事物的存在本身，用事物的问题指向通达事实，并用符合事物特性的方法去获得认识或描述事实，包括现象形态特征的描述和通过结构、因果与功能等对于事实的存在方式的描述，像事物本身的存在方式那样来描述事实。连接认识与事实之间的是问题和方法，问题使得事实得以通达，使得事实的范围和具体化程度得以显现，而正确的方法使得事实在认识上得以洞明，概念、分类和逻辑使得事实的结构、因果和功能得以系统化呈现。哲学思辨和知识的融合则是我们获得对于不同事物的存在事实之认识的共同基础。

一、本书的立论和历史背景

自 17 世纪古典经济学出现以来，经济学研究的科学性一直受到来自学界内外的不少诟病。人们对经济学研究的科学性诟病主要集中在研究结论的普遍随意性和科学性特征的难以检验性，以及理论在解释、预测和应用上的弱有效性或一致性的缺乏。为了改变这种状况，不乏经济学家和方法论家试图通过对经济学认识论、方法论上的研究反思和修正、确立来增强经济学的科学性特征或减少主观随意性现象，但整体收效甚微。

第二次世界大战之后，在"物理主义"或"科学主义"思潮的影响下，经济学研究中引入了自然科学的"科学方法"，并以此为基础对经济学方法论进行了"革命性"改造，试图通过数学和实证分析的方式来彰显经济学研究的科学性特征。这种做法虽然受到了不少质疑、批评和反对，却仍然逐渐成为主流。

然而，这场经济学方法论意义上的"科学改造"的实际效果并不尽如人意。迄今为止，不仅经济学研究的科学性特征没有得到根本的反映，理论和应用的价值反映依然缺乏令人信服的证据支持，而且造成了"科学形式主义"的泛滥。经济学研究的科学性依然受到质疑、批判和诟病，但却因为缺乏有竞争力的方法论研究来进行替代，这种状况仍然得以延续而没有得到根本改变。我认为，这是经济学研究科学性危机的真正所在。

综观经济学家和方法论家们一直以来的争论和分歧，结合我自己长期的学习、思考和研究，我认为经济学研究科学性危机的症结，经济学研究的科学性特征的普遍缺失，始源于科学哲学、逻辑和有关不同领域知识融合在科学认识论研究上的缺失，是科学认识论在一般层面及经济学认识论层面上研究拓展和深化的严重不足，导致了具体与抽象关系在科学的同一性与差异性反映上的认识模糊和逻辑混淆，导致了经济科学对于经济事物的存在特性、研究特性及其与自然科学之间的本质区别等方面上的认识不足、认识模糊，并无视和抹杀了这种科学特性的本质对于方法论构建和确立的不同要求。

在经济学家们或者方法论研究者们有影响的著作中，多数研究都反映出对经济学在本体意义上认识论研究的忽视甚至漠视，甚至对方法论研究的漠视。在其中的一些人眼中认识论和方法论是可有可无和无伤大雅的，所以他们并不关心也没有认识到科学认识论和方法论在科学研究中的作用和影响。有些经济学家虽然意识到了科学哲学特别是认识论、方法论在科学研究中的作用和意义，也做了不少研究，但多数或是只停留在对表面、表象等粗浅的描述和比较上，有的甚至是感觉上的理解，或是只囿于方法论层面甚至方法运用上的批判反思和修正而缺乏本体论意义的认识论研究的支撑。或许，科学认识论研究在知识基础、理解融通和逻辑表述上所面临的很大挑战性，以及艰涩难懂，也是许多人知难而退、望而却步的原因之一吧。

但科学认识论和方法论在科学研究中绝不是可有可无的东西。没有方法论的指导，科学研究的目标就难以有效实现，研究目的就难以达到；而缺少认识论的研究基础，方法论就会变成无根之木和无源之水。

现代科学的发展进步，我认为主要归因于科学哲学原则的确立。即，在科学认识论的确立上表现为"回到事物存在的本身"而非之外去寻找科学认知，在科学方法论的构建上则应该表现为"用与事物存在特性相符的方法"去获得科学认知。现象学及存在论、本体论自然主义和方法论自然主义，等等，为科学认知的获得和形成指明了方向，在这方面功不可没。这两个原则在经典物理科学和自然科学中得到了较好的体现，所以自然科学领域研究的科学性总体得到了很好的反映，并取得了长足进步。但在经济科学中，这两个原则却没有得到很好的体现反映。众多的经济学研究文献表明，经济学对其本身并不十分了解，总体上对这门科学本我特性的研究匮乏和重视不够，也没有和无法根据这门科学本我的特性来构建或确立能够反映本我特性的方法论。而建立在自然科学特征基础上的"科学主义"方法的引入则偏离了经济科学的本我特性，在科学认识论意义上犯了同一性与差异性在具体与抽象不同层面表现上的逻辑混淆错误。这就是经济学中研究科学性普遍缺失的根本原因和科学性危机的命门所在。

概括地说，本书的立论是：经济学研究的科学性特征的普遍缺失或者科学性危机的形成，根本原因在于科学认识论在一般层面与经济学科层面上的认识不足和研究匮乏。是科学认识论在有关存在与认识在具体与抽象之间关系上认识的模糊不清导致了科学同一性与差异性表现在逻辑上的混淆，是经济学认识论研究的不深不透和不被重视导致了经济科学对于本我特性在认识把握上的严重不足，导致了经济学方法论在构建和确立上"本我意识"的缺失和"本我特性"的迷失偏离。因此，经济学研究的科学性重建或者科学性危机的化解出路，关键在于科学认识论在一般层面和经济学科层面研究的深化和拓展，使得经济学方法论的构建和经济研究回归本我，实现科学的同一性与差异性表现在抽象与具体上的统一。

二、本书的认识及逻辑基础

（一）

本书所指的认识论包括一般意义、学科和具体研究等不同层面上关于事物的存在方式、存在特征及其认识反映的基本问题，是对存在与认识在具体与抽象之间关系在不同层面和多个方面上的一种逻辑思辨，包括名与实、时间与空间，以及同一性与差异性等。方法论，则侧重于为从事物的客观存在中获得科学认知所需要的有关路径、手段和方法等的选择及理论构建上，并在层面上与认识论相对应。是基于本体论基础之上对于认识论与方法论的认识定位和哲学思辨。

所谓的本体论基础，就是回到事物的存在本身并用符合事物本身存在特性的方法去寻求科学认知，而不是之外的上帝、灵魂、先验自我、绝对精神等超自然力量和一切威权——这一认知基础。

（二）

为了更好地使得读者理解我在本书各个章节中所论述的观点，我首先在此对有关存在与认识、科学认识与事实、具体与抽象、名与实、同一性与差异性之间的一般关系作一基本的逻辑阐述。这部分内容是在我正在撰写的另外一部科学认识论研究专著的相关内容基础上，结合经济科学和自然科学的一般特性而简略形成的，是我对这些问题的部分哲学思辨。我认为，这些科学认识论上的一般问题对于认识理解科学探索活动和本书在正文中的论述论证十分重要。

1. 事实就是事物的客观存在，科学认知或者认识是基于事物的分类和具体界定基础上对于客观事实的反映，客观事实因事物的具体化程度和问题指向而得到确定或明确。

科学事实仅仅是作为认知对象的事物或者问题指向的客观事实的一种反映，而非客观事实的全部。我们永远无法也没有必要获得全部事实。

2. 事实只有在事物具有具体的问题指向和时空约束的条件时才得以通达，问题指向越是模糊，时空约束越是宽松，事实就越是模糊不清。因此，越是笼统含糊的说辞，听起来看起来反而会觉得越是有道理，但其实际意义却会缺失。

3. 科学事实的特性取决于事物所对应的客观事实的特性。在这里，事物—事实—认识形成了对应关系，假如认识的方法是正确的，那么认识所对应的事物的存在事实就可能得到澄明。

一切存在的事实都是存在者在时间和空间上的反映。科学认识抽象的特性，总是存在者存在事实特性的反映。一旦脱离存在者存在的事实，这种认识抽象就必然会发生偏差，而与存在的事实不相一致。

在人类的认识对象中，存在者既指一切存在之物，也指人脑衍生之事，它们分别对应物质和意识两大事物类型。若要开展有关这两大事物领域的科学研究，就必须在认识论上先行研究清楚这两大事物所对应存在者的特性。对存在者类型及特性的细分认识，将有助于增进研究方法的适当性。这也是科学认识得以增进和正确的方法论得以构建的基础与前提。

由于存在者一直处于变化之中，存在者所对应的绝对事实也同样如此。所以，科学认识的主要目标是发生和存在于一切现象之下的本质问题，隐藏在一切变化之中的不变之理。它既无必要也无可能获得发生在客观世界里的全部事实。

4. 事物的特性因分类从而得以区分。所谓类，从名的意义上，就是事物在性质、功能和外部表现等方面的共同反映；从理的意义上，就是在系统、结构和关系等方面或者机理上的一致反映；从数的意义上，就是构成要素的排列组合在变化阈值上的一致反映。不同的类，就是要素的不同排列组合及其功能、性质和外部表现等的类的不同，或者处于不同的类阈值。从客观角度，类的不同就是事物所处性状的不同；从认识角度，类的不同就是事物所处的结构性状及其变化所产生影响的质的不同。

同类之间的差异，归因于个体所处阈值范围内量值的不同。一种事物之所以与另一种事物存在差异或者不同，本质上就是各自在大类上所处阈值（位置）的不同，或者各自所对应的空间类阈值的不同；而从连续意义上，一种物之所以变化成为另一种物，就在于这种物的变化超过了原来的类阈值边界而进入了另一种类阈值边界。

理论上，物质事物可以无限细分，这种类的细分取决于人类认识的需要和能力。但是，人类对于意识事物的分类却要困难得多，因为类与类之间只能通过语言文字来进行定性区分而难以通过观察、量化阈值来确定界限。例如，我们很难准确地区分投机与投资以及理性与否。

人类对类及其特性在认识上的不断深化，是科学得以不断进步的重要基础之一。

5. 如果把所有的学科所研究对象的事物特性进行粗略划分，一是构成要素的类不同和性质的类不同；二是稳定性阈值或"时变性"的不同。

就构成要素及其性质而言，自然科学的研究对象是以物质为基础的系统、结构和功能表现，社会科学研究所面对的则是以意识为基础的系统、结构和功能反映。二者之间的性质和特征表现是完全不同的。

如图1所示，在大类上，就类事物稳定性阈值在大小分布的序谱上，物质性现象排在最前面的位置——其次是生物性现象——最次是有目的的意识性现象——最后是主观的意识性现象。经济现象的稳定性阈值处于生物性现象与主观意识性现象之间，在有目的的意识性现象中介于非人类高等动物的意识性现象与人类社会的意识性现象之间。

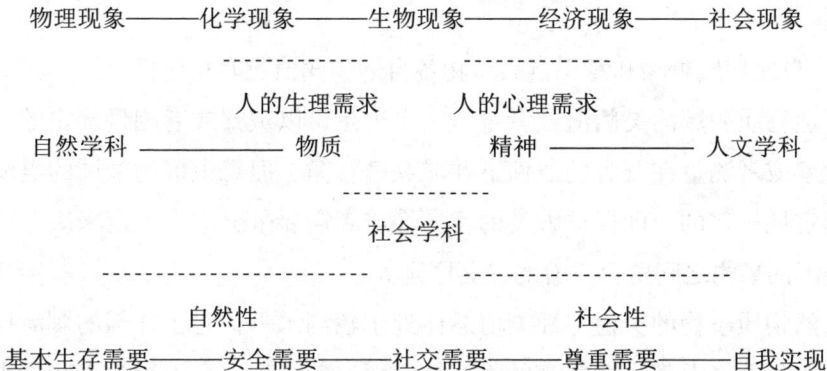

物理现象———化学现象———生物现象———经济现象———社会现象
             - - - - - - - - - - - - - - - -   - - - - - - - - - - - - - - - -

           人的生理需求   人的心理需求
自然学科 ———— 物质   精神 ———— 人文学科
               - - - - - - - - - - - - - -

          社会学科
    -    -

        自然性   社会性
基本生存需要———安全需要———社交需要———尊重需要———自我实现

图 1　大类事物稳定性阈值大小的分布序谱及对应的事物属性

（注：从左到右表现为事物所对应的稳定性阈值的渐次减小）

事物构成和事实存在方式的不同，类稳定性阈值的大小及差异，决定了类事物特性之间的不同和差异，决定了人类在认识、研究对于不同类事物现象方法上的不同要求。在认识论上，许多似是而非认识的形成始源于此，例如把经济事物／经济现象视作无异于自然物质事物／自然现象特别是生物现象的看法。却一直鲜有人意识到这一点。

在极端意义上，反映在事物的具体和抽象上的是，万物都是不同的存在，在终极意义上却都一样。但这不是科学研究所追求的，科学研究所主要追求的是这两端之间事物存在的一致性特征或者发生差异的道理。

6. 什么是类稳定性阈值？为什么类稳定性阈值差异会决定类事物特性的差异？

类稳定性阈值，是类事物在受到外部刺激的情况下，在时间与空间的稳定性表现及程度上的反映，包括空间性状和时间性状上的稳定性程度或一致性特征。有些可以定量与定性相结合的方式来衡量，有些则只能通过集合—定性的方式。

类事物的稳定性阈值越大，在其受到外部刺激的情况下，其空间性状上的稳定性表现越强，时间性状上的稳定性也越强，时变性越小，所对应的空间关系越一致。反之，在受到外部刺激的情况下，类事物在空间性状和时间性状上的稳定性就越弱，或者时变性就越大，所对应的空间关系就容易发生变化或者不一致。

7. 自然物质事物和意识行为事物各自的类阈值及其稳定性。

自然物质领域的类阈值或者量值，多少是可以观察或者测量确定的，尽管这种观察或者测量在既有的条件下并非灵敏精微。但意识事物领域的类阈值则是人为定性决定的，即根据人类的意向性或者需要来分类、界定来决定的。这是两类不同事物之间所存在着的显著区别。

自然物质事物的类稳定性阈值总体处于较高水平，对于外部的刺激反应在空间和时间意义上都具有较高的稳定性。而比较而言，意识行为事物的类稳定性阈值总体处于较低水平，对于外部的刺激反应在空间和时间意义上都表现出较强的敏感性或者较低的稳定性。

在系统意义上，要素的稳定性/敏感性阈值是导致系统结构状态平衡性的主要因素，它通过要素之间的相互关系产生对系统性状的影响，并在宏、微观系统状态之间的相互作用中得到体现。疾病就是主体动态禀赋的敏感性在接触到外部因素时引起的生物体结构失调的一种现象，是要素稳定性阈值在受到自身和外部诱因刺激时发生变化的一种反应。先天禀赋由基因和遗传决定，动态禀赋由先天禀赋和后天条件决定。要素的稳定性取决于自身阈值的大小和外部刺激的强度，结构状态不过是某一或几个要素相互影响而引起的连锁反应的结果。

8. 本质上，类稳定性阈值的大小，也反映了人类对于不同事质领域的事物在认识抽象程度上的不同需求。类稳定性阈值从高到低反映在人类认识上的需求，就是抽象到具体在程度上的增加。客观上，则是认识事物在复杂性程度上的增加。

在学科的意义上，数学最抽象、最机械，其次是自然科学中的天文学和物理学，再是化学、生物学，然后是社会科学中的经济学和社会学，最具体，也最不稳定。

因为位置相邻，经济学的许多事物看起来似乎与生物学中的许多事物很相似、很接近。如果不加以深入区分，甚至会认为可以视作"相同"的事物。但在研究认识上，或者对于"实用性"程度的总体要求上，人们对于生物事物／现象的要求相对粗放和抽象，甚至是粗略的；而对经济学的认识需要则要更加具体，从而在类意义上的细化要求也更高，对应的复杂性程度也更大。

反映在一致性的表现上，由于抽象程度或者具体化程度的不同，自然科学可以舍弃更多的差异性，因而更加显得一致，更接近数学，更适合于数学工具的运用；而社会科学则需要面对更多的差异性，或者需要更大的具体性才能满足人类认识和实用的需要，距离数学更远，也更不适合于数学工具。因为认识越抽象，其解决处理实际问题的能力就越弱。

9. 在具体意义上，研究方法只是一种手段或者工具，它的选择和使用从属或者服从于事物的特性。并不存在一种可以对所有事物都行之有效的具体方法，研究方法必须符合事物的特性即具有适当性，才可能有效地达到认识的目的。这个要求不仅反映在不同学科之间，而且也反映在同一学科的不同研究类型之间。

用另一种表达，如果具体事物有着相同的特性，就意味着不论其是否属于同一学科，也可以用同一种方法解决问题。

10. 在认识论和方法论的不同层面，一个层面的方法论总是从属或者服从于同一层面的认识论的。当然，低层级的认识论及方法论必须服从高层级的认识论及方法论的，以此形成不同层级之间的从属关系。因为方法论及其具体的技术方法，总是需要符合事物的特性才可能有效地达到认识研究的目的——而这取决于认识论。

一门学科及其研究类型应该选择运用何种研究路径、手段和方法，一是取决于学科研究对象和研究类型的特性，二是取决于具体方法的功能和要求。方法必须适合所研究事物的特性的要求才能更好地达到研究的目的。

学科层面的认识论需要服从共同的科学认识论或者科学哲学；学科的思维原理和方法需要服从学科层面的认识论；具体研究运用的技术方法则是一种工具，只在其功能与所研究的具体类型和要求相匹配时才发挥作用。

在根本上，存在是否得到认识的反映，取决于人类的认识方式和探索方法，不同类型的事物需要用不同的认识方式和方法。即使在今天，人类所认识发现的存在依然十分有限和粗浅。之所以如此，就在于认识方式和方法上的局限性。

11. 如何认识和确定事物的存在特性？认识论与方法论又是交融在一起的两个方面，有时候它需要依靠具体的语境和语意才能区分。

宏观意义上靠逻辑思辨，需要从类事物的形成和变化或者事实的存在方式及其认识抽象的形成等方面入手。微观意义上靠技术手段来判别、确定具体事物的存在特性和特征。由表及里、由浅入深，两种方式、两个层面形成抽象与具体的相互补充。

对物质事物的研究，由外及内；对意识事物的研究，从内到外。分别揭示现象与本质之间的关系。

从狭义上，类意义事物的特性和特征的抽象区分主要依靠认识论，具体事物特性和特征的区分主要依靠方法论。但这决不能说这两种认识方式是可以绝对分离而独立存在的。相反，它们相辅相成，互动增进。认识论促进了方法论的完善，增进了各种研究方法的科学性；科学方法形成的认识积累又进一步增进和丰富了认识论。

12. 需要指出的是，事物总是人对于客观世界的一种意识反映，或是客观存在在人脑上的一种刺激反应及其衍生存在，这种东西通常通过问题才能得以显现。并通过人类的分类、界定、结构化以及标记等语言化、概念化、系统化，有些以物为依附而产生或形成，有些则纯粹是主观意识的产物。前一种的客观性取决于物的规定性，后一种的客观性取决于其始源——人的自然性或者逻辑思维——这两者同出而异质。

13. 我们何以认识事物或者事物的存在真相？除了工具意义上方法的选择之外，我们必须首先把存在的事实概念化、系统化和结构化，或者用结构、因果和功能的方法来描述事物。这同时意味着将存在的事实予以层次化、关联化和系统化。技术方法则是用来把抽象或者粗略的事实进一步具体化、精确化的工具。事物所对应的事实能够精确或者具体到什么程度，则取决于事物存在的特性和技术手段的发展。

认识是人类的一种能动的探索活动过程。在这个过程中，形成了不同类型和不同特性的事物，并因系统化的需要对应着不同的系统或者层次，进而使得客观事实得以系统化、结构化、因果化以及多维度化、多层次化地呈现。事物所对应的客观事实因人类认识活动的这种能动化过程而得以通达和清晰化。所以，科学认识不是事实的简单反映或者映射，客观事实本身并不会因为人类的需要而自动显现——它们中的多数一直存在而直到近几个世纪才被有限的智者更多地发现和揭示。

客观事实转化为科学事实，必须在科学认识论和方法论的指导下并且通过科学的方法——即运用符合事物特性的路径、手段和方法才能实现。客观事实是否得到彰显和洞明，以及得到彰显和洞明的程度，取决于其所对应事物的系统化、结构化和层次化程度。

14. 方法符合事物特性的前提条件，首先在于在认识论上能够客观地认识和区分事物之间的同与不同，特别是质的差异性。

在现代科学认识论或者科学哲学领域，事物以类加以区分，所有的事物可以分为物质的和意识的两个大类，认识的源泉则被分为经验的和先验的两大类，存在及认识的性质可以分为客观的和主观的。

在整体存在和认识抽象上，事物在系统的层次、关系上实现了一致性，在认识论和方法论上实现了一致性。但这种认识抽象一旦深入到具体事物的层面或类的层面，方法论也随着认识论的深入和具体化而发生了改变，出现了应随事物类特性变化而变化的要求。其中，对类事物特性的研究认识和区分，是认识论的任务。如果缺乏对于类事物及其相互之间的系统、深入的认识和区分，类事物的方法论便会出现无所适从的窘况甚至混乱，其所指导的具体方法和手段便会出现错误。

15. 以符合事物特性的方法去寻求事物所存在事实的真相的另外一个认识论基础是：一切科学事实或者科学认识的特性，或者人类对于事物认识的客观性，取决于这种事物所存在事实本身的特性。

这句话的科学意义在于：

（1）一切科学的认知和发现，或者科学价值和意义，取决于这种事物本身的存在特性——它的性质和特征，获得科学认知的方法只有在符合事物存在的特性时才可能形成具有科学的价值和意义，方法和手段仅仅是认识得以通达事物存在事实的一种工具。在具体的意义上，并不存在一种万能的工具可以通达到任何事物存在的事实，而只能是"一把钥匙开一把锁"。在实际操作层面上，方法的选择总是与实现目标的效率、效果和效益等密切相关。

（2）无论如何，无论用什么方法探寻和获得具有科学价值的认知，都无法从并不存在这种意向性特征的事物的存在事实中"无中生有"，即正确的方法或工具所可能做到和完成的仅仅是帮助认识主体发现和揭示事物所客观存在的事实特征，或者信息和逻辑，而错误的方法和工具及其运用却会使得认识主体获得错误的或在事物存在的客观事实中并不存在的信息特征，或不真实的信息 /伪信息。

（3）对于事物特性的认识和判断是认识论需要解决的问题，是认识主体观察和思辨的结果，它部分来自系统经验（知识）的积累，部分来自联想和思维活动，而逻辑则是把这两个方面贯通融合在一起的有效"黏合剂"。

我们并不知道物质事物的存在——这类事物的形成变化是如何发生的，除非我们已经发现和证实并累积形成知识，我们都需要通过由外入内的方式去发现和探明，并通过可重复性加以证实或证伪。但人类意识事物则明显地不同于物质事物，显然，不论是谁或者哪类人群的意识事物，以及这些主体的意识或心智状态如何，对于事情的发生、经过或者过程，当时的境况，不仅当事人自己十分清楚，而且其他的人也可以通过内省、交流和换位思考等方式加以理解，借助于统计分析方法得以描述推理。当然，对于科学研究所追求的共同性思维及其逻辑特征，则没有比人类自己更清楚其中所发生的真实情况，也没有比这种方式更为有效、直接的其他方式。用研究物质事物的方式和方法来研究人类意识事物，无疑就是舍近求远和不得要领了。

16．一种事物是否具有科学认识活动所追求的信息特征，根本上是由这种事物的类性质和特征所决定的，它的系统、结构和关系的特征，或者贯穿于事物的形成、变化发展的特征，都取决于这种事物本身所具有的类规定性。选择和运用何种方法和工具获得或者探知这种事物所具有的科学特征，同样取决于这种事物的特性或类规定性。当然，归根到底取决于认识主体的学识、专业素养和认识能力，因为方法的选择和运用，以及结论的形成及其科学性程度的获得，都取决于认识主体。

类规定性，就是决定类事物的形成、变化发展的内在规定性，例如物质事物中的物理、化学和生物意义上的规定性，和贯穿于意识事物中的类逻辑、思维的规定性。物质规定性和意识规定性，这是两种本质不同的规定性，决定了物质事物与意识事物在本质特性上的不同。

17. 当然，并不是所有的事物都具有相同意义上的可依循一致性，有些可"精确"重复一致，有些趋势可重复一致，有些可以在概率上重复，有些不可重复而随机出现。它们各自在可重复上所处的阈值不同、程度不同、方式不同。它们的这种不同表现，由其所对应的事物类特性决定，认识的抽象程度和事物的时变性就是其中的重要决定因素。

类抽象程度越高，其舍弃的事物之间的差异性越多，可重复性越强。事物的具体性越强，事物之间的时变性表现差异就越明显，可重复性越弱。万物"常道"一致，"理"以类异，"实"各异存。

18. 很有必要论述一下关于方法与事实之间的关系问题，除了上述提及的方法选择和运用上的适当性对于认识之贴近事实关系发生影响的重要性之外，还有就是：（1）用以分析研究或者认识的对象及其存在的经验事实是否存在着科学认识所需要的信息特征或者价值内容，如果事物所对应的事实不包含有这种信息特征，那么即使是最好的方法或工具也无法帮助认识主体从中抽取到这方面的信息；（2）方法及工具是否具有准确区分、识别和判断经验事实中所存在着的信息特征的功能，而且可以重复检验。

就像人们想要探测金矿，用以探测金矿的方法和工具必须能够准确灵敏地发现和判断地下是否有金矿矿物质的真实存在，即有矿并能够准确判断。这两个条件缺一不可。

然而，并不是所有的事物所对应的存在事实或者经验事实中都存在着科学意义上的信息特征——即具有可依循或重复一致性的特征。即使存在着这种可依循性特征，从应用性角度也未必具有可操作性意义：即时空意义上的可重复一致性，或者通过时空条件的相同，使得结果也相同一致。当然，也并非所有事物存在的信息特征能够依靠简单机械的方法或者工具得到区分识别，例如意识事物。

即使是在物质领域，若要发明制造出能够准确地探测和区分辨别事物性质的方法与工具也十分不易。令人失望的例子是，用以检查身体健康的设备却可能从正常的状态或者并不存在的异常中诊断出"问题"或者"毛病"，或是把异常状态或者问题诊断为"正常"。当然，这种状况可以同时归因于诊断者及其使用的方法及工具。这种情况，如果说在物质领域总是多数可以得以最终证实或者证伪的话，那么在意识领域却十分困难。

19．一切认识研究活动，无论你使用什么工具和方法，以及先进与否，最重要的有两点：一是工具的性能和方法的适当性；二是工具使用者的水平和能力。

自然科学之所以可以通过实验/试验等和数学方法来获得科学认知，最重要的就是自然物质事物中存在着在类时空意义上由物理、化学或者生物规定性所决定的某些固定不变的关系，且多可用数学关系来反映。社会科学理论上也可以通过经验事实或数据获得某些特征信息，但这种特征信息中至多只存在着时空条件相对意义上的某些趋向特征上的可重复一致性，并且支持这种趋向上的可重复一致性特征的是逻辑的规定性。

20．在方法论上，只有最一般意义上的科学认识方法才普遍地适用于对所有事物事实真相的认识，解决"何以获得事实真相"的方法问题。一旦深入具体到学科和研究命题层面，方法论指导下的研究方法也随之提出不同的适当性要求。

学科领域，各学科层面及类事物的研究方法见表1。

表1　抽象与方法之间的对应关系

抽象的类型	方法的性质
一般抽象研究	科学的一般方法
类抽象研究	学科及类事物科学活动的基本路径和手段
具体研究	具体科学项目的技术手段和方法

并不存在分析、研究具体问题完全相同的技术工具和方法。这种所谓共同的方法，只存在于一般的认识意义上，但一旦落实到具体意义上——不同类的层面及其具体的研究项目或者具体问题的研究上，各自所需的工具和技术方法便出现了不同的要求，需要根据事物的不同特性加以选择。在具体层面上，我们并没有发现和找到能够应对处理解决所有问题的"万能方法"，就像我们无法

用锅铲去观察天体一样，我们同样无法用化验一种液体状态的方法去分析人的思维状态。

在科学的同一性与差异性之间，包括事物之间的"相同"与"相异"，在认识的抽象与具体之间，我们需要明白：事物的同一性或"相同"总是发生在类或者整体的抽象意义上，一旦指向具体的存在表现上，这种同一性或"相同"表现就会出现差异。就像人，人是一种类存在，具有共同的特性，但反映在个别意义上的具体存在，人的共同特性就有了不同的表现。认识到了这一点，就不会发生在学科层面对于方法论以及具体方法选择上要求统一或者简单化照搬的幼稚性错误。

集合论能够帮助人们更好地认识把握具体与抽象之间的关系。

21. 在先果后因问题的研究中，我们总是可以找到多个"因"的答案或者"变量"解释。但实际上，对于一种已经形成、出现的现象或状态，它的过程、结果及其在结构、关系上的特征，只要系统指向、目标指向和问题指向明确、清楚、一致，所对应的认识、解释都只可能存在一个解或一组解，而不可能有多个解或多组解。即使是从多个不同的角度来观察，同样如此。原因就在，所有的所谓不同的视角——无论是从结构要素指向的子系统（或局部）或是时间指向的状态上来说，都需要回归到这种认识上的同一系统指向、目标指向和问题指向上才具有逻辑一致性。不同视角的观察研究，有助于对事物进行全面深入的认识了解。但只从某一视角出发得到的结论，仅仅是事物在某一事实指向中的一部分。

（1）就同一事物在不同的时空意义上来讨论是有意义的，但进行争论、争辩就没有什么意义，因为它们本属于不同的问题，缺乏可争论意义上的一致性。

（2）就同一事物在不同的层面或局部意义上来探讨是存在意义的，但它不能等同于从问题指向、目标指向、系统指向上所开展的来自不同层面、局部上的答案，因为系统问题不是局部问题的简单、机械的叠加，它们各自所获得的答案并不相同，这是系统论中的基本认识基础。这也是我再三强调一致性逻辑之必要性的原因和意义所在。

22. 一种业已形成或者发生的现象或状态，无论其系统结构和关系如何复杂，它的过程和结果必然是确定的和唯一的，其在时间和空间上的变化过程及内含的关系转换都是确定的，而不可能存在多种的解。其所对应的情况，必然只与一般理论上所包含的全部时间、空间所对应的其中一种时间和空间中的结构、关系可能相对应，或者只与导致一种现象／结果／状态发生的多种可能中的其中一种相对应，而并非理论上存在的多种可能性中的任意一种。

上述两个事实，可以称之为"解释的确定性事实"。

23.如何识别、判定和排除解释上的随意性或者解释应答中可能存在的用一种与事实存在不相一致的结论来解释我们所面对的一种具有确定性的现象事实？在无法进行实验重复检验的情况下，唯一有效的路径和方法就是通过一致性参照体系及逻辑的构建，实现真正意义上的逻辑自洽。真正的逻辑自洽，必须符合这一条件。

当然，对于一种尚未形成或者发生的现象／状态／结果及其过程，或者先因后果的问题，则在存在几种不确定性的情况下，其对应的路径和原因的可能性也是多样性的，存在着多种可能的解或组合解。但在这种情况下，系统一致性认识框架、时空参照体系和逻辑的构建，将帮助我们根据核心逻辑这一主线和时空矛盾进行预测判断最有可能发生的几种情况和趋势。换句话说，有关这方面的预测、预见也仍然是存在着客观性基础的，而不只是主观随意的猜测。在这一意义上，"对称性论题"是成立的。

出现"免疫战略"，是因为在现存的科学认识论和方法论中缺乏对于类事物存在中的一致性参照及逻辑的清晰认识，而把一种事物所共同对应的系统时空变化特征及一致性逻辑与依据于各个层面、要素子系统及结构因果关系所形成的参照和逻辑彼此混淆在一起，把因随时空条件变化所反映的主次矛盾及要素的重要性顺序固化或者混为一谈甚至颠倒了。然而，一旦我们构建了基于类事物的系统时空变化特征的参照体系及一致性逻辑，"免疫战略"中的这种似是而非的认识和混乱的逻辑关系便将不复存在，与系统时空状态不相一致的"伪"因果、逻辑也就得以被排除在外。这个时候，科学意义上的逻辑自洽才算是真正的形成了。

从这一意义上，经济科学的研究重点才得以明确：（1）在理论领域，构建和不断深化类事物的认识框架，拓展探寻类事物在系统时空变化上的共同特征，建立起一致的参照体系和逻辑；（2）在应用领域，以理论为基础和依据，评估和判断确定研究对象所对应的具体的时空状态／条件，区分、确定矛盾的主次和要素（问题）的重要性顺序，提供与问题目标相一致的系统解决方案。

由于人类社会的条件不断在发生变化，因而理论前提和应用前提也会随之变化，理论研究及应用研究所面临的问题和侧重点也就会不同。

24. 任何一种意识事物的科学活动由以下几部分组成：一是构建系统认识框架；二是构建类事物的参照体系，包括核心逻辑主线及其在时空意义上的变化特征，例如经济增长的持续性中所贯穿的核心逻辑——在封闭条件下围绕供求互动关联的可拓展空间及其关联因素在理论与实践之间矛盾性的解决途径和方法，在开放条件下围绕成本—收益或者动态比较优势及其关联因素在理论与实践之间矛盾性的解决途径和方法；三是以类事物系统参照体系及共同的时空特征为依据建立起一致性逻辑。

对于所有事物作出的定性、判断、评价、结论甚至描述都是相对于一定标准或参照物或体系下的产物。不建立或确立一个共同一致的参照或者标准，即使不是信口开河或者胡说八道，也会出现不同的答案。因此，根据科学认识和研究的不同需要，建立、确立科学的参照和标准，包括静态或动态的一致性参照，以及客观和主观的标准，在科学认识和研究中有着至关重要的意义与作用，是科学方法论的重要内容。

例如，在元本体意义或最基本的微观主体——对人的经济行为的研究，其基本框架就是约束条件、效用偏好、心智状态，加上环境状态，以及经济目的与手段选择之间的一般关系及其影响因素研究，包括类意义上在即时性和历时性上的不同反映；核心逻辑是效用满足与成本或代价之间关系及其在时空意义上的变化特征，需要从具体时空状态上加以理解。在个别的意义上，这种理解有可能出现错误，但从一个社会整体和类群体上来说，是认识和理解经济行为特征的唯一可靠方法。

在企业或者经济组织的微观主体的经济行为选择，个人行为的组织化和结构化主体的经济行为选择的研究上，这种经济组织生产经营的可持续性，客观上取决于基于成本和定价能力的竞争力表现，财务上取决于资产负债的关系及流动性能力。

经济的核心逻辑是贯穿于不同经济事物中经济关系的本质反映，其在时空意义上的类共同特征表现，是建立一致性逻辑的基础和依据。一致性逻辑把分属于不同系统层面、不同要素、不同结构关系等对应的不同逻辑回归到指向系统目标所反映的共同核心逻辑上，成为经济研究科学性形成和检验的基础和依据。

25．一切有目的有意识的事物的形成，都始源于主体的行为选择／决策。他（她）之所以这样做而不是那样做，无论是个人还是由个人组成的组织，整个思考和决策过程，当时的想法和情况，以及作出决策的依据，都是主体自明的、清楚的。

这种行为选择／决策过程中的许多因素，特别是作为行为决策依据的时空特征——包括在思维方式上的一些特征，在其多次的行为选择结果中得以反映。在重复意义上，虽然并不是每一次都是同样的，但在趋向特征上的确存在。因此，只要把结果与这些时空上的特征加以分类分析，将帮助我们认识理解这些影响着不同主体行为选择／决策的主要因素，以及这些结果所形成的原因。在这个意义上，意识事物似与物质事物具有同样的特征。

但物质现象需要运用从外到内的路径、方法才能揭示这些关系和特征，并且，即使发现了其中的一些因果联系，但我们仍然可能对其中所存在的机理不甚了了。然而，人类的意识现象却可以通过由内到外的路径和方式加以认识，并且知道导致结果发生的原因和过程。这种方式远比我们在研究物质现象中所采取的方式要直接和有效。

26．科学追求的是对事物规律性、共同特征和真相的研究探索。

事物中是否存在着科学所追求的目标或者科学认识所需，取决于事物的问题指向所对应的存在事实的特性或者事物的特性。如果事物的问题指向所对应的存在事实中包含着科学研究所追求的目标特征，那么科学研究的目标就可能实现。否则，不可能实现科学目标。

科学性所反映的一致性有以下类型：

（1）实验的重复一致性，即具体意义上的重复一致性；

（2）特征的重复一致性，即抽象意义上的重复一致性；

（3）逻辑的重复一致性，即认识意义上的重复一致性。

与上述一致性相对应的是可依循性和可一致性检验。物质事物普遍具有

（1）、（2）、（3）三种一致性，有目的的意识事物则具有（2）、（3）两种一致性。

然而，物质事物的一致性和意识事物的一致性所各自支持的基础并不相同，前者的支持基础是物质事物内在规定性所决定的固定不变关系，后者的支持基础则是逻辑规定性所决定的相对关系。

理论机理／机制的内核是由事物的核心规定性或者核心逻辑为统一归集的各种关系的逻辑阐述。

27.科学理论是思想、逻辑和一致性的综合。

什么是科学理论？科学理论是用以揭示和解释事物的现象与本质的关系及其普遍机理的逻辑体系，或者是揭示一种现象之所以以及如何发生之本质及机理的系统有效的陈述。

三、本书研究的主旨、思路和框架

本书的主旨，是想要通过对前述立论的研究思辨和论述论证，在科学认识论的层面上，客观理性地进行研究：（1）分析论述在有关经济学研究的科学性问题上之所以形成严重分歧与争论的认识论根源；（2）揭示和还原经济科学的本我特性，指出经济科学与自然科学之间所存在着的本质区别及其对方法论构建或确立所提出的不同要求；（3）分析指出现有经济学在方法论确立上所发生的本我迷失或偏离及其导致的局限，以及认识误区和逻辑错误；（4）指出经济学研究实现科学性回归的方向、路径、原则和要点，以及需要解决的核心问题；（5）澄清有关基本的认识问题和逻辑关系，填补科学认识论及其在经济科学中研究的不足，丰富科学认识论研究，为经济学研究的科学性重建提供认识论基础，而不是在研究方法的选择运用上展开具体研究和作出评价。

为此，本书首先从科学认识论最基本的哲学问题——存在与认识在具体与抽象以及名与实、时间与空间和同一性与差异性等关系的逻辑思辨和经济科学特性这两个层面的研究论述出发，通过哲学和逻辑，来论述论证经济科学特性与自然科学之间所存在着的本质区别，来论述论证经济学方法论的构建和确立为什么不同于自然科学而应该回归到经济科学本我特性的道理，以及为什么会有这么多人误以为自然科学的"科学方法"是适用于所有科学领域包括经济科学——即科学主义"科学方法的统一论"的错误根源。在此基础上，通过对经验数据在经济事物和自然物质事物中不同的科学性表现和基础，以及科学一致性及其在经济科学中的反映等问题的具体研究论述，分析指出建立在现有方法论基础之上的经济理论和方法运用所存在着的逻辑缺陷和科学性局限，研究论述经济学方法论进行科学性重建的方向、路径、原则和要点，研究探索经济学的科学性基础和科学性检验路径与方法。

整个内容的章节安排如下：

第一章 经济事实的存在方式及其认识抽象，重点论述经济事物存在与认识反映上的一般性质和特征，包括我们如何认识事物和反映事实，经济事物的具体与抽象、名与实、同一性与差异性等方面，以及本质与形式、事物的不同规定性和逻辑等，这些都是经济学认识论所需研究论述的基本问题。

第二章 现代经济学面临的危机及其出路，重点论述经济学研究存在的科学性诟病、科学性危机的突出表现及其历史特征，从科学哲学的研究角度论述经济学研究科学性危机的形成始源、理由和破解的根本出路。

第三章 经济学究竟是一门什么样的学科，通过对经济学研究对象、目的、目标以及研究类型和问题指向等这些最基本问题的深入研究论述，指出和阐述经济学科的特殊性、复杂性和经济研究所面临的困难与挑战。

第四章 经济科学为什么不同于自然科学，通过对经济科学与自然科学各自在研究对象特性、研究特征及其时空反映上的全面深入辨析和比较研究，揭示经济科学的异质性特征及其与自然科学之间的本质区别，指出和澄清一直存在的经济学研究在认识论、方法论上的众多似是而非的认识误区及其认识始源。

第五章 经验材料和经济数据中所包含的信息和逻辑，通过对经验材料、事实和数据的类型、存在特征、性质及形成方式等的深入辨析和逻辑研究，对经济事实及数据形成特征和性质的研究，论述经济科学研究所需、所探求的有效信息或者科学特征、规定性得以存在、科学发现的前提条件和必要条件，及其对研究方法在选择和运用上所提出的恰当性要求。

第六章 科学一致性及其在经济科学中的反映，重点研究论述科学一致性及其在科学研究中的意义和重要性、科学一致性在不同抽象层面上的反映、科学一致性的具体内涵和特征，及其在经济科学中的反映和科学一致性的要求。

第七章　现代经济学方法论上的歧路和局限，逻辑辨析和具体论述现代经济学在方法论上所存在的主要认识误区或出现的歧路，及其对科学性表现所产生的负面影响，非主流经济学派的方法论及其局限性。

第八章　经济学研究方法论的科学性回归，重点论说经济学方法论回归的方向、路径、原则和要点及其认识基础，科学的同一性和差异性在经济科学中的反映与统一，经济学理论研究和应用研究反映科学性特征的路径和方式，以及对经济学研究成果价值进行评价的内容、方式和依据等。

第九章　经济学研究的科学性基础和检验，阐述经济学进行科学研究所具有的微观和宏观基础，并对经济学研究进行科学性检验的路径和方式进行研究探索。

第十章　对经济科学发展的一个展望。

四、本书所做的创新探索和学术价值

作为一部在科学、哲学和经济学等融合研究基础上的整体原创性专著，与国内外相同主题的研究相比，我在本书着重做了如下创新探索。

1. 通过对科学研究所需的一般哲学问题的研究探索，辨析、论述了科学认识论中有关存在与认识反映之具体与抽象在名与实、时间与空间和同一性与差异性等最基本的认识问题及其相互之间的逻辑对应关系，对认识上存在着的许多误区和逻辑错误进行了澄清，进一步丰富、深化和完善了科学认识论的一般体系及内容。

2. 通过对经济事实存在方式及其认识反映、经济科学本我特性的系统拓展研究，以及与自然科学的比较研究和探索论述，进一步丰富和深化了经济学认识论在本我意义上的研究，填补了科学认识论在经济科学领域中研究的不足，为经济学认识论的构建和确立提供了基础，为经济学方法论的回归本我和科学性重建提供了认识论依据。

3. 通过对科学一致性、科学同一性在一般与具体认识层面上的不同反映，及其在不同科学领域中的差异性表现，以及对经济学研究科学性特征和科学性检验方式的研究探索，使得科学研究的特征在一般与具体的认识意义上实现了统一，理清了彼此之间的逻辑关系。

4. 通过经济学研究认识论的论述和应用，分析指出了现有经济学研究在方法论及方法运用上所存在的许多科学性缺陷和局限，以及症结或始源，研究提出了经济学方法论科学性重建的方向和思路。

经济学方法论是经济研究得以科学开展的基础和前提，而经济学认识论则是经济学方法论得以科学构建和方法得以科学运用的认识基础与依据。没有科学认识论作为支撑，就不会产生科学的方法论，也就不会产生科学的方法。经济学研究的科学性之所以一直被诟病、质疑和批判，却一直没有出现可替代的新方法论，其始源就发生在经济学科学认识论上研究探索的严重不足，在认识上只关注到了科学的同一性而忽视了其在具体认识层面上的差异性表现，混淆了经济事物与物质事物之间的本质区别，并在许多时候不恰当地照搬了自然科学的研究方法。本书的研究论述，不仅是科学哲学和经济学研究在认识论上的创新深化，也是认识方式和经济学研究在方法论上的一种创新探索，为经济学研究方法论的重建和科学性回归提供了认识论基础，也为经济学研究的科学性规范和价值评估提供了思路、原则和依据。

第一章

经济事实的存在方式及其认识抽象

> 各种科学都是此在的存在方式，在这些存在方式中，此在也对那些本身无须乎是此在的存在者有所交涉。此在本质上就包括：存在在世界之中。因而这种属于此在的对存在的领会就同样源始地关涉到对诸如"世界"这样的东西的领会，以及对在世界之内可通达的存在者的存在的领会了。由此可见，凡是以不具备此在式的存在特性的存在者为课题的各种存在论都植根于此在自身的存在者层次上的结构并由此得到说明，而此在的存在者层次上的结构包含着先于存在论的存在之领会的规定性。
>
> ——马丁·海德格尔《存在与时间》

在认识的意义上，我们通过结构、因果和功能来描述事实，并在不同的层面上来进一步探析和反映事物的具体存在状态和方式，以便形成系统深入的对于客观事物的认识抽象。

从科学认识得以形成的基础或者条件而言，在最一般的层面认识和把握不同类型的事物性质及特征，或者它们的存在状态和方式，是一切科学认识活动得以进一步开展的基石。缺少这种认识论上的支持，科学活动就会失去科学认识得以最终形成的基础结构和要素关系的支持，也无法在错综复杂的关系中梳理形成科学认识所需要的系统一致性逻辑——而不论其是以事物的内在规定性来反映或是逻辑性来反映。当然，建立在认识论基础之上的方法论也会随之发生错误。这样，许多的错误在一开始便不知不觉地就形成了，乃至于此后所做出的一切努力，无论形式上如何华丽或者光彩夺目，或者"逻辑自洽"，在本质上都如无本之木，是难以经受时间的考验和事实的检验的。

　　本章所要论说的是有关存在与认识、具体与抽象、名与实等及其逻辑对应关系的基本哲学问题，以及其在经济科学领域中的反映，主要包括以下几个方面：① 经济事实的形成和存在方式的特殊性，及其对于认识抽象的影响；② 借以认识经济事物的名、类、关系等的形成特征和性质；③ 经济事物的联系方式和因果；④ 经济事物中的因果关系及其类型和性质；⑤ 认识何以使得经济事实得以洞明或清晰化；⑥ 经济事物中存在的一致性及其在认识上的反映，等等。许多看似微不足道和熟视无睹甚至想当然的问题——事实上却又是最重要而又晦暗或模糊不清的认识问题。这些经济科学研究所需要认识把握的最基本的知识和逻辑，是经济科学认识论的重要内容和方法论的基础，也是现实中许多错误认识的始源。实际上，这里所论及的许多基本认知和逻辑问题，也是其他科学领域开展研究的认识基础。但经济学研究中却缺少这方面的系统研究，经济学家们似乎也普遍地反映出缺乏对这些基本问题的清晰认识。

一、经济事实的性质和类型

（一）经济事实的性质和特征

　　1. 经济事实是以经济事物及问题为指向而相对应的一种存在。事实，就是事物所存在的客观形式和方式，是科学认识的对象。经济事实因经济事物而得以反映，以问题指向的具体化程度得以通达。没有经济事物作为依附并形成问题指向，一切经济事实就都是混沌的和模糊不清的，是没有什么意义的。那是一种什么样的经济事实呢？

　　2. 经济事物是具有经济意义的事物的总称，是人类意识的一种反映。一切经济事物，就其始源而言，都是以人为基本单位或以主体的经济活动为基础，与人的经济行为选择相关而形成的。经济事物之所以有别于其他事物，就在于它是经济性和意向性的结合，是由经济逻辑主导的。

所谓经济性或是具有经济意义的事物，是指这样的事物总是与投入和产出、付出和回报、成本和收益、需求满足和代价等等之间的关系相关，或是涉及与交换、选择及其权衡相关的这样和那样的经济问题。经济性或经济意义形成的前提是相对于人类需求来说在供给上所反映的短缺、稀缺和缺失状态，总是意味着短缺，不管造成短缺的原因是什么。与短缺相对应的，就有了价值和节省。

所谓经济逻辑，就是人们对于经济事物的认识、理解、思考，以及研究、分析、评价、判断、选择、决策等，或者经济系统、结构和关系的形成，在目的与手段之间、在结果／状态与原因／因由之间，在一切经济活动中，都把对经济性的考虑作为贯穿、反映其中的一个核心主线并作为逻辑基础。其中，成本／代价与收益／获得是考察经济性的两个重要方面，包括定性的和定量的。

3. 经济事实形成的始源是人及其形成的各种组织化主体的经济行为或者活动，是人这个存在者有目的有意识的行为结果。

经济事物本质上属于有意识的事物（本书简称为"意识事物"），产生于人的各种需求，它的存在既与人的自然物质性有关，又明显地区别于自然科学的研究对象——自然物质事物。这构成了经济事物的特殊性和本质特性。

因此，经济学就可以说是一门有关人类的需求及其满足在目的与手段选择和权衡上的学问[①]，包括个人的及其形成的家庭、各种组织和国家的需求满足问题。这也与其他科学有所不同。

（二）作为认识对象的经济事实

1. 一切存在都取决于存在者的存在状态，是存在事实的反映。而一切存在的事实，都是与时间相对应的事物空间状态的真实写照，它借助于特定约束条件下具体的问题指向得以通达，它依托于各种存在者及其在人脑意识中形成的事物得以显现。

2. 一切存在事实无不处于变化之中，因为事实总是存在者的事实，而存在者是不断变化的，所谓不变只是相对的一种状态。不变的只有人类赋予存在者

---

① 有选择必然就会涉及权衡，这是两个不可偏废的问题，对权衡问题系统研究的不足是现代经济学存在的一个重要局限。

的名或者所做的标记及抽象符号，以及贯穿于一切存在者或者类存在者及其对应的类事物之中抽象形成的共同性质和特征，或是处在静止状态和业已发生的。一切事物都是对于存在事实的问题或者意识指向的抽象，它或者是以物为依附，或者是以意识为依附在人脑中的衍生反映。

3. 经济事实通过结构、因果（关系）和功能得以描述认识。但认识对于事实的这种反映，不同于自然物质事物。在自然科学中，事实的结构、因果和功能的认识反映主要通过观察、实验、解剖等路径、手段和方法形成，而在经济科学中则主要通过概念定义、分类界定、逻辑构建等路径、手段和方法形成。两者之间有着质的区别。无视或者忽视这种区别，就会导致一系列的认识错误。

4. 并非所有的事实都能够得到认识。认识只是对于存在事实的有限反映和抽象。人类认识所面对的实在是变化多样和无限可分的，因而人类所面对的事实也不仅丰富多彩，而且瞬息万变。同时，事实也总是特定问题指向下的存在，缺乏对象（事、物）、时间和条件具体约束的事实是模糊的。人类的认识能力总是有限的，不可能反映全部事实。

就意识事物的事实而言，在其个别意义上只有行为过程和结果具有确定性或可认识性，但对于这个过程和结果真正发生形成的原因——行为主体当时的所思所想、外部的影响，只有当事人自己清楚，而其他认识主体只能根据当时的情境通过逻辑加以判断和推测。

5. 并非所有的事实都有同样的认识价值。人类所想要认识的总是基于自身的需要出发的——主要是隐藏或者贯穿于事物变化多端之中或者表面现象之下的某些不变的东西——特别是被称之为机理、机制、原理，或者内在规定性、规律、定律、特性等之类的本质问题。只要认识和把握了这些问题，则无论存在者的状态如何变化和存在者如何交替变化，其所对应的事物的形成变化及现象表现之道理便可得以通达和洞明。这是人类认识中最重要的问题。

科学研究所要发现和揭示的主要是具有普遍意义的事物真相和规律性，或者事物的本质，也包括个别存在中反映的普遍有效的表述，而不是对于事物的简单描述。因为客观事实是变化的和包罗万象的存在，时间会导致一切存在事实的变化——它无所不在，变动不居，所以科学认识既无法反映全部事实，也没有这个必要。我们没有必要——清楚那些没有规定性或者普遍性的事实，当然也没有必要重复探索那些已经经过反复验证的基本科学常识或者自明的道理。

6. 所谓事物的普遍意义,就是事物所存在的共同性事实的本质抽象所具有的可广泛参照性和可依循性,或者可解释性、可借鉴性和可预测性,而不只是一个缺乏普遍有效表述的个别的或者孤立的或者偶然的存在。它的基础是事物在类形成、类变化和联系上所存在的规定性,以及逻辑。凡是存在的必定都有其理由,然而,理由的性质是不同的,存在的性质和意义也因之不同。

经济事实同样如此。经济事实及其对应的表面现象一直发生着变化,人类的经济活动无时无刻不在发生,但从认识角度,我们只想认识这些现象、状态及其变化之下本质的问题和具有可依循性的特征。这构成了经济科学认识活动的主要问题指向和目标指向。

(三)认识对象中经济事物的界定和分类

1. 认识对象中的事实,总是以具有特定问题指向的事物的面目才得以界定和通达的,这样我们才能确定我们想要认识的对象事实。

但是,我们能够在事实中获得何种认识,是取决于存在者所反映的事实本身的性质和特征的,因为认识只是对于事实的反映。当然,不是事实反映的认识就不是科学认识。所以,为了使得认识活动具有科学意义和价值,我们需要对作为认识对象的事实性质和特征进行界定、区分、识别和分类,以此作为认识事物的基础。

2. 界定:自然物质事物的界定主要是根据观察、实验、解剖、测量、分析等客观的方法以及概念化来进行确定和区分的,因为这一领域的存在者总是以自然物质的形式存在的;而经济事物的界定主要是通过定性或者通过主观定义来进行概念化界定或描述的,因为这一领域的存在者总是以行为意识为基础的存在,是非物质形态的,它们是建立在经济逻辑基础上的意向性事物。

3. 分类:就是根据事物的特征和属性等进行的类划分,是根据一定标准(如性质、特点和功能等)和方法,对事物共同特征和特性的类抽象。划分的标准和依据不同,事物所反映的共同特征和属性等就可能不同,事物的归类就会不同。

　　分类是人类认识的需要，是对事物进行集合化区分的产物。通过分类，我们得以认识事物，认识世界。不仅如此，在集合意义上，分类还是保证逻辑一致性的必要条件。缺少类的一致性，逻辑的一致性就无法实现。

　　同类事物，就是具有共同的特征和属性等的一类事物，例如，按照形态、外观、结构、性质、功能及其相互关系等等，我们可以对世上万物进行系统分类，把物归于不同的类、类的等级（隶属关系）、性质和功能等的事物，形成有机的认识整体。

　　在很大的程度上，科学进步就是基于类的不断拓展和细分，进而对系统、结构、功能的进一步区分和联系方式等各个方面的新发现而得到反映的，正是这种分类研究从粗到细、由浅入深的深化和拓展，增进了人类对于客观世界的科学认识。

　　自然物质事物的分类主要建立在观察、实验或量化测定等客观界定的基础上，抽象的概念总是可以与具体的物质存在方式及现象相对应。经济事物的分类则主要建立在主观界定的基础上，根据人类的不同需要来区分，概念所对应的主要是定性描述和陈述。

　　4. 事物在本质上所具有的不同性质和特征，其所对应的不同的事质领域，构成了不同学科各自的研究对象。同时，不同事物的类特性，也构成了对研究方法上的不同要求。对事物类特性的认识和确定，主要是认识论所需要研究解决的问题，而如何根据事物的特性来获得事物存在的科学答案则是方法论所需要研究解决的问题。

　　正如海德格尔所指出的，学科是"按照其种种不同的存在畿域分解界定为一些特定的事质领域"，"这样生长出来的'基本概念'始终是具体开展事质领域的指导线索。虽说（科学）研究始终侧重于这种实证性，但研究所取得的进步主要不是靠收集实证研究的结果并把这些结果堆砌到'手册'里面，而主要靠对各个领域的基本建构提出疑问，这些疑问往往是以反其道而行之的方式从那种关于事质的日积月累的熟知中脱颖而出"。[①]

---

① 马丁·海德格尔：《存在与时间》，陈嘉映，王庆节合译，生活·读书·新知三联书店，2014，第11页。

（四）建立在行为意识基础上的经济事物

1. 这里的意识事物（或意向性事物）是基于有目的、有意识的行为基础上所发生的事物总称，不包括生物体和人基于生理的非目的的条件反射或下意识。

相对于人类而言，意识事物特指由人的有目的和有意识的行为而产生的事物，它的基础是人的行为及其构成的逻辑结构和影响因素，是由行为主体的思维和事物的逻辑类型决定的。其中，经济事物的形成主要是经济逻辑在行为主体思维能力上的反映，是社会学科研究的对象。

2. 不同于自然物质事物，如果说人类对于自然物质事物的认知是人类探索发现的产物，那么对于经济事物的认知从一开始就是人的思维的产物，无论是这种事物的产生或者形成，也无论是这种事物之元事实的形成还是在此基础上的集合化和结构化，它的系统、结构、功能的形成和关系的建立，以及分类和概念化，都是人类根据自己认识的需要而进行思维和逻辑化的结果，而不同于自然科学领域中的"发现"。经济研究中的"发现"，本质上也不过是这种认识进行逻辑化构建的系统化拓展和深化而已。如果缺少思想、逻辑的基础和支持，我们无以了解或者洞明行为发生的真正原因，也无以系统化、结构化经济事物。

认识和注意到这种差异，对于经济学科学研究的开展具有重要意义。

（五）经济事物中的具体事物和抽象事物

1. 具体事物是抽象事物的本源，是一切存在之事实得以反映的具体形式。没有具体事物也就没有抽象事物。抽象事物是人类对于具体事物的状态、性质、关系、特征等或者根据人的需要所进行有意识、有目的的认识反映。

经济事物中的具体事物是指在人类经济活动中所发生的和实际存在的，包括所发生或形成的具体的经济活动、事件、现象/状态/结果、关系/联系等等，如生产、投资、交易、储蓄、消费、分配，以及经济增长、经济波动、衰退、通胀、核算，等等，是与事实相对应的一种存在，包括个别的和集合意义上发生形成的事物。

2. 科学意义上的认识抽象，仅限于对于存在中的具体事物的抽象，它包括整体抽象（绝对抽象）、类抽象（一般抽象）和个别抽象这几个不同的层次，是对存在所进行的有目的的描述。纯属臆想、猜测的虚拟事物，因为没有其所对应的具体存在，因而不是科学的认识对象。

（1）整体抽象，是对全体事物的共性、特征、规律等所作的抽象，如经济增长、经济活动、经济价值、经济关系、经济行为、经济波动、经济结构……

（2）类抽象，是对同类事物共性、共同特征等所作的抽象，具有不同的层次和可分性，是科学研究的主要对象，例如产业结构、行业结构、产品结构，或者消费，如生活性消费、生产性消费、社会性消费……经济事物的类抽象，主要是以事物的从属关系或核算关系为依据的主观分类和界定。

（3）个别抽象，是对于具体个体存在特性或状态所作的抽象或描述，例如状态描述、过程描述、案例描述。

一切抽象都是空间、时间及其相对应事物的认识反映，并因对象事物的具体化程度而反映为抽象程度的不同。抽象总是与其对应事物的具体性而存在。

抽象总是以具体存在及差异的失去作为代价的，一旦回归到具体存在的层面，事物之间的差异性或不同就出现了。这种探索越是具体细微，事物之间的差异性就会越多。

3. 所谓科学性，就是指这些研究抽象与其所对应的事物所存在的特征、性质、联系、规律等的一致性或者相符性程度，并通过系统、要素、结构、因果、功能和一致性逻辑等加以反映，通过证实或证伪加以检验。

缺乏一致性逻辑的支持，科学研究的客观性就难以得到保证；无法进行一致性检验，就无法确定研究认知的科学性与否。

科学抽象主要反映的是决定事物形成变化的规定性要素及关系特征，如事物的结构、因果和功能或逻辑，但它反映的只是部分信息，而不是其所对应的客观实在的全部信息，并且总是与一定的时间和空间约束相对应，形成不同角度、系统层面上的认识。

经济事物作为意识或者意向性事物，就个别行为选择过程的发生而言，除非是当事人本身，否则我们经常难以判断其真相如何。但经济科学抽象的重点不是对于存在的一种简单描述，不在于这样一种主观的过程，而在于事理上的认识把握。

本质上，所有的事物都是人的意识对于客观世界的主观反映。所不同的是，有些事物的特性取决于物，有些事物的特性取决于人。经济事物属于后者，属于意识事物或意向性事物。

具体事物是一种时空对应的存在，抽象事物则是对具体事物有目的、有选择的反映。

4. 一致性的抽象，总是以事物存在在具体性上的牺牲作为代价。从认识的意义上，抽象的共同性或一致性，一旦落入到具体事物存在的层面，便产生了差异性反映。但这绝不意味着，这些发生具体差异的存在之间由此便不存在抽象的共同特征了，只不过是这些共同一致的抽象存在着不同的具体反映，就像人的共同特征总是有着各种不同的具体反映一样。

（六）经济事物的不同属性

属性是对象的性质与对象之间关系的统称。事物的属性，是指事物所具有的自然、社会、经济、技术、法律、政治等方面的性质反映，是相对于自然的状态和人类的需要或者基于不同的标准所反映的性质，经常与类相对应。物质有物质的属性，意识有意识的属性，它们对应着客观和主观两个方面，各类事物都有其区别于其他类事物的属性。由于事物属性的不同，事物之间的关系所依据的主导性逻辑就不同，认识所获得的结论也会不同。

经济事物的一般属性和本质属性

1. 经济事物的一般属性，是与经济事物的类归属及其等级相对应所反映的普遍性质。它与事物的分类一样，存在着等级、主次、主从之分。类的归属不同，等级不同，性质就会不同。

在最一般意义上，经济事物都是建立在行为选择的经济性基础之上的，所以经济事物具有在经济上的目的意识性和经济属性。同时，如前所述，经济事物又是认识思维逻辑化的产物。这就是所有经济事物的一般属性。

然而，在分类意义和系统意义上，不同的经济事物又具有自己的不同属性，例如，宏观与微观、金融与财政、投资与消费、交换与选择等等，这些事物在所对应的类及系统层次上各有各的属性，每一类事物都各有自己的属性指向。类等级之间，既有相同的属性，又有不同的属性，形成彼此之间的相同和不同。

所谓经济逻辑，就是所有以经济性为主导的事物的逻辑反映。这些事物虽然名称各异、归类不同，但是都具有经济性。

2. 经济事物的本质属性，反映的是经济事物所固有的规定性并与其他事物形成区别的特性。从分类意义上，指的是决定一种经济事物之所以成为该事物而区别于其他经济事物的属性、性质和特征，如金融与财政、投资与消费，等等。在应用管理角度，无论是结果还是原因，经济现象或是状态，本质上都是人为的产物。

需要强调指出的是，这种本质特性的确定和分类，本身就是根据认识的需要，依据经济逻辑人为界定、分类和概念化的结果，而非发现形成。例如，财政在本质上是根据公共需要而发生的以政府为主体的收支（或者活动）；金融在本质上是与资金融通及货币管理相关的事物，是与经济发展、信用状态和法治水平相对应的一种经济活动或市场安排，流动性、风险及其管理是这种事物的普遍特性。又如，商业银行在本质上则是一种金融中介企业。

3. 事物的一般属性与本质属性之间的关系存在着相对性，涉及类的划分和不同的系统层次。从不同的方面，事物经常反映出不同的性质。对于事物本质属性的认识和把握，需要与认识的需要和问题指向结合在一起。认识和把握事物的本质属性对于科学认识活动是十分重要的。

经济事物的客观属性和主观属性

1. 事物的客观属性，是事物所拥有的独立于人的意志而存在的特性。例如，物质的物理属性和化学属性、生物的属性、人的心智属性等等，表现在系统结构、因果、功能等诸方面上的性质，这些都属于客观属性，是不以人的意志而改变的存在。

2. 事物的主观属性，是人类所具有的主体的意志性，取决于主观意志及其价值标准取向。例如，同样一种行为反映在法律上的性质与反映在社会、经济、技术等方面上的性质是不同的。

事物的主观属性是相对于具体行为主体或利益主体意向性而言的事物性质，是一种不存在唯一的或一致性标准的存在。规范意义上的价值判断或评价，只有在行为主体及其目标指向一致的情况下才能统一，才有意义。所以，主观属性是一种相对的性质判断。

3. 事物的客观属性通常指向类标准及其某一方面，是一种独一无二的存在。主观属性则无不与人相关，总是相对于特定主体或社会的意向性而言的，都是属于某种对象的，是一种可能的多样化的存在。在特定时空条件下，对于特定问题及目标指向的客观事物而言，真相只有一个。而对于一种主观事物而言，真相则可能是多种多样的。

4. 相对于人类及其具体化主体的意向性，在时间和空间意义上，事物的客观属性存在着不同的反映，可能有利可能有弊，可能好可能不好，可能有时好有时不好，可能什么都不是。

一切存在物，其本身都是中性的，只是它自己的存在本身而已。但当其参照于某种状态、性质、意向、标准等，或者某个对象时，就有了长短、高低、好坏、利弊、美丑、善恶、优劣等等的观念。

建立或者确立参照，不仅是客观或者主观评价、比较、判断的需要，而且是进行静态、动态权衡选择或决策的重要依据。

从时间和空间的角度，任何一种存在所形成的影响，都是相对的，并可能发生变化。即一种存在对于 A 的意义，彼时是正面或负面的，然而此时则可能是负面或正面的；对于 A 是负面的，对于 B 却是正面的。

5. 科学研究探索的是事物的客观存在状态或是以事物的客观状态为依据的，是与人的主观想象无关的事实。科学应用则是有目的有意识的活动，总是带有目标和价值指向，是有特定意向性的事物，通常而言结论是相对的。

经济事物既是主观事物，又可能是客观事物，其分界在于我们所面对的这类事物的存在是否会因认识主体的主观意志而改变。

（七）经济事物的元本体事实的性质及其集合特征

元本体事实的性质及其作用

1. 元本体是一切事物形成的基础始源或单元，其所对应的是存在物或存在者的存在性质和方式。自然物质事物形成的元本体是物质元素，社会经济事物形成的元本体是意识行为，这是两类本质不同的事物。在认识上，如果不能区分理解事物之间的类阈值及其特征差异，就十分容易混为一谈。

2. 经济学科所面对的经济事物，在元本体及元事实上是一种有目的有意识的行为事物，即一切经济事物都可以最终还原为有目的的意识行为，有目的的意识行为为其基础。这与自然学科面对的自然物质现象的物质元本体形成本质的区别，成为人类认识世界中物质与意识、客观与主观共存相依的两个方面。

3. 有目的的意识行为是主观的、能动的，此人彼人，此时彼时，此地彼地，同一事物的行为选择总是随着主体、时间、空间状态或条件的变化而可能发生变化，不尽相同一致。而物质现象是客观的、机械的，其中内含着物质的内在规定性及某些稳定的固定关系，只要条件相同，同种事物的反映就会表现出可重复一致性。这是经济学科与自然学科在元本体、元事实上的本质区别。

4. 经济事物元本体事实是基于具体的个人行为选择的思维意识及其影响因素而发生的。与自然事物的元本体事实不同，自然事物的元本体事实由物质的性质和状态决定，而经济事物的元本体事实则由人的物质性及其基础上产生的思维的性质及状态所决定。

确切地说，经济事物的元本体事实的形成涉及两个不同的层面：（1）物质状态的基础性；（2）心智状态的即时性。即，个人行为选择的特征，从其先天基础而言是与基因和生理状态密切相关的，是决定心智状态的基础性因素。但作为决定或影响行为选择差异重要因素的心智状态，同时又受到诸如营养、健康、教育、经历等后天因素的重要影响而反映出一定意义上的可变性。

但人的物质性对人的心智状态的影响进而反映在行为选择上，在可区分或显著阈值变化的意义上反映出历时性特征，在短期意义上反映出即时性或者稳定性特征。前者是指，物质的基础性对引起个人行为选择趋向性特征变化的明显影响，或者对引起群体意义上行为选择趋向性特征变化的影响，需要借助于时间的力量，而非短时间内便可形成；后者是说，在既有物质性基础条件下，个人和群体行为选择的趋向性特征一般具有"大数"意义上的稳定性。这涉及对复杂性事物的认识问题，对于认识社会变化和制度改革十分重要。

5. 毫无疑问，元本体或元事实决定了不同学科事物的本质属性或内在规定性，就像物质系统的宏观属性总是可以还原为物质的微观及超微观结构状态一样。建立在元本体事实基础上的集合或整体事物，都不过是全部元本体事实的结构化产物，无不反映着元本体事实的性质。物质事物和物质系统，或者社会经济事物和经济系统，概莫能外。

经济事物的元本体事实及其聚合特征

经济事物的元本体——人的行为选择是有目的、有意识的和能动的这一特性，决定了经济事物的以下事实。

1. 个体意义上：（1）同样一件事，在此时彼时或此地彼地，同一行为人的行为选择可能相同，可能不同，具体的行为选择取决于行为主体反映在时间、空间状态上的变化；（2）不同行为人，在对同一经济事物进行行为选择时，可能相同，可能相异；（3）在特定的时空条件下，个体和同类个体的行为选择存在着整体上的一致趋向性或趋向上的"大数"特征，其原因可以回溯到生理、心理和心智等层面；（4）个体行为在群体中会相互影响，在类意义上具有群体类归属感并受偶像或榜样的影响，以及群体或环境所引起的心理变化的影响。

由于人的行为选择与时间和空间状态/条件密切相关，所以从历史的角度，随着时间和空间条件的变化，人的行为所反映的趋向特征（甚或"普遍性"）会出现变化。时间导致事物存在空间特征上的变化，寓含了许多方面因素的关联影响道理；并且，其所对应的趋向特征指向的实际内容也可能不同。就像时尚流行一样，虽然同样是一种时尚流行，但其所指向的事或物却不尽相同。

2. 聚类意义上：同样一个事物的形成，例如，投资、消费、储蓄、交换等，是由其元本体或元事实的特征所决定的。多个或无数个不同个体所进行的类经济活动的集合事物，是其对应的全部行为个体的行为选择的非机械叠加和结构化的产物。这种叠加，形成类意义上的某些趋向性特征或因果联系，并表现为事物在整体结构关系上的状态特征。

从认识研究的角度，集合意义的经济事物的最后特征，就是由其参与组成的个体行为选择的类特征及其形成的结构关系决定。其意是说，一是参与这一经济活动的个体在类意义上可以分类为不同的行为选择倾向特征；二是类意义上所形成的整体结构关系或分类结构关系所反映的势力和影响，最终决定了此类经济事物的整体特征；三是集合或群体意义上的行为特征取决于具体个体的行为特征及其结构化，如投资、消费、交易等等，同样一种经济行为特征在不同的空间与时间条件下可能相同，可能不同。其中，所包含的共同特征中有些是交叉的，只反映在某些排列组合上的重叠，而非完全一致。而决定整体特征的类结构关系需要回溯到微观和宏观层面有关时间、空间上的诸多因素。

3. 在类主体、时间和空间条件下，同种事物可能存在某些趋向在"大数"意义上的一致性现象或特征，但这需要获得一个类一致性的逻辑支持。

在类主体、时间、空间条件不一致或部分一致的情况下，同种事物出现可重复的概率是不一致的，因为导致具体个体行为选择的因素和结构关系是不同的。这表明，尽管在"大数"的意义上仍然存在趋向性特征，但此"大数"与彼概率意义上的"大数"所指向的趋向内容却可能是不同的。从理性的实际意义上，则意味着行为选择所包含理性的具体反映是不同的，例如投机具有非理性的特征，而投资具有理性的特征。

4. 系统意义上的连续性事物，由多个层次结构及要素关系构成，它的静态、动态特征取决于系统结构要素、关系的种类、性质和数量。例如，经济系统就是一个由许多个元事实对应的要素、结构关系组成的复杂系统，它包含了系统截面上的要素结构的静态空间关系和时间连续序列上的动态关联关系，以及与静态、动态相对应的数量特征。

在行为主体、时间、空间等状态类趋向性等的影响下，连续性事物也呈现出逻辑上的连续性，并与各种宏观量值和微观量值形成逻辑对应。

5. 由于元本体事实存在着类的不同行为选择趋向及交互影响，以及所表现出的时空特征，整体意义上的经济事物，无论在静态还是动态意义上也反映出类结构化状态及联系的时空特征，或者时空上的逻辑一致性。这提供了经济事物科学性的客观基础。

6. 任何经济主体，个人、家庭、企业、团体、国家及集团性组织等的行为，都可以理解为是为了实现目标而进行的路径、手段和方法的选择，涉及得与失的计算、利与弊的权衡和取与舍的选择问题。所不同的是，元本体意义上的选择只涉及为达到个体目标而进行行为选择的理性问题，而组织或集体意义上的行为选择则涉及组织成员之间的利益冲突或不一致性、理性的差异化和最终决策权力的结构等复杂问题，以及所对应的委托代理关系、个人理性与集体理性、社会理性之间的矛盾。

7. 概括地说，自然物质现象所对应的元本体事实中内含着某种或某些固定不变的稳定关系，而社会经济现象所对应的元事实中则至多只存在某些趋向率上的关系特征，是一种不稳定的或者可变的关系。自然物质系统或自然物质现象内含的某些固定或稳定一致的关系可以用数量关系来重复它们在静态和动态上的关系特征，而经济系统或经济现象则不存在这种可以量化的固定或稳定的关系，只存在要素之间难以用具体数量来反映的相对关系或逻辑关系，并且这种趋向特征所指向的实际内容也可能是不同的。

在认识意义上，因为经济事物元本体事实不具有固定不变而只具有趋向上的关系特征，所以，有效的经济理论就只存在一个具有一致性逻辑支持的系统分析框架，包括解释结构、预测结构和操作上的依循结构。在这个框架下，经济事物的主体、时间和空间状态得以根据自身的条件而获得相对的一致性解释，经济主体的行为选择也得以根据主体的目标、时间和空间特征或条件而获得这一框架的一致性依据或判断。只要在这个分析框架中填入具体的主体、时间和空间条件，便可获得与此相对的一致性逻辑支持的解释或者依据。即，经济理论所内含的是一种具有相对性特征的分析框架及关系，并具有一致性逻辑的支持，而非绝对意义上的关系。经济事物不存在精确意义上的定律和定理。

经济事物的上述特征，决定了在随机意义上同种事物出现的重复概率是不一致的，甚至会出现差异很大的情况，但也决定了连续意义上同种事物存在着逻辑上的延续性关系特征。另外，统计意义上的随机事件的概率分布，多发生在简单事物之中。

二、对经济事物的认识抽象

认识抽象的意义和层次

1. 所有的抽象，只在其回归统一到相对应的研究层次上才具有实际意义。从分级意义上，当我们研究某一子类或更加具体的事物时，虽然上一级的类抽象或者"道理"总是能够覆盖到其所属的全部子类或者事物，但只有把研究针对性地指向我们所要研究的具体对象时，才可能使得认识具有针对性。脱离了研究指向的具体层次，所获得的抽象认识的实际意义和价值就会大打折扣，甚至丧失。当然，子类事物的抽象不能准确反映上一级类事物的整体特征，更不能反映其他子类事物的全部特征。

2. 认识抽象，或者说经济科学研究所追求的目标，在经济事物所对应的事实层次上，不外乎如下三大类。

（1）超乎空间与时间的类抽象。例如，所有经济事物/现象共同特性、特征，以及结构、关系和功能等的抽象，包括经济学认识论及方法论意义上的研究认识。

（2）在时间和空间条件约束下的类抽象。例如，类意义上的经济事物形成变化之"理"或抽象。类具有很大的可细分空间。所谓同与不同，主要是在类的意义上的区分或者事物的标记指称。

（3）对在具体空间和时间条件约束下个别存在的抽象，例如，对个别案例/现象的抽象认识。

本质上，这三类抽象都是在不同的类意义上对于事物存在事实的认识反映，类阈值越小，事物越具体。

当然，事物的整体抽象对其属下的子类抽象具有覆盖性，即在同类归属的前提下，子类事物之间既具有共同的抽象特征和性质，同时又具有各自的特征与性质。从认识研究的角度来看，整体的抽象认识是分（子）类研究深入的基础和依据，但用整体的认识抽象替代子类抽象是不恰当的，也不符合研究目标的要求。

3. 所谓类抽象，指具有相同空间特性的类事物即同类事物的抽象，包括：（1）在事物空间特性上的抽象归类，即静态特征的抽象；（2）同类事物的空间特性在时间上的表现特征，即动态特征的抽象。

我在前面曾经指出，因为物质事物的归类主要通过感官和仪器设备等的感觉、感知、测量、测定等途径进行，具有较大的客观性，类事物之间具有可识别、测量、测定上的一致性。意识事物的归类，主要依据一定的标准，通过人为概念定义和描述等来确定，具有较大的主观性，看似相同的类事物之间经常只是名的相同，实际上并非具有类一致性。这导致了统计分析、计量分析上的诸多问题。

同类事物的空间特征在时间上的表现，一是指这类事物在相同的条件下具有的一致的动态表现特征，即共同的变化特征；二是指这类事物在不同的条件下具有的不同表现特征。这些都是科学研究的主要内容。

4. 物质事物与意识事物之间所存在着的本质区别是：（1）物质事物在其类空间特征上具有可客观测量界定和区分的性质，感官识别或仪器设备测量测定在先，界定和区分在后；而意识事物则主观定义、界定和区分在先，量化赋值在后或者无法量化。（2）物质类事物，在相同的条件下，多数具有与时间相对应的一致性动态特征或"时变性"特征表现。[1] 但意识事物不具有这种可重复的一致性表现，至多存在时间意义（特定时间阶段）上趋向一致性——随着时间（或阶段）的改变而改变的趋向一致性。[2]

经济研究中的类事物及其形成

1. 类事物或同类事物，是人类依据一定的分类标准进行分类所形成的，一般用相同的名称或符号标记反映，如电子、生物、铜、铁、猴子、苹果、萝卜等，以及做梦、工作、吃饭、旅游、游戏、投资、消费、生产、经济增长等，数不胜数。其中，有些可以通过感官和仪器设备等感觉、测定测量，有些只能通过人为定性界定分类形成。

经济事物是在有经济目的的行为活动基础上形成的。在认识意义上，是人类为了识别和理解经济问题而进行主观标记、定义和分类的结果。

虽然自然物质事物也是人类赋名标记、定义和分类的结果，但自然物质事物可以通过感官识别、仪器设备的量化测定加以确定和区分，如无机物和有机物，植物和动物，静态的和动态的，平面的和立体的，时间的和空间的，等等。而经济事物则只能通过语言、文字或者图形、数字等进行描述，依据事物的性质和特征加以界定、区分或分类，如投资、消费、储蓄、生产、交换，等等。

2. 类经济事物，是以人为定性、界定、分类为基础而形成，是根据一定的标准（如性质、特点和功能等）和方法，对事物共同特征和特性的类抽象。标

---

[1]　说是"多数"，是因为在变异或者基因突变的情况下，物种会表现出异常的现象。

[2]　前面已经提到，这种趋向上的一致性或者"大数"明显不同于随机事件中的概率分布，两者混淆会导致研究结论上的许多错误。

准和依据不同，事物所反映的共同的特征和属性等就可能不同，事物的归类就可能不同。

例如，以经济事物的行为为分类依据，可以划分为：（1）主体类：个人、家庭、企业、非企业组织、政府、集团、联合体等等，及其进一步的细分；（2）行为类：生产、投资、消费、交易、交换，经济干预等等，及其进一步的细分；（3）结果/现象类：盈利与亏损，增长与衰退，盈余与赤字，通货膨胀与通货紧缩，顺差与逆差等等。

以核算关系为依据，则可分为：（1）经济总量（值）类：GDP、GNP、投资总值、消费总值、支出总值、收入总值、贸易总值、交易总值、储蓄总值、贷款总值等等；（2）经济结构类：经济结构、产业结构、消费结构、贸易结构、支出结构、收入结构、分配结构、要素结构等等；（3）绩效类：效率、效益、效果、生产效率、劳动效率、要素效率、速度表现等等。

以经济性质来划分，则可分为：（1）市场类：劳动市场、要素市场、资本市场、货币市场、商品市场、金融市场等等。（2）要素类：资本、劳动、技术、自然资源等等；（3）关系类：供求关系、分配关系、生产关系、交易关系、利益关系等等。

以经济领域来划分，可分为：经济、金融、财政、贸易等等，以及宏观、微观上不同的层次及其细分。

3. 经济事物有些可以量化，有些则难以量化。可以量化的，通常是行为的结果；难以量化的，通常属于行为发生的因由——特别是效用偏好、心智状态、心理特征或者文化、习惯、价值观、信念等等。当然，两者之间存在着相对性。其中，量化主要建立在统计核算或会计核算等的基础之上，事物的归类主要取决于主观因素，经济量值通常随着"价格"因素波动变化。在一定程度上，经济行为的特征可以通过量化描述来反映，经济运行的特征也如此，但这些特征的可依循性都具有严格的时空条件约束，并需要获得逻辑的支持。

经济事物所经常涉及的经济价值，反映的是物（品）或者事（劳务）对于需求者效用的满足程度和市场上的短缺性程度。价值量以数量和价格为依据，用货币来反映。其中，经济中的价格不是固定的，它随市场供求关系而波动。因此，经济价值量也会随价格的波动而上下波动。这导致了不同市场之间、不同时期之间或者采用不同货币计价的物品劳务或者投入产出等经济价值之间比较或研究上的复杂性和困难，相互之间虽说可以通过一定的方法进行折算，但仍然难以准确地反映。

类事物及其研究的价值基础

1. 前面提到，类层级指向的抽象只在其与认识目标相对应的系统保持一致时才有意义，这是因为认识抽象总是事物的问题指向所对应的事实的反映，包括存在事实的层面。在研究时，类层级的抽象与研究目标所指向系统的不一致性或者模糊性将会导致逻辑错误或者混淆。通常，这种不一致性或者模糊性会在不经意中发生，是似是而非的。当然，因此所获得的所谓"事实"也会失真。

例如，豆类作物的共同特性，是包括了所有豆类作物具体子类共同特性的抽象反映，仅此而已。这一层级的抽象舍弃了各个具体子类之间的许多差异性，对于具体子类特别是品种的作物的实际指导意义是十分有限的，因为这一大类中不同子类甚至是品种之间的特性就存在着诸多的区别。类越具体一致，研究抽象的实际应用价值就越大。

同样，一个具体子类的特征并不能反映其他子类的全部特征，它们所存在的共同特征往往少于各自所拥有的特征，共同特征不过只是相互交叉重叠部分的反映。

2. 从抽象的角度，理论上任何一堆物质或者事务的状态都可以被抽象描述，但除非其中包含有普遍的一致性特征，或者具有特定的目的用途，否则这种抽象是没有任何意义和价值的。

例如，一堆乱石或者杂物的状态描述或者性状抽象，或者一个孤立事件，或者一个过程片段，如果不具有普遍意义或者特殊需要如司法用途等，就缺少科学研究的价值。

无论如何，对于世界上所存在或者发生的一切，它的过程、状态和结果，总是可以加以描述甚至量化，但其中许多是杂乱无章的，我们很难从中获得有用的信息。

3. 由于经济事物的分类是建立在主观定义、界定的基础之上的，所以解决实证归纳或运用统计计量分析所需要的类一致性基础或者"同质性"就面临着很大的挑战。因为在这样的研究中，类不一致性或者异质性所带来的后果，就类似于上述例举中对于一堆杂物进行的抽象那样，只是个别意义上的存在，是没有什么科学价值的。即使存在类一致性，对于意识事物而言，数学分析从样本数据中所获得的"平均效应"或"中值"，对于类个案也只存在某种启发意义。

4.对于典型意义上个别的、孤立的随机经济事件/案例/现象，其成功或者失败的意义不在于状态描述，而在于建立在运用经济理论、知识和逻辑所获得的在时空意义上的启示启发，或者其中存在着的某些共同性和共通性道理。虽然无法机械照搬套用，但在通向意向性目标的过程中可以获得对于路径、手段和方法选择上的有益思路甚至指引，以及反映在相关不同层面上的关系协调和存在的问题。在社会科学的研究中，这种研究路数的有效性在总体上并不比定量研究差。

概括地说：（1）经济事物的研究抽象之类越宽泛，其实际意义和价值就越小；（2）在具体研究中，只有当被研究的样本在空间与时间的类意义上存在着显著一致性时，或者具有"同质性"时，这种类抽象才可能具有实际价值或意义。因此，经济事物在运用统计分析或计量分析时，除了需要解决实证研究时样本上的类一致性难题之外，还需要明确研究的实际意义所在。

令人沮丧的是，经济事物很难通过实验或者测量来确定或检验它们的类一致性，也很难通过统计技术或计量技术本身来解决事物在类空间上的"异质性"或者结构关系在时间上的"平稳性"难题。它们通常只是在"名"的意义上相同，实际上可能千差万别。另外，由于统计或计量上所反映的关系特征只是基于样本数据基础上的分析技术反映，它既非真实的关系，又非时间、空间状态上的一致性反映，所以其应用价值也是十分有限的。这构成了经济学在这类实证分析上的重大局限。①

---

① 对此，请阅读本书的第六、第七、第八章。

三、经济事物的规定性

1. 如果说自然物质事物的规定性总是物的物理性、化学性或生物性等的反映的话，那么经济事物的规定性则是由人及其构成的人格化组织的意识性反映，或即由时空状态决定的经济逻辑在人的思维/意识上的反映。前者所内含的某些固定不变的稳定反应，使得其自身的变化及其在与外部因素的接触、刺激或者联系过程中表现出一些机械的反应性。只要前提条件相同，就会出现相同的结果。而后者的变化和联系反应则是行为主体意识思维的产物，它虽然由经济逻辑所统一，但实际上却经常因人因地（或势）因时而出现变化，缺乏固定不变的关系。

2. 经济事物的变化和联系也并非完全是杂乱无章的，只不过主导着经济事物变化的是与自然物质事物有着不同性质的东西或规定性，并以不同的方式反映在不同类型的经济事物之中。

经济事物主要由经济逻辑和人的思维决定，包括经济事物静态的特征和动态的特征及其要素、结构、因果或者关系。经济事物的行为基础，就是经济逻辑在主体行为选择上的思维反映。一个经济主体，其经济行为选择是这样而不是那样的原因就是经济逻辑在思维上的反映。因为主体的经济行为选择总是建立在不同要素状态或条件的这一事实基础之上的，所以不同经济主体依据经济逻辑所作出的行为选择也经常不同。但当其表现为行为结果或者经济绩效或经济状态等时，经济事物通常又反映为由统计核算关系或会计规则等决定的经济关系。

应该指出，经济事物的规定性，包含了三种不同性质的规定性：（1）分类界定所依据的性质、特征或者标准，以及经济性；（2）在经济事物形成的微观基础层面，主导经济行为的发生和变化的经济逻辑、要素状态和思维能力，并因为行为主体各自的约束条件、效用偏好和心智状态等要素的不同而反映出不同的理性，具有相对性；（3）在经济事物的宏观状态层面上，主导经济事物之间关系的通常是人为的经济规则或者其与主体行为的经济逻辑的混合物，这种规定性显得比较复杂，它的原因指向或者因集存在着多种不同性质的始源动机，虽然主要是经济的因素，但经常掺杂着社会的、政治的、技术的、自然的和历史的因素等等。

3. 经济事物的上述规定性，又可以概括为：（1）在事物及其数量关系上由归类/核算规则决定；（2）在行为选择时由经济逻辑决定，有时会掺杂着社会、政治、自然等方面的动机；（3）经济主体主观的思维能力；（4）经济事物之间联系的客观规定性。

行为意义上的经济逻辑，在具体意义上是主体各自的理性反映。对于具体的行为人而言，理性总是个人的事，而与他人无关。

4. 经济事物在微观基础上虽然具有主观性，但其在发生或者变化时也存在着规律性特征的基础：（1）在客观方面，导致经济行为选择的经济逻辑所依据的物质要素条件存在着自然性和历史性；（2）在主观方面，人的偏好和心智状态存在着历史性。也即，人的行为选择，本质上是历史的产物，无论是客观的物质条件、社会环境、技术条件、自然条件等，还是决定主观意识的效用偏好和心智状态等，都是如此。因而，经济事物的规律性特征表现，不仅与这种事物的性质相关，而且与时间、空间的条件相关，是这种事物在特定时间与空间上的反映。经济事物所可能具有的趋向一致性，经常反映为时间意义（阶段性）上的趋向一致性——即这种趋向特征会随着阶段的改变而改变。[①] 这种特征也赋予了宏观经济事物在认识上的客观性基础。

四、经济事物的系统和结构

1. 根据《现代汉语词典》的解释，系统是"自成体系的组织；同类事物按一定秩序和内部联系组合成的整体"。贝塔朗菲把系统定义为"相互联系、相互作用的诸元素的综合体"。

一般的理解，系统是具有相互作用的结构和功能的单位。可以说，任何事物都可以看成是一个系统，并由多个具有不同属性和功能的子系统组成。按照不同的标准，可以得到不同的系统分类。

---

① 需要指出的是，在一个结构稳定的社会经济系统中，阶段所表现的特征也是相对稳定的，阶段也就反映出时间上的相对长期特征。

2. 不同事物类型系统结构的不同特征。

（1）基于物理属性的系统结构，是机械结构、"死"结构，具有机械稳定性特征。

（2）基于生物属性的系统结构，是有机结构，它对外部刺激反应的稳定性程度取决于生物的类特征。

（3）基于心智属性的系统结构，是"活"结构，它对外部刺激反应的稳定性程度取决于心智的类特征。其特点是反应的非稳定性，或者具有或然性。

复杂系统，其结构同时交叉重叠存在着不同类型的子系统结构和一些共同要素，形成主次结构，例如同时存在物理属性、生物属性和心智属性的事物，并同时由不同的机理主导作用，所以呈现非线性特征。社会系统和经济系统就是复杂系统。

个体在时间维度和空间维度的特征上从绝对意义上来看都不同，但相对意义上存在类的相同性。类越大，共同性特征越抽象；类越细，共同性特征越具体。

3. 经济事物的系统层次，从涉及的事物主体范围或者视角来分，可以分为个人、组织、地区、国家和世界（国际）等不同层面。当然，每一事物都有在系统层面和时间界限上的不同定位。

认识的系统层面和视野等不同，同一事物的认识结论也会相异。

4. 认识事物的境界，就在于认识者认识事物的格局——从哪个系统层次（小知还是大知）和从哪一周期（小年还是大年）出发，[①] 以及以何为参照和依循逻辑等在时间与空间上的系统定位。因为每一系统层次和每一周期阶段都对应存在着各自不同的因果和逻辑关系，存在着不同的认识结论。看山看水，对于同一事物，一个人具有什么样的境界和格局，就会有什么样的认知和结论。不同境界或格局者，彼此间经常难以沟通或共语。

客观理性地认识事物，应结合具体的状况，从大系统和完整周期过程的视野之下来理解和判断，通过时间与空间定位或一致性参照体系及一致性逻辑的建立来认识、判断过去、当下和将来的状态。当然，要达到这种境界十分不易，

---

① 庄子云："小知不及大知，小年不及大年。"

需要学识的不断拓展、积累、领悟和融通。

5. 系统或类的一致参照体系及一致性逻辑，是贯穿并反映于同一类事物全部具体事物（存在者）完整周期过程各个阶段系统特征的结构体系及其所包含的一致性逻辑。它反映了类事物在时间意义上动态表现的共同一致的空间特征和一致性逻辑。类事物中的各个具体事物的表现都不过是这种时空意义上共同一致的逻辑在个别事物中的反映。

换句话说，个别事物的变化不过是其自然禀赋特征在不同的时间（阶段）回应环境的影响的表现反映，并由此形成类事物中个体之间的差异。这个过程是互动关联和循环累积的，事物个体的动态禀赋在这个内外反应的过程中或是得到了正面的改善，或是得到了负面的影响。

必须指出，系统或类的一致性参照体系，并非类事物在个别意义上的状态特征——既不是理想的个别存在状态特征，也非作为被研究对象事物所存在着的状态特征，而是类事物在其完整周期过程中所反映的一般（正常）状态特征。它类似于用以衡量和评估人的健康状态的一般标准。贯穿其中的是"理"，即建立在一致性逻辑基础上的理论阐述。

6. 一切有经济目的的行为或事物的问题应答，都应该结合行为主体或事物自己本身的情况（状态和条件），根据一致性参照和逻辑体系中相应的时间与空间状态特征进行定位分析，根据其所对应阶段的主要矛盾来研究分析判断主体或事物所面对问题的主次及重要性顺序。这是进行动态选择权衡的主要依据。

与自然物质系统不同的是，社会经济系统的层次结构，是发生在一切经济主体行为选择的基础上。

以行为人作为元本体构成不同的事物，形成不同类型的经济主体类型，包括家庭、企业组织、非企业组织或团体、政府组织及其联合体。再因为不同的组织制度安排特别是产权构成和治理结构等，使得不同的组织（或机构）具有不同的性质和行为特征，与微观层面和宏观层面上不同的事物相对应。其中，元本体事实是一切社会经济事物形成的始源，并决定了一切以其为基础的经济主体的行为选择方式。这是认识经济事物的第一个层次，即从一切经济主体行为选择的元本体——人的行为选择事实中去认识理解一切经济事物。

然而，人的行为选择之所以是这样而不是那样，还有其更加本源的原因，这些本源因素不仅构成了认识行为人此时行为选择的基础，而且构成了超越一切具体行为人行为选择的有关历史及演变的存在抽象，因而是认识和理解一切社会经济事物的始源基础。即，某个特定时间下的个体行为为什么会这样发生？以及在动态连续的历史变迁过程中人的行为选择为什么会呈现出不同的特征？

7. 特定时空条件下行为主体整体的选择特征是全体行为人行为选择结果的集合化和结构化的反映。这句话的意思是说，整体特征不过是全体行为人及其反映的类行为特征的结构化表现，这种结构化表现的不同结果，涉及复杂的空间和时间因素及其所处的性状。认识理解这种个体意义、类意义上的状态，即"其然"，对于认识理解经济事物十分重要，但深入认识这种状态的"其所以然"无疑是更加重要的研究。

还需要指出的是，经济系统和结构、关系的形成是人为的产物，是人为构建的结果。表面看起来，自然物质系统也是如此。其实不然，它们之间的最大区别在于，前者的建立主要借助于新概念和逻辑，后者则建立在新物质要素和客观关系的发现或认识之上。

五、经济事物之间的联系和联系方式

（一）因果关系及其性质

因果关系或联系

1. 因果关系最一般化的表示就是："只要 A，就会 B"，或者"B 的出现是由于 A 的出现，或 A 的出现导致了 B 的出现"。

在因果关系中，存在着单向因果和双向（互为）因果。

构成事物或事件间彼此因果联系的，有或然因果、偶然因果、必然因果。

根据因与果之间前后关联的"距离"来分，有直接因果与间接因果。

而根据因对于果的影响程度，可以分主要原因和次要原因。

2. 作为科学研究中的主要任务，因果关系的复杂性主要表现为：

（1）在复杂事物中，因果关系错综复杂，主次交织，你中有我，我中有你，经常难以辨别，只有构建起并借助于事物（系统）的核心逻辑才有可能理顺关系。

（2）在看似偶然的因果联系中，存在着必然性，需要根据事物的规定性进行分析洞明。

（3）复杂事物（系统）的因果关系，因系统层面指向、目标指向的不同表现出多样性和主次性，并且因时间指向的不同而发生变化。因而，如果系统层面指向和目标指向不同，对于因果的主次关系的认识和判断结论也会不同，对系统要素的重要性顺序的判断结论也就不同；如果缺少时间与空间的动态定位，对于因果的主次关系和要素的重要性顺序的动态变化就会发生认识、判断上的错误或混乱。

从现象中发现本质并解决这些问题的途径和方法是建立核心逻辑和系统一致性参照体系及逻辑，这涉及"时空区分、动态权衡"的认识论基础。[①]

3. 经济系统是一个复杂系统，并缺乏固定不变的关系，在要素之间、结构与功能（状态及现象）之间，在纵截面和横截面意义上经常存在着多重错综复杂的因果联系，纵横交错、关联互动，因与果之间存在着多种组合可能，主次因果相互交织和动态变化，不易区分辨别。而且，有些因果关系不过是"碰巧"的形成，就像休谟所说的，这种因果不过是一个事件与另一个事件在时间上的伴随现象而已。

另外，有关一个行为选择可能导致的结果，或者先因后果问题，对于特定主体而言，其所产生的实际影响在不同的时间意义上可能是不同的，甚至截然不同。短期形成的"好"或"坏"有时候在长期意义上却刚好相反。

这给经济研究和认识带来了困难和挑战。但是，所有事物都存在着运行变化的规定性、机制和逻辑，主变量和次变量，快变量和慢变量（序参量），只要发现和把握它的核心机制和逻辑，我们就能够对其进行解释、预测和利用。

相关性

在类意义上，一种事物 A 存在着对于另一种事物 B 的影响，但具体到个体

---

① 马良华：《大国现代经济增长的因果探源》，浙江大学出版社，2014。

意义上，这种影响不是一种必然的关系。吸烟有害健康，与人的寿命存在相关性，但吸烟对人健康的影响程度还取决于吸烟者个人的身体条件和状况。甚至在个体差异表现上，可能会存在对一部分人有利的影响。

强相关性表示的是：A 的存在，对 B 的存在产生很大影响，但 B 的存在不依赖于 A。

一般相关表示的是：A 的存在对 B 的存在形成影响，但不是主要的影响因素。

弱相关性表示的是：A 的存在对 B 的存在有影响，但这种影响可以忽略不计。

非相关性表示的是：A 的存在与 B 的存在之间找不到相互之间的逻辑关系。

与因果关系一样，相关性也存在单向和双向不同的情况。

其实，因果关系也是相关性的一种特殊表现。

数学意义和机制意义上的因果性或相关性

由数学规则和逻辑构成的因果性或相关性，例如统计和计量分析所反映的这两种特征，其认识意义在于能够直接地反映原因项（或自变量）的变化对结果项（或因变量）的影响，或者结果项在原因上的多种排列组合可能。但在这种关系中，除非原因项本身就是导致结果形成的始源，否则，如果原因项只是一个中间变量，即其本身的形成也是受到别的更深层面因素的影响并决定的，那么这种表面关系对于意向性结果状态而言，并不是可取的根本路径和手段。

机制意义上的因果性或相关性，是事物在系统意义上"规律"的一种连续性动态反映，支持这种前后状态或结构要素之间的因果性或相关性表现的就是事物所固有的机制或逻辑。物质的变化现象、生物的变化现象和社会经济的变迁现象，都可以从机制或者一致性逻辑中寻找到答案。

充分条件和必要条件

只要 A，就会 B，A 就是 B 的充分条件。

B 的存在或出现，必须要有 A 的存在，但 A 只是 B 出现所需的其中一个条件，则我们说 A 是 B 出现的必要条件，但不是充分条件。

在现实中，"充分条件"经常由多个因素组成，其中包括在计量分析中被认为是微不足道的一些因素。但事实是，缺失这些因素，B 就不会发生。在自然科学中，之所以可能通过计量分析获得导致 B 结果出现的 A，主要原因就在于对于研究所想形成的 B 来说，经常是一个宽阈值意义上的"粗略"结果。而对社会科学研究中想要达到的应用目标 / 结果的 B 来说，A 经常是一个不得简略的组合条件，即对于 B 的达成，A 所包含的全部因素都不可或缺。研究者应该识别、区分此中的差别。

另外，充分条件通常还需要有一个程度上的阈值前提，即在"只要 A，就会 B"的情形中，一般是与 A 所处的阈值水平相关的，达到或超过这一阈值水平，才会导致 B 的出现。

例如，资源要素是一国经济得以持续增长的必要条件，但并不是只要拥有丰富的资源要素，经济增长的绩效表现就一定好。政府有强烈的发展经济的主观意愿，但并不一定导致良好的经济发展绩效。制度对于经济发展至关重要，但制度的有效性取决于它的设计安排与一个国家或地区的时间、空间特征和发展规律的匹配性程度，等等。在经济研究中都需要进行系统化和具体化研究。

（二）偶然因果、或然因果和必然因果

事物之间的因果联系，有可能是偶然的，也可能是必然的或或然的，它们有着不同的性质，需要在认识、研究中加以鉴别区分。

1. 偶然因果。A 的出现并不必然导致 B 的出现，A 导致 B 出现的情形需要同时具备其他条件，则 A 出现导致 B 出现的情况称之为偶然因果。例如，假定在正常的情况下，一国生猪的养殖是能够满足这个国家的市场需求的，但瘟疫的大面积发生导致市场供给严重不足，则瘟疫大面积暴发与供给不足之间，形成偶然因果。在现实中，这样的偶然现象和偶然因果有许多。在偶然因果中，因与果之间尽管不存在必然关系，但两者之间存在着某种可能发生因与果现象的联系。在其他条件发生的情况下，这种不必然的联系就成为因果关系。

2. 或然因果是一种随机事件中的概率性因果关系。但这种随机事件中的大量重复试验中的规律性概率分布是有条件的，即"相同条件"下的重复。投掷硬

币是一个用于说明随机事件中概率分布的典型事例。

或然因果中的规律性概率分布所要求的条件是：（1）"大量"；（2）"相同条件"。例如，购买彩票与中奖之间，存在着某种或然因果。

但在或然因果的概率意义上，不仅"大量"是一个模糊的概念，在统计意义上是一个难以解决的难题，而且"相同条件"也对适用前提有着十分严格的要求。可以说，经济研究中大量建立在随机事件中的概率分布假定的统计分析，由于很难出现"相同条件"，其结果的实际意义是十分值得置疑的。

3. 必然因果，即只要 A 出现，B 就出现。例如，企业生产的产品不符合市场需求，必然导致销售困难，难以获得利润；大量集中砍伐林木，必然导致区域生态破坏；投资与消费增长下降，必然会引起经济增长的下滑；市场普遍缺乏信用，交易秩序必然混乱。在趋势性意义上，这就是必然因果，包括由物质的规定性和逻辑决定的因果关系。

当然，如前所述，任何因与果之间的关系的形成，还涉及阈值（临界值）的出现问题，涉及不同的阈值边界。如果进一步在时间和空间上不断放大，一些看似无关的事物可能也存在着因果性，其之所以在较小的时间、空间意义上表现出无关或弱相关性是因为因与果之间还没有发生联系，就像两条还没有交叉在一起的直线一样，只要一直延伸便终会发生交叉。但这是另外的话题。

（三）直接因果、间接因果及主要原因、次要原因

1. 在因果关系中，直接因果是指导致一种结果发生的直接原因指向。例如，投资增长失速导致经济增长率下降，商业银行支付危机导致银行倒闭，等等。没有前因，就不会发生后果。

2. 间接因果，是导致一种结果出现的直接原因之形成的诸多因素，虽然不是导致这种结果出现的直接原因，但却是这种直接原因形成的因素——甚至是决定性的因素。例如，投资增长失速，很可能是由投资回报预期下降进而投资动力减弱，或者消费需求下降，或者投资环境趋坏等多个方面的原因引致；商业银行的支付危机，是由于资产负债结构的错配失衡或者重大决策的错误进而导致流动性异常短缺等原因所引致，可能涉及众多的因素。

3. 如前所述，直接因果中的因并非一定属于导致果的主要原因或因由，或许只是表面或浅层的原因，只是"导火索"。通常，对于一种结果出现的，总是存在着多方面的因素或者多种可能性。在科学研究中，需要系统深入地分析理顺这种关系，进行主次区分，发现主要的原因和因果之间的联系机理。

事物之间的因果联系总是在明确的问题指向时才能识别，否则就经常难以确定。在认识和区分因果关系时，最重要也是最复杂的问题就是找到并区分判断一种结果发生的主要原因（或主要因素）和次要原因（或次要因素），因为这种主次关系并不是固定不变的，而是会随着时空条件的改变而改变的。并且，一种结果经常对应着不同的因由或者"因集"的排列组合，即"殊途同归"，并因时空条件的变化而可能发生变化，必须加以识别区分。

（四）经济系统中不同的因果关系

所谓不同的因果关系，是指在因果关系中存在着不同性质的类型，它们在各自不同的规定性下形成，对这些不同性质因果关系的认识混淆会导致严重的错误。

在经济研究中，经济事物的因果关系存在着不同的类型、性质和特征，并反映了不同的意义。

1. 在一般意义上，经济事物中包含的因果关系有以下几种：（1）统计意义上的统计核算关系，例如不同层次、分类意义上的总量与结构关系，单项与和之间的数学关系；（2）导致微观主体某种行为发生或行为选择结果的深层次原因所形成的因果关系，例如透支消费、储蓄、投机等等；（3）导致一个经济事件或一种经济现象发生的结果与原因之间的关系，例如经济衰退、通货膨胀、财政赤字、贸易逆差等等；（4）计量经济学中的因果关系，是计量分析意义上的因果或相关关系，并不是真实的因果关系。

当然，统计关系和行为逻辑关系反映的是性质不同的关系，虽然它们看上去都含有因果联系。严格地说，统计意义上的因果关系并不是科学研究探索上的事物之间的因果联系，而只是依据统计技术规则或标准所形成的在统计事项或数据之间关系特征的一种反映，不清楚这一点，在研究中就常常会混淆致谬。

2. 至于宏观状态与微观状态之间的关系，一般而言，宏观状态总是由微观状态决定的，同时微观状态也受到宏观状态的制约和支配。其意是说，宏观状态的变化总是以微观状态的变化作为基础和前提的，缺乏微观状态变化的支持，宏观状态就难以得到根本的改变。然而，微观状态的变化并不能脱离宏观状态的影响。宏观、微观及其细化层次、结构之间的关系所产生的对于系统状态在性质上的影响程度，取决于临界的阈值变化。这种复杂的互动联系，反映了人与社会之间的关系。认识到这一点对于减少和避免主观主义十分重要。

一切经济事物，都是元本体事实及其结构化产物：（1）元事实—元事实的结构化事物—元事实的类结构化复合事物；（2）元本体—人及人格化的经济主体（组织）—虚拟化经济主体（如政府），对应形成了微观事物—类事物—宏观事物。

即，一切经济事物都是由众多元本体事实构成，尽管元本体事实只存在类主体上的行为趋向性特征。所以，类事物具有趋向一致性特征，由不同类事物构成的复合事物的特征就由类的结构关系决定。但在社会经济事物中，因为宏观与微观之间存在着的互动联系，我们在短期内并不可以通过结构的改变来提高社会经济整体的功能水平。这与物质或物体的结构与功能之间的关系不同。

3. 在截面意义上，统计核算关系总和与分项之间所具有的是静态上的总量与分量之间的关系，或者结构与功能之间的关系，例如国民生产总值与其核算体系（或方法）下的构成之间的关系，经济量本质上都是行为的结果，而不论其看上去是否带有行为的意味。投资、消费、储蓄、交易等等的变化都会导致国内生产总值的变化，从因果关系看，政府的确可能通过财政金融政策来改变这些量值，进而达到改变国内生产总值的目的，但根本上，这些方面其实也是行为结果，导致这些行为发生的因素才是更需要研究探索，才是更具有价值的，才是制度安排和政策决策的最重要依据。

在层次上：（1）统计核算关系反映的只是统计意义上的联系，而非真正意义上的因果关系，例如，集合意义上的和值与其分解的分值之间的关系，如总量与结构，概念上的行为量值与集合量值之间的关系；（2）实际意义上，导致各种不同的经济行为选择的主要有三组变量，即预算约束、偏好和心智状态及其所对应的各种因素。

4. 在时间序列连续意义上，一个截面的状态总是与其之前相连的多个截面状态的逻辑延续，并且成为其后截面状态的形成基础，在动态上构成与截面相应的各种结构之间的联系。主宰动态关系的是事物的固有逻辑和人类经济活动，形成纵横之间在变化上的因果联系。

与自然物质事物内含的客观逻辑或自然逻辑所不同的是，经济事物一开始就是人为界定和根据经济逻辑建构的产物，包括经济事物静态的联系和动态过程中的相互联系。经济研究不过是对这些联系特征在时空意义上的不断拓展和深化而已。

5. 从经济学研究的状况看，已有经济理论在最表面的经济事物之间的关系和联系方面已经卓有成效，但对其与更深层次因素的关系特别是在其规律性特征的研究上依然只停留在静态意义上，远远不够深入具体。这也导致了经济事物之间因果联系在层次或逻辑上的许多混乱。这种逻辑层次上的谬误表现，例如前面提到的，导致统计意义上集合或总量量值的原因表面上与行为量值形成因果联系，但实际上，此处的行为量值不过只是同类行为结果的统计和值，它和集合或总量量值本身都是统计结果，而非真正意义上的行为发生原因。我们应该明白的是，行为结果的量化构成了认识意义上经济事物之间的某些关系，例如影响宏观经济增长绩效的众多因素，然而从达成目标的角度，管理者并不能仅凭主观意愿和通过威权的方式来有效地改变整体的经济行为或活动，虽然有时候也的确能够获得一些短期的效果，最根本的路径和方法必定来源于对于经济行为或者活动的深刻理解及把握，来源于对经济行为或者活动状态之所以如此发生之原因的深刻认识和理解。这实际上已经触及有关影响经济行为或者活动状态——超越单一经济领域的许多方面因素。

6. 在经济增长研究中，经常通过投资、消费、储蓄、生育率、生产率等等来探寻或寻求实现一定经济增长率所需获得的支持，或者分析经济增长率与这些因素之间的关系。当然，这没有问题。但实际上，经济增长的研究者更需要研究探寻的是投资、消费、生育率、生产率、闲暇等之所以形成的更为深层的人类选择问题，特别是"慢变量"或者"序参量"①和"规律性"特征及其一致性逻辑基础，包括长周期、中周期、短周期的形成特征和逻辑依据，才是最关键的和重要的。

7. 需要强调指出的是，从因果关系看，与果对应的因经常是多样化的排列组合，即指向果的因经常是多种多样的，并不具有固定的一致性，也经常不具有唯一性。更为精确的表述是：对于已经形成的果，与果对应的因（因及其排列组合）只存在唯一解；对于作为系统的意向性目标的果所对应的达成之因（包括路径及要素的排列组合），在理论上却存在着多样性。在这一意义上，既有的一种经济状态或者绩效的达成，对于特定主体来说只存在唯一（组）解；对于多个不同主体在统计意义上的共"因"，实际上已然舍弃了各自在个"因"上的各种差异性——这种对于果的达成所不可缺少的因素。这导致了经济事物运用统计分析所得出的结论的局限性。对于一种基于未来的意向性经济目标的达成而言，对于不同主体的努力或者策略路径选择也同样需要根据各自的禀赋条件和空间环境才能获得有效的路径方法，即差异性。在这里，所谓贯穿于因果之间共同一致的东西只有时空一致性逻辑，而非"标准模式"。但很少有人能够理解和明白其中的道理。

因为意识事物所存在的"稳定性"小阈值或者"时变性"特征，即使是同一样本主体的行为选择，在重复意义上也会出现变化。此时彼时，此地彼地，同种经济事物所反映出来的整体特征，可能一致，可能相异，具体取决于系统（或主体）的时空状态或条件的类一致性程度。

（五）经济事物中的主从关系

经济事物中的主从关系，即主导与从属关系。

1. 主导关系，是相对于一种结果/状态或目标而形成的原因或影响因素的主导性关系指向，是核心逻辑的一致性反映。结果或目标指向不同，原因或影响因素指向的主、从性也不同，从而形成不同的主导与从属关系。每一结果或

---

① 在协同学中，序参量被认为是在运动中处于主导地位的控制参量，是微观子系统集体运动的产物、合作效应的表征和度量，它支配着子系统的行为，主宰着系统演化过程。

目标指向所对应的原因或因素的决定性程度和路径可能是不同的，因为这种主、从关系的形成需要根据具体的时间和空间状态加以识别判断。

2. 从属关系，是因主导关系的形成或产生而形成或产生的关系，这种关系的形成从属于由核心逻辑形成的主导关系或者以主导关系的形成为前提。

例如，地震灾害可能引发海啸、洪水等次生灾害，海啸或洪水可能进一步造成其他的诸多问题等；人类行为的不当，可能带来严重的环境污染，环境污染可能引起生态恶化、人类健康的损害、生产和生活用地的减少，等等；反过来说，则是生态的不断改善，使得人类生活的环境得以改善，健康的自然条件得到改善，等等；经济持续增长，人们的收入水平提高，物质生活条件改善，精神需求及层次得以提升，要求制度进步，社会文明程度提高。在这些事例中，就包含了主导和从属这两种不同性质的关系。

3. 我想强调的是，在人类的认识活动和实践活动中，分清主导关系和从属关系极其重要，它关系到在人类诸多活动中路径和方法的选择决策问题，以及与目标或结果相对应的效率、效果和效益等的不同形成状态。并且，这种主从关系并非是一成不变的，而是会随着时空条件的变化而变化的。这增加了识别上的复杂性。

（六）经济系统中的层级关系

意识事物的类等级，是以有意识的行为为基础而构成的事物之间在系统层面上的归属关系。例如，在经济系统中所对应的宏观、中观和微观的不同层面，或者不同的集合或聚合关系，事物所对应的系统、结构和关系，存在着层级关系。

经济事物的层级关系：一是建立在经济量的统计核算基础之上的，例如经济景气或衰退、通货膨胀或紧缩、财政盈余或赤字、企业盈利或亏损、财务危机、破产等经济现象，都可以用相应的数据来反映。二是导致行为/现象发生的因果关系。前者是由核算体系所建立的规则决定的，既反映为统计或数学意义上系统和结构关系，又反映为行为与结果/现象之间的关系，具有可量化性；后者即行为发生的深层原因，指向更微观层面因素，例如约束条件、偏好和思维能力，或者物质的和精神的、生理和心理的因素等，具有难以或弱可量化性。

从根本上，统计或数学意义上形成的量化因果，是形式或表面的反映，在本质上都是行为的结果。导致相关行为发生的因集指向，才是真正意义上的原因。例如，国内生产总值与经济结构或者产业结构之间的关系，经济增长与投资、消费之间的关系，实际上只是一种价值量之间的统计核算关系，本质上都是全体经济主体的行为结果的反映。投资、消费等的改变会对经济增长产生影响，的确可以通过相关的政策来干预短期的投资和消费行为，但从可持续性角度，更重要的因素是有关市场供求关系的变化、收入预期变化及生活保障等因素。遗憾的是，现有的大多数研究，都事实上混淆了这种因果在本质上的区别，或是建立在行为基础不变这一无视时间、空间状态客观变化事实的假定条件之上的。当然，据此得出的对策也是表面的和形式的，在短期的确会改变结果，然而这种结果的改变不过是数量关系在时间和空间配置上的改变而已，并不涉及事物的本质。

（七）事物类层级属性的同和不同

1. 每一级次的类，反映了级次内类意义上全部事物的共同属性，但却不能反映其所从属的更高级次类事物的全部属性，这是类等级之间属性关系中的一个基本原则。另一种表述是，全称陈述反映了类事物中所有具体事物的共同特征，但单称陈述却不能反映同类事物其他个体的存在状况。例如，张三，既抽烟又喝酒，但很长寿，并不意味李四的境况同样如此。看到一只天鹅是白的，并不意味着其他的天鹅都是白的。

2. 从类及归属的角度，类等级或集合范围越大，共同性特征越抽象，所属具体事物之间的差异性越大；类等级越低，共同性特征越具体，所属事物之间的差异性越小。类事物的变化机理，就像编有程序的软件，由"类程序"决定。类程序，由类事物的结构及其复杂性决定。类结构及其复杂性不同，事物对应的系统复杂性就不同。系统的复杂性程度，既与其结构、要素之间相互关系的类型特征相关，又与其所涉及的变数的多少和可控性程度相关。结构越复杂，存在的变数越多，非线性关系特征越明显，可控性程度越低，系统越复杂。

高一层级类的认识抽象，可以用来描述、解释所有该一级类所包含的更小分类事物的共同特征，因而具有类覆盖性。正因为如此，有人就经常利用这种覆盖性——用高层级的认识抽象来应答低层级事物的问题，这虽然看起来也是正确的，但往往缺乏针对性，或者大而不当、笼统宽泛。这种现象普遍存在。

3. 类是多层次的集合存在，类中有类，类外有类。在物质系统的意义上，在宏观上可以无限上拓，在微观上可以无限下分。例如，同样是蛋白质，有许多种类，各自的性质和功能不同。

意识事物中的类属性，同样取决于其系统结构和要素之间关系的复杂性。然而，与非意识事物形成的客观基础不同的是，意识事物的构成和形成的基础是主观的，在类意义上是主观意向和行为的集合。主导前者的是自然（物理）属性和自然（物理）逻辑，主导后者的是心智属性和行为逻辑。我之所以认为社会经济事物具有科学研究所需的客观基础的原因之一，是因为在时空意义上来说，人的行为所依基的心智属性（意识或思维）在客观上也具有变化上的某些一致性特征，即人的类行为特征是时空的或历史的产物。这是认知科学应该研究解决的重要问题。

（八）事物的系统层面及其关系

1. 从系统角度，系统结构由要素构成，形成要素之间的联系。要素本身也是一个系统，分别对应着一个子系统，子系统下进一步对应次子系统，……在不同的系统层面上形成多层级递进关系，形成多层次纵横交错的因果联系。例如，生命系统的结构层次是细胞 → 组织 → 器官 → 系统 → 个体 → 种群和群落 → 生态系统 → 生物圈。

客观事物，超微观物质系统（如量子、光子等粒子，只能理论推测或实验验证而不能感知）的物理性质和状态决定微观物质系统（如原子、分子等，可测量感知）的物理状态，微观物质系统的物理性质和状态决定宏观物质（可感知的）系统的性质和状态。如粒子构成原子，原子通过共价键形成分子，分子聚合成分子聚合体形成细胞器、细胞、组织、器官，最后形成一个整体。当然，微观系统的状态也受到其宏观系统状态的支配和限制。

主观（意识）事物，我之所以将它的发生源泉区分于自然客观事物，是因为现实中所发生的意识事物总是在人的自然禀赋既有条件下的，并且这种自然禀赋无法通过物理方法加以即时或在短期内得到根本的改变。尽管从历史进化角度，我依然认同诸如意识或心智之类的属性是可以随着发展而变化的，它们主要可以归诸人类的自然（物理）属性。这种认识对于经济事物的"此在"状态研究和"历史"研究至关重要。

2. 在主观事物中，先天禀赋和后天因素决定意识和心智状态，意识和心智状态决定行为选择，行为选择决定事物的状态，微观状态的集合决定宏观状态。

此外，我想要指出的是：

（1）系统各层面目标所对应的因果或联系可能是一致的，可能是不一致的。科学问题对于因果联系的指向，总是与其所对应的系统层面及目标相一致的，如果把次一级或次几级的系统目标作为参照对象或者依据，就会发生逻辑的不一致性，进而导致结论的错误。这也是整体与局部之间的关系。

（2）系统层面的现象或问题，需要从系统要素和更深层面的系统即其细分的子系统或子子系统中去寻找原因，宏观状态决定于微观状态，微观状态决定于超微观状态。高一级的系统状态不过是其低一级甚至更低层面系统状态的集合表现。但同样不可忽视的是，微观状态的变化也受到其宏观状态的支配和限制。所以，用"变迁"或者"演化"来表述它们之间的关系或许更为贴切一些。

六、经济事物的本质与现象／形式

1. 科学认识的目的在于探索并揭示事物的本质。事物的本质，对于客观事物来说就是主导或决定一切表象的内在规定性及其在结构、因果或机制、机理等上的反映；对于主观事物来说，就是目的的本质反映。

例如，经济增长的一切外部表现，总量的或是分量的、结构的和关系的，相对于这些表现的根本原因来说只是一种现象，本质上是全部经济行为选择结果的集合反映，导致这些结果／状态／现象发生的经济行为的原因才是最关键和根本的。对于表面的经济状态、结构和关系，我们或许可以在一定程度上通过表面的路径和手段加以改变，但最根本的改变主要取决于这些行为如此发生或者如此选择的原因上，特别是对行为选择有着重要甚至决定性影响的经济禀赋条件、信仰、信念的形成和改变上。在经济研究中，"结构主义"论者的主要问题在于，他们忽视了经济系统中功能与结构之间的互动关系及其与物质系统之间存在着的差别，经常以表面的结构／结果的反映作为依据，并以表面的结构关系作为路径和手段，而很少真正从这些经济表现／问题／现象之所以发生的行为深处去思考和寻求路径、手段和方法。按照他们的主张去做，最可能的结果就是"得不偿失"。

再如，经济意义上的真正创新，本质内涵是生产率／收益的提高和改善，意指一切导致生产率／收益不断提高和改善的创新活动，而非形式的、概念的创新，更非是为创新而创新。

经济增长是否能够具有持续性，本质上在于市场的需求是否能够持续，生产要素能否支持供给对于市场需求的不断满足，以及供求双方在总量与结构上的动态匹配，或者取决于一国或地区在开放条件下所具有的比较经济竞争能力。[①] 而经济增长的目的，其本质是为了人们实际生活质量的普遍改善和提升，包括物质生活和精神生活。既非简单的数字上的改变，也非简单地反映为一切脱离人的需要的概念化产物。

金融的本质就是资金融通，核心就是资金的利用或者调动效率和风险控制。这是一切金融市场安排、产品工具创新、制度设计和监管等围绕的主题。要实现资金融通的通畅性、有效性，关键在于解决信息的不对称性和风险问题，这种事物以信用为基础，以法治为保障。金融的发达程度总是与信用状态和法治化水平紧密相关。金融制度设计和安排的目的就是使得资金融通能够通过信息不对称程度的减少、不确定性的减少，以及行为结果的透明性或者可预测性的增强等来满足资金融通双方各自的金融需求（或各取所需）——进而提高全社会资金的利用效率和效益，并促进经济增长。无论是线上还是线下，市场或是政府，如果不能有效地解决这些本质的或核心的问题，就无法有效地发展直接融资市场或者多层次资本市场，或者建立起成熟的金融市场。

2. 经济事物，本质上是有关经济目的的手段选择活动的逻辑化产物，是有

---

① 马良华：《大国现代经济增长的因果探源》，浙江大学出版社，2014，第168—173页。

关交换和选择的问题。在交换和选择活动中，一切不同层面或不同主体上的经济管理问题所面对的最重要的也是最难的问题之一是，对所有的因果、矛盾及其识别、应对进行主次上的动态区分和重要性顺序排列，解决这一难题的最有效方法是"时空区分，动态权衡"。[①] 它的基础和依据就是经济研究所探求的科学一致性。

市场与政府作为经济资源配置的方式，或者决定经济资源配置效率的两种不可缺少的力量，就其本质而言都是人为的方式，它们各自代表个别和社会两种不同的理性力量，内含着不同的利益冲突。

七、经济事物的核心问题和核心逻辑

逻辑是某种关系得以构建的纽带，而关系则是根据事物的性质来确定的。事物的性质不同，逻辑关系形成的依据就不同，逻辑所反映的关系就不同。经济的、政治的、法律的、技术的、社会的和自然的关系，或者物质的和意识的关系，就是由不同的逻辑依据或者逻辑关系的规定性构成的。

1. 事物的核心逻辑是与状态 / 结果等指向相对应的因集要素之间关系的反映，是事物的主导性逻辑。任何事物都具有核心逻辑，认识和判断事物的核心逻辑是科学认识的重要内容。

自然物质事物的核心逻辑是与导致一种状态 / 现象或结果的形成相对应的因素在自然物质规定性作用下的客观关系反映，它贯穿于事物的系统并通过结构、因果和功能等得到反映。而经济事物的核心逻辑就是经济逻辑在各种不同经济事物中的具体反映，所反映的不仅有客观的规定性——即经济事物的"规律性"或共同特征，而且还有主观的规定性——即与行为的经济目的相对应的行为选择趋向特征。一致性逻辑是经济事物共同特征的支撑或解释依据。

2. 在行为层面，任何经济行为的选择，都反映为与目的或目标相对应的手段选择，是经济逻辑在行为选择上的理性反映，即以最小的代价获得自己的效用或利益满足，或者以一定的代价获得自己效用或利益的最大满足。一切手段

---

① 马良华：《大国现代经济增长的因果探源》，浙江大学出版社，2014，第93–100页。

（包括路径、方法、措施等）的选择或配置都是为了达到行为的目的或目标，因此构成行为选择的核心逻辑。

投资的目的就是为了获得理想的回报或者满足某种需要，消费的目的是为了满足需求，交换的目的是为了更好的效用满足，企业生产经营的目的是为了获得理想收益；政府的行为总是基于公共需要，政府投资就是为了满足公共需求，政府对经济的干预是为了矫正市场的失灵，以便经济增长更具有可持续性，等等，以此构成行为主体行为选择的核心逻辑。

但行为主体为达到目的或目标而进行的手段选择所反映的理性是多样化或者差异化的。因为理性反映还涉及各自的效用偏好和心智状态或思维能力。理性总是个人的理性，它虽然在行为选择倾向上表现出共同的描述特征，而实际表现却总是不同。我们不能因为社会普遍地存在着自私自利的行为，就把利他主义者的许多举止描述为不理性的行为。

3. 就经济行为的目的性和普遍性来说，个人和家庭的行为选择总是会根据自身的约束条件和市场环境，在各自效用偏好和心智状态基础上，针对行为目标（目的）进行行为（手段）选择，核心就是如何以最小代价实现自己的效用满足。

对于企业来说，贯穿于经济行为选择的总是"如何以最小的支出实现在各自效用偏好下的利润最大化"，当然这种人格化组织需要解决个人理性与企业理性之间的利益冲突问题。

对于政府及机构经济活动所反映的社会理性而言，它的目标总是围绕着"如何通过资源的优化配置以实现国家经济的可持续发展"或者类似的表述，在这种"委托—代理关系"中最难解决的问题就是个人理性、集团理性和社会理性的利益冲突或不一致性。

一个人去购买一个商品，总是为了满足自己的需求，或是生活需要，或是生产需要，或者基于其他的什么目的。他根据不同需求满足的急迫程度来安排购买不同商品的顺序。在购买商品时，他总会首先想到自己的支付能力，然后根据自己的效用偏好来比较同类商品中的不同品牌及产品对于自己需求的满足能力，来选择产品。

在这个消费过程中，决定消费者选择购买的始终是：（1）支付能力；（2）商品对于自己效用偏好的满足能力；（3）对品牌产品的认知、判断能力。

一个投资者的投资活动，无论是短期还是长期，投资还是投机，他的目的总是为了获得理想的回报。他选择什么样的投资标的，取决于他的：（1）偏好——流动性偏好、风险偏好，以及便利性偏好等；（2）资金实力；（3）对可选择标的的了解——对应的管理团队的信用、信誉、声誉，用途，行业，过往历史表现等；（4）对市场环境及可能变化的认识判断；（5）可能的安全保障，如担保、损失弥补等。在这种活动中，投资者最大的担心在于信息的不透明、不充分、不真实、不及时，以及对于故意的虚假行为的惩治不力或者法律对于自己正当权益缺乏充分保护。除此之外，一切的收益或者损失都由投资者自己承担。

4. 所有有关竞争力的核心，企业、地方、国家，以及产品和产业，最终无一不反映为成本与收益之间的关系，无一不指向与成本控制能力和谈判定价能力这两个要素密切相关的方面。所有有助于这两个方面的状态（优势）、措施和安排的，都能够增强自己的竞争力。但真正的竞争力总是彼此比较后的结果表现。

一个企业的生产活动，总是基于自己所生产的产品在市场上的价格反映和需求情况决定的盈利回报预期，决定于稀缺性程度和竞争力。

一个地方和国家的经济增长，总是取决于建立在动态比较优势维护基础上的竞争优势：（1）所拥有的生产要素比较优势及其有机构成所反映的比较成本或定价能力；（2）制度性的资源调动能力和配置效率；（3）内、外市场的可拓展空间。

每一经济主体的经济危机最终都表现为财务危机，即支付危机——缺乏足够的资（财）产和流动性来清偿到期债务和满足基本生存所需，唯有政府因为具有铸币权或者依靠国家信用发行债券得以缓解财政危机——但有时候这只能是苟延残喘而已。

第二章

现代经济学面临的危机及其出路

群体推理的特点，是把彼此不同，只在表面上相似的事物搅在一起，并且立刻把具体的事物普遍化。

没有必要进一步指出，群体没有推理能力，因此它也无法表现出任何批判精神，也就是说，它不能辨别真伪或对任何事物形成正确的判断。

——勒庞《乌合之众：大众心理研究》

本章想要论说的重点主要有以下两个方面：（1）现代经济学所面临的科学性危机、主要表现、原因和依据；（2）现代经济学走出困境的根本出路和需要解决的问题。

一、现代经济学面临的危机

经济学成为一门学科，伴随着 17 世纪中期后欧美先发国家工业化的不断拓展和进入后工业化社会发展至今，经历了古典政治经济学、新古典经济学和现代经济学三大阶段，逐渐形成了宏观经济学和微观经济学——现代经济学的两大体系、多个理论流派，为分析、解释经济现象提供了比较全面的内容框架、多样化的视角和多种不同的理论，为指导经济活动和经济管理以及经济研究提供了多种理论基础和依据。然而，虽然经济学在内容拓展、规范化形式和成果的数量上都获得了显著的成就，并成为许多国家的一门显学，但与同时代的自然学科相比，现代经济学研究在科学性方面仍然存在明显缺陷，许多理论和研究的价值或者意义没有获得令人信服的证据，因此也一直受到来自学界内外的各种批判和不断诟病。

（一）经济学理论存在的科学性缺陷

科学的性质和特征

通常，科学被认为是一个建立在可检验的解释和对客观事物的形式、组织等进行预测上的有序的知识系统。对此，《辞海》1999 年版中把科学定义为"运用范畴、定理、定律等思维形式反映现实世界各种现象的本质的规律的知识体系"；法国的《百科全书》定义为"科学首先不同于常识，科学通过分类，以寻求事物之中的条理。此外，科学通过揭示支配事物的规律，以求说明事物"，包括这样的知识体系、科学活动。科学是理性和客观的一种反映。

根据各种主流观点和我自己的认识，我把科学的主要特征概括如下：

（1）它来源于事物存在的客观事实本身或自然之内，而非之外，非源于上帝、灵魂、先验自我、绝对精神等超自然力量和一切威权；

（2）它是以科学的方法为手段而获得的事实之认识抽象；

（3）科学性与否可以通过可重复一致性（或事实）来检验；

（4）它是一定条件下的认知，包括被认识事物所对应的时间和空间条件，以及认识手段，是可变化的；

（5）科学是对事物的本质规定性在普遍意义上的反映或探求，而不是事物表象的简单描述和判断。

简言之，科学是在科学的认识论指导下通过科学方法的运用而获得的对于事物存在的可重复一致检验的抽象认识或者探索活动。

在此，需要着重指出的是：

（1）科学性所指的普遍意义经常是与不同条件的约束相对应的，是分类的、分层的和可变化的。即从科学意义上，相对于不同的条件约束，存在着不同的可重复一致检验的普遍性，并且各自具有不同的现实意义。[1]

---

[1] 对此，我将在第六章和第九章中专门予以论述。

（2）可重复一致检验的普遍性，意味着只要事物的问题指向、系统指向或目标指向清楚一致，约束条件相同，科学认知和理论所反映的机制和逻辑就意味着具有可重复一致依循性，能够有效一致地据以解释全部类事物并加以有效预测，甚至具有可一致操作性，为人类提供服务。

（3）科学是相对于一定时间和空间条件下的认知。这不仅是因为一切存在的事实都是特定条件下的产物，约束条件不同，事实也随之发生变化；而且还因为科学性的检验同样受到人类检验条件和检验能力的限制，以致其中的一些科学认知可能因条件的限制而暂时未能得到检验或者受到排斥。

因为上述原因，科学并不能保证其获得的认知具有绝对的"真理性"。但是，科学却以排斥一些因检验条件所限的科学认知为代价在最大程度上确保了科学认知的可重复依循性或纯净性，从而排除了许多纯粹出自臆想、猜测、盲从、传说等难以有效检验的主观认识。人们应能从我的这一表述中理解科学的性质和意义。

经济学理论的科学性反映

虽然解释能力和预测能力都是科学理论所具有的科学性特征的具体化反映。但相比之下，理论的预测（或预见）能力有着更高的科学性要求。因为一种具有预测、预见能力的科学理论，通常同时意味着其具有卓越的解释能力；而一个具有解释能力的理论却未必同时具有预测（或预见）能力。原因就在于，解释能力经常可以被这样或者那样的似是而非的理由或者主次混淆的联系或者逻辑混淆所掩盖和蒙蔽，而预测或预见能力却比较容易被事实所证伪。就我而言，区分和判断识别一种理论之解释能力及科学与否的最简单的方法，就是它是否具有一致性逻辑。科学理论应该具有可一致依循性，包括一致性重复或一致性逻辑，并因此可以获得一致性检验。[1]

经济学理论如何反映其科学性？

罗森伯格认为最好和最有价值的科学理论是那些最具有预见能力的理论。[2]

---

① 详见第六章。

② 马克·布劳格等著，罗杰·E. 巴克豪斯编：《经济学方法论的新趋势》，张大保、李刚等译，经济科学出版社，2000，第11页。

哈奇森认为，因为经济学是为政策制定者提供建议的政策科学，因此预见是至关重要的。卡德韦尔认为，各种理论应该是可检验的；一种检验的有用手段是把理论的预言与现实进行比较；预测的准确性常常是一种理论站住脚的最重要的特性。[①] 布劳格也强调了预见力对于经济学的重要性，认为任何现代经济学理论，除非其能对它力图解释的现象作出一系列预言，并且这种预言至少是潜在地可用经验资料确证的，否则，它便没有立足之地，便不可能是第一流的和合理的。[②]

但也有一些经济学家反对以上说法，认为经济理论不具有预测功能。米塞斯认为经济学的功能主要是"理解"，经济学无法提供或没有预测能力。建构主义者同样认为经济学不可能提供预测能力，认为经济学不是预测科学，是类似文学批评或标准，是描述性学科。

我的观点是，作为任何一门科学（而不是学科）或者一个理论，都应该体现科学性的共同特征，但学科之间的科学性特征表现方式和"精确性"程度又是存在差异的，这种差异性取决于学科研究对象性质和特征的异同。从这一意义上，即使在自然学科或者经济学科内部，它们的科学性表现也会因为具体研究对象特性的不同和研究类型的不同而有所差异，对此我们必须加以区别对待。也即，科学性表现方式的差异不仅反映在自然学科、社会学科、人文学科三大领域之间，同时也反映在这些学科内部的各门类及其细分之间，例如自然学科的天文学、物理学、化学、地球科学、生物学等之间。科学性特征在表现方式和程度上的差异，是由科学研究对象的性质及类阈值意义上的差异而形成的。但最为核心的是，作为一门科学和一个理论，它的科学性突出地表现为其是否具有可重复一致解释和检验的普遍性，它的另外一种表达是是否具有可重复一致依循性。

可重复一致依循性，即，对于一种具有特定（明确）的问题指向、系统指向及目标指向的理论和研究而言，它的具体含义包括：（1）可据以进行逻辑一致性解释而非部分；（2）可据以进行有效推断预测，包括准确预测或者趋势预

---

① 马克·布劳格：《经济学方法论》，黎明星等译，北京大学出版社，1990，第3页。

② 同上，第5页。

测；（3）在一定可控条件意义上的可依循操作性。[①] 反映在不同的学科上，科学性表现既存在着同一性，又存在着差异性。它的另外一种表述是，所有科学都应该反映共同的科学性特征，而这些科学性特征的表现方式又因事物特性特别是学科性质的显著不同而呈现明显差异。[②] 这是现有认识论和相关理论一直没有认识到的重要问题。

在作为科学是否应该具有预见或预测能力方面，我认同罗森伯格的观点而不认可米塞斯的单一"理解论"和建构主义者的"描述论"，没有预见能力的理论缺少科学性和实际价值。经济学如果只能用于解释过去或者描述业已存在或出现的现象，而且还不具有系统解释上的一致性或者可以众说纷纭，而不能洞见或预见未来，其科学性和实际意义无疑是欠缺的。当然，经济科学所反映的预见或预测能力也有着自己的方式和特征。

我将在后面专门讨论经济学的学科性质，并联系经济学研究的不同类型、不同命题的性质和目的，对各自的科学性表现差异加以论述。通常，一门学科的科学性表现总是与这门学科的性质和特征联系在一起的，并会因不同的研究类型及其目的而体现出差异，在不同学科之间和不同的研究类型之间会表现出某些同一性和异质性的特征。这也是本书撰写的认识基础和目的所在。否则，如果所有的学科都没有科学性表现差异，我们也就无须花费时间和精力对此进行专门的论述了。当然，学科的存在并非是毫无目的的，它们在开展研究的背后总是有着具体的动机和目标作为支撑的，总是想通过研究发现和揭示什么问题、解释什么问题、解决什么问题，而非纯粹的某种游戏或者为了研究而研究。这个道理应该是自明的。

经济学研究的科学性缘何屡被质疑

在理性和客观的科学认识论指引下，自然学科借助于"实验"和"数学"这两种工具在过去300年中取得了前所未有的科学成就，并且在最近的50年呈现出一种加速的势头。虽然自然学科的发展也远未达到至臻或者完美无瑕的地步，但这一领域内所取得的科学成就是有目共睹和众所周知的。相比之下，经济学

---

① 详见第六章内容。

② 详见第三、第八章内容。

研究虽然也在内容拓展、框架体系、形式规范和理论多样化等方面取得了发展，但其在科学性的总体表现上却一直受到质疑和批判。

罗森伯格认为，自然科学，包括生物学，确实都包含有预见，但经济学的一些理论，例如"一般均衡理论"，既缺乏足够的解释力，也缺乏预测能力。经济学更像是应用数学的分支而非科学。[①]

考德威尔在《超越实证主义》中认为，大多数经济理论的条件没有得到证实，并缺乏普遍规律，对模型的证实并不能证明理论，统计数字极少与经济理论中产生的概念完全吻合。[②]

费希尔认为，现在众多的理论研究同样使我们说不出什么，因为新旧理论都告诉我们，很可能有诸多的结果出现。经济学家已经意识到很少能得到非常普遍的理论结果，这使得我们不知道哪一个理论对现实总是有指导意义，其结果是，我们几乎无法获得可检验的预测。[③]

而布劳格认为，现代经济学研究的很大一个问题是"形式主义"，"形式主义"仅仅意味着对模型形式结构给予最高的优先权而不考虑它的内容；它将严密性和精确性置于优先于相关性的地位，将分析的简练性和逻辑连贯性置于优先于实际含义的地位。经济学家们提供的用以检验他们自己的理论数据还不足以产生令人信服的检验结果。他们试图通过严格界定来进行研究，但真实世界要丰富得多。经济学是一门"不精确"的科学。[④]

哈沃尔默认为，到目前为止，经济计量学还没有导致人们像自然科学一样在经济学里找到精确而又普遍的规律。

"我们必须回答这个问题：对于过去半个世纪的理论和经验进步的直接结果的当今经济，我们到底知道些什么呢？"[⑤]

……

① 马克·布劳格等，罗杰·E. 巴克豪斯编：《经济学方法论的新趋势》，张大保，李刚等译，经济科学出版社，2000，第11–13页。
② 同上，第7页。
③ 同上，第6–7页。
④ 同上，第193页。
⑤ 同上，第198页。

类似的质疑和批判在国内外有许多，当然有些观点是值得商榷的，也并不总是意味着合理。

我在前面曾经提到，科学是以事实为依据的。科学事实从来不应该因为是谁或者哪些人说了什么话，认同还是否定，主流还是非主流，而改变其性质。对于经济学研究的科学性之质疑和批判也是如此。我之所以在此引用这些学者的观点，是因为这些观点并不是凭空捏造或者是主观臆断的结果，而是有着许多事实和逻辑的支撑。只要你广泛地阅读过他们的著述，并具有相应的科学认识论基础和经济学知识，你就很可能会认同我的观点。并且，在我看来，面对经济这一复杂系统，对已有主流理论和相关研究能够提出针对性的问题、质疑和挑战不仅需要很大的勇气，而且需要宽厚的知识基础和强大的思辨能力。对于经济研究者来说，这本身已经属于很不容易的事情。当然，相比于质疑和批判，提出一种更加科学合理的竞争性替代方案是一件更加困难和更具挑战性的工作，不仅取决于方案本身的合理性程度和说服力，还取决于足够大的以新换旧力量及时机。也正因为如此，虽然如此这般的批判不少，并不乏合理性，但是至今尚没有出现一种更加系统合理的可替代方案，现代主流经济学依然延续着它的统治地位。

我认同许多对于现代经济学科学性的质疑和批判，但我更关注经济学研究所反映的实际情况。以下情形和逻辑就已经足以说明对经济学科学性进行质疑的合理性。如果我所说的以下情形是基本事实并且具有普遍性，就已经足以说明这一学科所面临的窘境了。

从科学性意义上，经济学研究至今仍然在总体上只具有形式意义。在形式上，这门学科的研究自 20 世纪第二次世界大战以后便日益引入了"科学主义"的方法，它与自然学科一样，实证和计量分析逐渐占据统治地位。而在实际上，却没有显示出科学研究应该具有的特征。

总体上，在科学的形式外表下，经济学研究在理论和应用实践上都缺乏足以令人信服的证据来证明这门学科已经能够为经济现象的解释和经济趋势的预测来提供具有普遍意义上（至少是类事物）的系统一一致依循性逻辑。[1] 当然，

---

[1] 详见第六章。

也就无法提供与此相对应的系统理论和科学检验的方法体系。经济学研究的说服力或者权威性，也普遍地无法取决于相关研究本身的科学性程度，而是取决于由形式上的所谓科学规范以及话语者权势地位主导下所形成的话语者身份的"光环"——这种曾经发生在科学革命之前诉诸权威的非科学方法。莫衷一是和无所适从则是这种状态的另一种表现。用一句不中听的话来说，虽然不能说是全部，现代经济学研究至今在总体上仍然没有在根本上脱离科学革命发生之前曾经主导于自然学科中的非科学状态。只要理性观察和思考一下现实生活中发生在经济学研究领域中的情况，你就应该不会对此产生疑问。

逻辑上，设想一下，如果一门学科的科学性缺少一种可一致检验方法或者无以检验判别其客观与否时，那么，我们能够依据什么来评判这门学科研究的科学性程度呢？其结果又将会如何？

如果没有一种公认的检验或者评价方法和体系，以及其得以支持的科学认识论和方法论，那么，对于任何一种存在，任何一种现象或结果，我们总是可以找到各种原因或理由加以解释。因为相对于一种现象或者结果，总是能够从不同的系统层面、结构或者不同视角或者不同的时间指向上找到多个因果关联或者"原因"，使得对于同一种事物的存在或者同一种现象的多种不同解释看上去都似乎很有道理甚至具有逻辑上的合理性。而事实上，在事物的系统指向、问题指向和目标指向清楚界定或明确的条件下，这种事物实际上就只存在一种系统一致性逻辑的应答或者一组解。然而，从应答的角度，所谓的不同视角或者不同层面等又意味着什么呢？当然，在缺乏系统一致性检验方法和理论规范的情况下，我们也无法鉴别和区分这些不同解释或答案的科学性程度，以及它们的主次之分和重要性次序，而只能凭借话语者的身份"光环"或者读者听众自己的知识或感觉来选择判断。社会科学基本处于这种状态，正如拉卡托斯所指出的："如果甚至在科学领域中，除了对一项理论的支持者人数、虔信程度和鼓吹力量作出估计之外，别无他法来判定该项理论，那么社会科学学科中就更是如此了：强权即真理。"[①]

在这样的情形下，多数经济学研究的科学性评价都取决于评判者本身的学

---

① 伊姆雷·拉卡托斯：《科学研究纲领方法论》，兰征译，上海译文出版社，1986，第2页。

术素养、专业判断甚至感觉等，以及个人或组织"营销"和社会的舆论宣传，对于经济学研究认知的评判主要依靠的是主观而非客观方面，特别是编辑、审稿者、评审者、决策者、管理者、作者、学术同行等等，或者所谓主流。因为经济学科不仅尚未构建一种公认的检验或者评价方法和体系，而且还缺少客观的科学原则和系统一致逻辑，因此"科学形式""光环""营销""宣传"等就变得至关重要。在自然科学不断发展进步的今天，经济学研究依然盛行这种形式主义或者"以貌取人"的做法，不能不说是经济学科的悲哀。

经济学研究面临的这种科学性尴尬，我认为，其根源在于经济学的认识论和方法论上。由于诸如此类的这种分辨鉴别在认识论上通常只是一念之差或一线之隔，因而也经常造成认识上和方法上的许多似是而非的错误。这也是我在本书中所想论述澄明的问题。

诚然，质疑和批判经济学研究的科学性，也并非意味着这门学科就完全一无是处或者毫无贡献。对这门学科进行反思和批判，恰恰是对于科学的一种追求的表现，是为了推动这门学科的进一步完善，进而具有更好的科学性特征，能够为促进社会经济的发展发挥作用，而不至于陷入"形式化"或游戏化的境地。事实上，科学的进步在很大程度上也是科学的开放所形成的批判反思和学术竞争的结果，一旦这种氛围和精神受到破坏，科学的进步也就行将窒息了。

（二）经济学研究的方法论迷茫

方法论是指处理问题和从事活动的方式，它构成了我们完成一项任务的一般途径或路线，而不是告诉我们如何完成任务的具体细节。[①] 我认为，方法论研究解决的是何以从事物的客观存在中获得与事实相符一致的认识问题，它包括了对认识方法、研究方法及具体技术方法等不同层次方法的不同选择要求和认识依据等的系统论述，并需要获得认识论的支撑，是科学哲学的一部分。

事实上，针对经济学研究在解释上的随意性、预测上的弱能性和实践上的弱可操作性状态的质疑和批判，自古典政治经济学出现演变至今一直有之。不乏经济学家、哲学家和方法论家著书立说，对此进行专门的研究反思，不同的

---

① 唐·埃思里奇：《应用经济学研究方法论》，朱钢译，经济科学出版社，2007，第 3 页。

论点针锋相对、互不相让，试图在认识论和方法论上找到问题的根源。这个名单可以列出很长，知名的不完全名单就包括：斯诺、穆勒、门格尔、凯恩斯、罗宾斯、哈其森、弗里德曼、萨缪尔森、马克卢普、库普曼斯、米塞斯等等，以及波普尔、波拉尼、汉森、图尔明、库恩、拉卡托斯和费叶拉本德、布劳格、罗森伯格、豪斯迈、博兰、霍利斯、考德威尔、斯图尔特……所涉及的理论流派更是包括了实证主义、演绎主义、证伪主义、建构主义、工具主义、方法论多元化等等，以及"唯实论""唯名论"或"科学实在论"和"反实在论"等不同的哲学观点，和"个体主义"还是"整体主义"的研究基础之争。

我认为，经济学方法论所面临的主要问题不在于争论的多少和分歧的大小，而在于对于正反各方的不同观点主张所包含的合理性难以进行分辨和鉴别，这门学问的复杂性使得许多人对其望而生畏、无所适从。

在我看来，许多哲学争论其实并非都有意义，之所以成为纷争或分歧，一是这些争论或分歧在各自所持的层面和语境界限是不同的，各自所指的意思并不相同，但一种说法的成立并不排除另外一种说法的存在，因而实际上本来就不适合进行简单的是非判断；二是多数的立论存在着"非此即彼"的绝对主义是非观，而现实世界却是丰富多彩的或多样性的，彼此联系在一起才能存在，并非只是"或者 A，或者 B"或者"如果 A，即非 B"的单一选项。先验与经验、个人与整体、名与实、证实与证伪、归纳和演绎等问题，多数如此。一切争论，只有明确界定在同一层面和语境界限等的条件下，才有可能进行比较分辨。

经济学方法论发展的简要历史

根据布劳格[①]和博伊兰[②]等学者的研究回顾，经济学方法论研究大致表现出以下的阶段特征。

在 20 世纪 30 年代以前，经济学方法论被考德威尔认为是主观主义、个人主义的，或是被豪斯迈描述为演绎主义的。代表人物有西尼尔、穆勒、门格尔、凯恩斯、凯尔恩斯、哈奇森和罗宾斯等等，其中，穆勒的《逻辑体系》和罗宾斯《经济科学的性质和意义》（1932）就是代表名篇。穆勒认为经济学是不

---

① 马克·布劳格：《经济学方法论》，黎明星等译，北京大学出版社，1990。
② 托马斯·A. 博伊兰等：《经济学方法论新论》，夏业良主译，经济科学出版社，2002，第 1 章。

精确的科学的演绎主义。此后，随着哈奇森的《经济理论的意义及其基本假说》（1938）的出版，演绎主义受到了挑战，逻辑实证主义理念被引入经济学，成为第二次世界大战期间研究的主流。

在第二次世界大战后，逻辑实证主义受到了波普尔证伪主义的抨击，奈特批判了逻辑实证主义的信条之一"科学方法的统一论"，否认了在经济学中的真理有任何东西和自然科学中的真理相像，使得其地位受到影响。在 20 世纪 50 年代，自然学科中采用的科学方法被应用在经济学科并从此逐渐成为主流，其中，弗里德曼《实证经济学的方法论》（1953）对此后的经济学产生了深远的影响，他采用的是实证主义和工具理性主义。在 20 世纪五六十年代，经济学方法论者中出现了马克卢普、萨缪尔森、弗里德曼、库普曼斯等有名的人物。当然，我们不能忘记米塞斯。作为奥地利学派的杰出代表，米塞斯在其《经济学的认识论问题》《人的行为》和《货币、方法与市场过程》等著作中对经济学认识论和方法论进行了深入具体的研究论述，遗憾的是一直被主流所排斥。

整体看，20 世纪 70 年代前有关经济学方法论的文献是"非常有限的"，经济学方法论所关注的重点是理论的证实、检验和逻辑结构。方法论的进展，也被看作是对当时科学哲学变化的一种回应。[①]

20 世纪 70 年代以后，经济学方法论文献大幅增加，比较有代表性的论著者有罗森伯格、豪斯迈、博兰、霍利斯、考德威尔、斯图尔特等等，原因之一是对于科学哲学的发展所引发的思考和回应，特别是库恩的《科学革命的结构》、拉卡托斯的《科学研究纲领方法论》，以及波普尔的证伪主义等对于科学哲学的论述所引发的对于经济学方法论的反思和批判。另外一个原因就是被巴克豪斯称为是"某种程度上"由于 50 年代以后一直占主导地位的凯恩斯——新古典综合在 1970 年前后的失败，例如霍利斯等的《理性经济人》（1975），罗森伯格的《微观定律：一个哲学分析》（1976），斯图尔特的《经济学的推理与方法》（1979）等。

20 世纪 80 年代后，人们对于经济学方法论的论述热情依然不变，例如，

---

① 马克·布劳格等著，罗杰·E. 巴克豪斯编：《经济学方法论的新趋势》，张大保，李刚等译，经济科学出版社，2000，第 2 页。

博兰的《经济学方法论基础》（1982）、考德威尔的《超越实证主义：20世纪的经济学方法论》（1982）、麦克罗斯基的《经济学的修辞学》（1985）、霍奇森的《现代制度主义经济学宣言》（1985）、约翰逊的《经济学者的研究方法论》（1986）、埃思里奇的《应用经济学研究方法论》（1995）等等，并形成了20世纪八九十年代麦基和劳森为代表的科学唯实论，和以麦克罗斯基为代表的科学唯名论。博伊兰等在《经济学方法论新论：超越经济学中的唯名论和唯实论》（2002）提出了因果关系整体论，试图用一种新的方法论来整合和统一"唯名论"与"唯实论"中的各种不同分歧。在众多经济学方法论论著中，布劳格的著述《经济学方法论》（1980/1992），无疑是十分具有影响力的，布劳格把波普尔的证伪主义推到经济学方法论中的中心位置。这些论述主要反映在两条主线上：一是认为证伪主义缺乏说服力；二是所谓"复兴实践"，认为方法论者在对经济学进行批判时首先应该清楚经济学家们实际上所做的是什么。而随着新奥地利学派、行为经济学、新制度经济学和计量经济学等的出现，经济学方法论也被认为进入后实证主义的多元化时代。

文献回顾的意义，一是在于了解和明白所研究问题的原因和焦点所在，二是在于了解所研究问题的进展状况，以免不必要的重复；三是在于了解和明确研究问题的途径和方法；四是在于明确研究的方向和界限。但如果一门学科的研究现状没有发生根本的变化，或者现行研究依然延续着其传统主流的做法，那么，实际上就意味着，并没有很大的必要性来回顾和综述这项研究的所有文献。当然，如果一种研究完全是建立在一种原创的开拓性思想基础之上时，实际上可供收集的前沿研究文献就会少得可怜，甚至没有。

对于经济学方法论所起的作用，在许多经济学家眼中是经常被藐视的，甚至可能是无关宏旨的，因为面对晦涩难懂、充满争议的科学哲学，跟随大流或许是最简单方便的事情。也有一些经济学家承认认识论和方法论的科学意义，但只是采用了"便捷式判断"或者"追随大流"来表明他们的立场。许多则属于"机会主义者"，对方法论这门学问既不关心也不了解。实际的情形也是如此。但对于其他一些经济学家和方法论家来说，方法论对于经济学研究的科学性是至关重要的，例如，波普尔证伪主义者就强调方法论对于科学进步的重要性，布劳格认为："方法论①的作用在于，它为我们是接受还是拒绝一个研究纲领提供了标准，也帮助我们在区分精华与糟粕时有章可循。"②实际上，经济学方法论的著述在20世纪70年代后的不断出现，也反映了这部分学者的这种思想。

我认同布劳格的观点。我相信，方法论对于研究的科学性特征是关键性的。但我认为，本体论基础之上的认识论才是最基础的科学哲学，错误的认识论会导致错误的方法论，不仅会使得许多错误的认识和方法得以泛滥，而且会使得科学的研究规范遭到无视甚至排斥。最基本的认识论就像大海中的灯塔，一旦发生了错误，方法论就有可能走向歧途，便有可能导致这门学科的许多研究一开始就走错了方向。对于经济学研究来说，认识论和方法论都是经济研究纲领的科学指导，也是评判经济研究科学性或者优劣的依据。或许，在很大程度上，经济学研究所面临的科学性困境也始源于此。

经济学方法论的争论和分歧

作为科学哲学的重要组成部分，经济学在方法论上的争论和分歧一直存在，并各有各的哲学基础，例如实在论和反实在论。综观不同派别的经济学家和方法论者所争论和分歧的焦点，主要有如下几个方面。

1. 什么是科学方法？

科学方法既包括在科学哲学层面有关人类获得对于客观世界之科学认识的来源和方式，也包括在学科层面上进行科学研究的技术解决路径或线路，以及在具体研究中为实现研究目标或达到研究目的所采用的各种具体的技术工具、手段或程序等各个方面。

科学主义者所谓的"科学方法"，是指在自然科学特别是物理科学中所采用的各个层面的方法，包括认识方法、技术解决路径和具体分析方法。但反科学主义者拒绝或者部分拒绝这种观点主张，认为以意识行为和精神为基础的社会科学及经济学的研究对象不同于自然科学，心智属性并非附属或者完全附属于

---

① 马克·布劳格："方法论这个术语有时是用来指一门学科的技术步骤，这就完全成为方法的同义词。然而，这个术语更经常地是用来指对论证一门学科的概念、理论和基本原理的研究，本书所关心的正是该术语的这个更广的含义"，把"经济学的方法论"理解为经济学所运用的科学哲学。详见《经济学方法论》前言第7页。

② 马克·布劳格等著，罗杰·E. 巴克豪斯编：《经济学方法论的新趋势》，张大保、李刚等译，经济科学出版社，2000，导言第4页。

物理属性。因此，在具体研究层面，自然科学或物理科学的方法并不适用于社会科学，包括经济科学。

2. 经济学科和自然学科是否存在统一一致的所谓"科学方法"？

物理主义认为，物理科学方法是认识事物的最可靠方法，没有优于这种科学方法的其他方法。人类自身是自然事物，是生物系统，是生物进化与个体发育的结果，人的认知过程也是自然过程，是大脑中的神经元活动及其与环境的相互作用过程。科学主义者认为，自然科学的方法普遍适用于一切学科的科学研究，包括心理学和社会学科，特别是物理学的方法，它反映了理性和客观。例如，罗森伯格认为，自然主义即科学主义，是最权威的世界观，是整个哲学的基础，自然科学的方法才是科学的方法。波普尔证伪主义的"科学的一致性"命题也认为，在自然科学和社会科学的解释结构中不存在差异，所有的科学都必须在相同的方式下证实它们自己的学说。[①]

但反科学主义者则拒绝这种观点，认为社会学科和自然学科是本质不同的两门学科。例如，威廉姆斯认为罗森伯格对科学方法的理解过于狭窄和极端，认为我们必须对有效地获得知识的方法作更宽泛的理解，他自认为也接受一种更宽泛的自然主义，但拒绝科学主义。米塞斯认为经济学是先验科学，与自然学科是经验科学不同；实证主义的本质就是泛物理主义，它企图把以物理学为典范的自然科学方法运用于一切领域，这是错误的，因为人的行动都是存在价值判断和意识的。哈耶克也反对科学主义者将自然学科研究中的客观主义方法引入到社会学科中的做法，认为这是两门不同类型的科学，面对的是不同的事实。奈特同样批驳了科学方法的统一性，认为实证主义和经验主义低估了经济理论的复杂性。

3. 经济学是否可以从经验材料中获得规律性的抽象？

"自然主义的前提是，可以后验地从历史资料研究中得出经验规律。有时它认为无论时间和地点。"[②]

经验材料、经验数据是自然科学研究中的重要基础和依据，是归纳和实证

① 马克·布劳格等著，罗杰·E. 巴克豪斯编：《经济学方法论的新趋势》，张大保，李刚等译，经济科学出版社，2000，第150页。

② 路德维希·冯·米塞斯：《经济学的认识论问题》，梁小民译，经济科学出版社，2001，第7页。

方法得以运用的基础。在方法论中，对于经验材料或经验事实中所包含科学信息的质疑主要集中在两个方面：一是经验事实及材料中所包含观察到的信息并非一定真实，只能代表已经发生的情况，而且是易谬的；在逻辑上，其经典命题是"即使我们之前看到的天鹅都是白的，也不能断言所有的天鹅都是白的"；二是不能用一种理论的发生概率高低来反映其科学，因为根据任何标准的概率论，对世界有所主张的任何全称陈述的概率等于零（有限数除以无限数）[①]。

相比于自然科学中以经验事实及材料为基础的实证研究，经济学研究中试图依据经验事实及材料所进行的实证分析来发现某些规律的做法受到了更激烈的质疑。

米塞斯认为，经济学是先验的而不是经验的科学，就像逻辑学和数学，"逻辑与人类行动科学是一个东西而且是同样的"[②]。"自然现象在连续性和联系性中存在一种规则性经验，特别是在实验室进行的实验的经验，使人能在许多领域找出具有这种规则性的某些'规律'，尽管这些规律只是在数量上接近于准确。……由于思想和价值判断的出现和联系并不存在可识别的规则性，从而人类行动的连续与联系也没有规则性，所以，在研究人类行动中，经验所起的作用与其在自然科学中所起的作用完全不同。"[③]

4. 如何看待以数学为基础的实证经济学？

实证主义成为经济学中的一种重要哲学，早期受到了穆勒、列昂惕夫、弗里德曼、约翰逊等的支持，一直发展至今，成为主要的分析方法。穆勒在其所著的《逻辑体系》中的最后部分中认为，实证而不是规范的分析是科学甚至是社会科学的钥匙。

比德概括了实证主义的九个特征：（1）科学知识，包括逻辑和数学是知识唯一有效的形式；（2）形而上学的申辩、规范的陈述观点、价值判断和意见不是有效的知识；（3）建立在常识经验基础上的经验数据，是除去逻辑和数学之外的有效知识的唯一来源；（4）有效知识只能通过自然科学的方法获得，尤其是物理学、应用逻辑和数学；（5）归纳、原则和科学理论除逻辑和数学之外，

---

① 艾伦·查尔默斯：《科学究竟是什么》，邱仁宗译，河北科学技术出版社，2002，第二章。

② 路德维希·冯·米塞斯：《经济学的认识论问题》，梁小民译，经济科学出版社，2001，德文版序言第6页。

③ 同上，英文版序言第1页。

只能通过推理的方法从经验数据中衍生；（6）归纳、原则和科学理论仍然是除逻辑和数学理论之外，只能通过经验数据得到证实；（7）归纳、原则和科学理论应当以数理逻辑形式加以形式化和表达；（8）规范的观点、价值判断、信仰与意见，不应当进入经验数据收集、理论形式化或证明的范围之内；（9）获得有效科学知识的方法对于所有的经验领域都是相同的（科学方法的统一）。[1]

对以数学为基础的实证经济学持有异议的学者认为，数理分析方法或实证分析并不是开展经济学科学研究的最好方法。

布劳格认为，在经济学中，定性预测的历史记录要比定量预测的历史记录好得多。[2]

米塞斯明确反对任何带有数理经济学和计量经济学味道的东西，认为经济学不是一门可量化或适合用数理方法来研究的学科，经济学是定性的学科，而非定量。他指出，可以定量计算的需要有一个固定关系的前提，而价格和货币量之间并不存在可以用方程式表述的成比例关系。他甚至认为，数学科学自己的理论也不归功于数学推理，而归功于非数学推理。数学在自然科学中的重要性完全不同于在社会科学和经济学中的重要性，就在于物理学这门基础的科学在经验上存在着不变的关系，而经济学中不能证明存在着这种不变的关系。[3]

考德威尔则认为对模型的证实并不能证明理论，统计数字极少与经济理论中产生的概念完全吻合。[4]

米洛斯基指出：（1）数学表达式在经济学中的运用是软弱无力的、耗时费力的并且充满了疑问和幻觉；（2）不论是在历史上或是现在，有一点是完全不清楚的，那就是经济学的研究对象"天生"就是可以用数量表示的。[5]

麦克罗斯基的唯名论，认为实证主义方法带来误导，而且是不必要的，主

① 托马斯·A. 博伊兰等著：《经济学方法论新论》，夏业良主译，经济科学出版社，2002，第8页。

② 马克·布劳格等著，罗杰·E. 巴克豪斯编：《经济学方法论的新趋势》，张大保，李刚等译，经济科学出版社，2000，第158页。

③ 路德维希·冯·米塞斯：《经济学的认识论问题》，梁小民译，经济科学出版社，2001，第114页。

④ 马克·布劳格等著，罗杰·E. 巴克豪斯编：《经济学方法论的新趋势》，张大保，李刚等译，经济科学出版社，2000，第7页。

⑤ 马克·布劳格等著，罗杰·E. 巴克豪斯编：《经济学方法论的新趋势》，张大保，李刚等译，经济科学出版社，2000，第84页。

张经济学放弃实证主义，数学模型只是替代了语言的部分表达；认为经济学不是预测科学，是类似文学批评或标准，是描述性学科；实证中计量方法的运用包含了许多主观的因素。①

布莱克认为，数理结构只涉及经验假设，而经验假设是需要做具体的考察的，使用结构模型时必须要小心谨慎，避免机械套用。数理模型不能提供因果关系的阐释性说明。理论模型仅仅是非常抽象的，虚幻的数理结构的具体描述图片或是只有靠我们的理性思维能力才能掌握的方程式。从逻辑上和理性上，理论模型是不必要的，只是心理上的一种满足。②

博兰指出："每当我们使我们的理论和模型更为依赖于数学分析时，数理经济学这两项假定的属性的任一项，都不能保证我们由此将能作出更好的预测。"他进一步提问道："在运用数学模型的建立而完成的这些工作中，有哪些是没有数学模型的建立就不能完成的呢？"③

哈沃尔默认为，计量经济学还困惑于这样一个事实：新的发现往往导致人们现在所认为的变量之间的关系不复存在。④

5. 如何评判和检验经济学的科学性或研究价值

在认识论层面，波普尔认为，逻辑的一致性是对任何理论的最基本的要求，"因为一个自相矛盾的解释同什么事件都相容，从而永不会被拒绝"，大多数理论评价问题不是一个理论和一套观察之间的争辩，而是两个或更多的对抗理论和一个对两方面的理论都多少解释得通的证据之间的三角斗争。⑤ 对理论的证实的评价，需要考虑它解决问题的方式，可检验的严格程度。

芝加哥学派站在"工具主义"立场，强调的是经济理论的"好用性"而非其假设的"现实性"。弗里德曼认为，理论是预测的工具，经济学理论是否具有科学性，取决于其接受事实证据的检验，但对理论假设前提的检验是不必要的。因此也被批为"坐在轮椅上的方法论"。

① 托马斯·A.博伊兰等著：《经济学方法论新论》，夏业良主译，经济科学出版社，2002，第41—60页。

② 同上，第87—90页。

③ 劳伦斯·A.博兰：《批判的经济学方法论》，王铁生等译，经济科学出版社，2000，第150页。

④ 托马斯·A.博伊兰等著：《经济学方法论新论》，夏业良主译，经济科学出版社，2002，第120页。

⑤ 马克·布劳格：《经济学方法论》，黎明星等译，北京大学出版社，1990，第28—30页。

我已经在前面阐述过评价和衡量一门学科研究之科学性程度的几个方面，我认为在科学哲学层面上的科学方法是一切能够彰显研究之科学性特征之研究方法的总称，而非取决于其是否在哪一科学研究中被普遍采用的情况，更不是取决于是哪些人和有多少人采用了何种方法的情况。我不认同物理主义或自然科学中的方法同样完全适用或者完全不适用于社会科学或经济科学的观点，这不仅是因为不同学科之间在研究对象上所存在的本质差异性，而且还因为即使在同一学科内部的不同类型研究之间也存在这种差异性，这决定了科学方法的不同适应性和选择性。

对于上述争论和分歧，我的观点主要如下。

（1）方法的科学与否取决于其是否与研究对象的特性、研究类型的特征和研究目标的要求相符一致。科学活动除了应该遵循"回到事物本身"中去寻找答案这一认识论原则外，还须确立"以符合事物本身的存在特性"的方法去获得科学答案这一方法论原则。[①]

（2）一切学科的科学基础都由其个体的研究构成，也可称为个体主义研究基础，但在整体意义上又具有不同的性质和特征，是个体在类意义上的结构化产物，并由此构成了复杂性。个体的存在，是科学研究的基础，集合的或聚合的和整体的研究则赋予科学问题以不同的性质和特征，不是个体的简单相加，因此，两者需要相互兼顾而不是相互排斥。

（3）在科学认识的活动中，先验的直觉和经验的材料都是研究所需要的。其中，经验材料的价值取决于经验材料的特性（即其是否真实有效并包含有规律性的和有用的信息）和研究者综合的学术素养（其中包括直觉和悟性等）及才能，特别是后者，实证分析的科学性表现也同样如此。[②]

（4）数学方法和数理分析的适当性取决于研究的类型、命题要求和研究对象的性质等，并非所有类型的经济学研究都适合或者都不适合这种方法，但这种方法的运用需要十分谨慎，有着不少严格的条件，并以思想和逻辑为基础。定量分析在特定的层面上具有精确性的优点，但这只是理论或逻辑的量化表示，

---

① 显然，现有的许多经济学方法论背离了这一最高原则。

② 详见本书第六章。

没有理论思想和逻辑依据的计量就像人没有灵魂一样。在很大程度上，数理分析所反映的主要是数学方法作为一种工具的功能表现，缺乏思想和逻辑就会使得研究失去"灵魂"而丧失科学价值。①

（5）经济学研究的客观性、科学性不能也无法用统计或数学上的检验方法来认定，而应该以这种研究所反映的科学性特征来检验。这是两种不同性质的检验方法，有着不同的意义。

（6）"假设"需要与现实相符，否则结论就不可靠——这是基本的逻辑基础。自然科学中某些假设的合理性在于，一些看似非真的假设或许是真实的而并非虚幻。其难以判断，是因为人类受到自身验证能力及条件的限制，而在社会科学或经济学中，则基本不存在这种情况。

（7）科学方法是一切能够彰显研究之科学性特征的步骤、程序、措施、手段和方法等的总称，具有层次性、多样性、适当性等的特征。科学哲学意义上的科学方法，意指超乎于所有不同学科门类研究对象差异的方法指向，即用理性和客观的态度，通过与事物特性、特征和命题要求相符一致的方法，从事物存在本身中寻求科学答案，而非学科之具体的研究路径和方法手段。

需要指出的是，经济学方法论方面的不少争论始自对科学方法具有层次性、多样性和适当性等客观事实的忽略，因而造成许多混乱。科学认识论和方法论只在最基本的抽象层面上获得了统一，而在具体层面上则应该面对多样化或差异化的事实。这种情形与一切存在在抽象与具体意义上的区分相对应，是科学认识论的内容。

对于上述观点，我将在本书中进行具体论述论证。

（三）经济学研究的应用性诟病

在人类的发展历史上，没有任何能够比 17 世纪之后以自然科学为基础的科学革命给人类带来更大更深远影响的其他事物了，尽管从更长远视角的意义上来说，我们不知道这种影响究竟意味着什么，但它的确改变了最近几百年来人们普遍的生存状况并带来福祉，把越来越多的人从近乎愚昧无知的状态中解放

---

① 详见本书第六、第七章。

出来，成为自己的主人而并非完全听命于自然。

但科学革命的发展绝不是一帆风顺的，要把人们从玄学、神学和先知等传统的认知来源中解脱出来，转向来自对于事实真相的客观探索所获得的认知，在对客观世界的研究探索中要形成普遍一致的科学认识，显然不是一件容易的事情。虽然科学的理论和方法的发展还远远没有达到至臻的状态。从根本上，人类所发生的重大改变，来源于对宇宙、世界和自身等在认知上的变化，这涉及认识论和方法论上的深刻变化。在很大程度上，以自然科学为基础的科学革命，把人类的认知源泉从不可检验或者主观想象的神谕、传说、经说、圣论等等回归到对客观世界的事实真相的研究探索之中，这给人类带来了揭开众多迷雾的途径和方法。这些方面的科学技术，人类在近百年来所取得的进展是如此之多、之快，令人难以想象！而一切似乎仅仅是开始，科学理论仍然存在可以不断拓展的空间和想象。

从科学认识论和方法论在学科领域上取得的有效突破或者长足进步看，目前主要发生在自然学科的相关领域之中。在社会学科中，尽管经济学科的社会影响仍在不断地增强和扩大，尽管众多经济学者不愿意承认这样一个基本事实：虽然历经上百年的发展历史，这一学科至今仍然没有提供足以令人信服的证据来证明其科学特征，这一学科仍然主要停留在对于经济事物形成发展的描述和事后解释上，对于经济事物的形成和发展在解释上的随意性及预测力的软弱性特征依然没有得到根本的改观。但我们可以说，只要这种现象不改变，只要对于经济事物的形成发展的认识和判断的权威性依旧主要凭借话语者的身份、地位或者"光环"甚至"强权"来彰显，那么，这门学科的发展就不会呈现出多少科学的特征，而不论取得结论的方法在形式上看起来是多么地接近或者等同于自然科学。

作为在经济学方法论领域卓有成效的研究者，布劳格不仅对新古典研究框架和理论进行了比较全面的评价，而且以现代经济学中的一些著名经济学家以及代表性理论的实际意义为例，指出了这些理论在实际应用上的尴尬状况，包括现代增长理论、消费者行为理论、边际生产力工资理论、一般均衡理论等等，他认为"现代增长理论远没能洞察这一时期任何实际的经济增长"，"很难证明，在过去90年中，用于需求曲线负数斜率合理化的智慧努力的数量和质量，已经在经验工作中结出了相称的实践之果"；而几乎被每一本国际教科书传教的"赫克谢尔—俄林定理"的简化"简化到不能对国际物品贸易模式作出有效的解释"；还有，"可以怀疑的是"，由阿罗等许多学者提出的"完美"的一般均衡理论，是否"对现代经济理论预测能力的提高已经做出了许多贡献"的质问；等等。[①]

当然，现代经济学理论对经济增长发展的实际指导作用和有效性也受到了质疑。对此，我在《大国现代经济增长的因果探源》（2014）一书中用许多事实和数据进行了反思与质疑，认为以经济增长理论等为重要基础的发展经济学并没有取得良好的绩效，新古典增长模型的收敛性没有在发展中国家得到证明，基于现代经济理论基础上的"华盛顿共识"也没有在拉美国家等的实践中取得良好的绩效，反而是一些没有严格执行甚至明显背离了"华盛顿共识"原则的国家取得了良好的增长绩效。[②]

（四）经济学的科学性危机

对于一门学科的发展而言，受到一些质疑和批判是最正常不过的事了，因为科学本身就不是完美无缺的，而是可错的、变化的。即使在自然学科，也同样存在许多质疑和批判。只是，经济学科研究所反映出来的总体科学性表现，它的理论价值和实际意义的缺失，研究目的的异化，以及这种趋势的延续，都表明这门学科的发展出现了很大的问题。而最最令人感到沮丧不安的是：这门学科虽然一直被质疑和批判，却一直没有一种新的竞争性理论去纠正它、修复统一它或者替代它。就如布劳格曾经指出的，"在20世纪的20年代至50年代之间，科学哲学家的确多少同意弗里德里克·萨普（1974）所称的'理论的公认观点'，但是波普、波拉尼、汉森、图尔明、库恩、拉卡多斯和费叶拉本德的研究成果却在很大程度上摧毁了这种公认观点，然而却又没有用任何被普遍地接受的观点来填补这种观点的位置"。20世纪60年代后，科学哲学陷入某种混乱。[③]而更加令人失望的是，这种情况至今仍然一直延续着。

---

① 马克·布劳格：《经济学方法论》，黎明星等译，北京大学出版社，1990，第270–272页。

② 马良华：《大国现代经济增长的因果探源》，浙江大学出版社，2014.

③ 马克·布劳格：《经济学方法论》，黎明星等译，北京大学出版社，1990，第3–4页。

　　第二次世界大战以后的经济学，虽然试图通过自然主义的方法论对经济学科进行科学性改造，新古典主流经济学家强调使理论服从经验检验的重要性，但他们只按照他们断言的方法论准则行事。分析的精美、理论工具的经济，以及甚至是由比较夸大的简化而取得的最广阔的可能范围，常常无视其预测能力和解决政策问题的意义而频频受到褒奖。①

　　十分遗憾的是，这种"科学革命"只取得了形式上的成功，除了数学自带的计算功能和逻辑表达以外，在某种程度上，经济学研究变得越来越游戏化了，只变成一种数学的游戏，而越来越缺乏思想这一灵魂。在经济学的许多领域，不同的经济计量研究得出了相互矛盾的结论，而当得到有用的数据时，却又常常缺少如何检验判断哪个结论为正确的有效方法。因而，相互矛盾的假说有时会连续存在数十年之久。

　　针对经济学研究的状况，许多学者如罗森伯格认为经济学更像是一门应用数学而不是科学，麦克洛斯基认为经济理论只是"假设的多维空间"的一种探索，哈奇森则反复强调经济学理论已变成了一种"智力游戏"。如果说，此前的经济学虽然同样缺少科学性特征但还是产生了不少思想的话，那么，近半个多世纪以来的经济学就只剩下一堆几乎没有什么用处的公式和模型，以及某些虽然通过复杂的数学推导得出而实际上只要凭借常识和逻辑便可得出的所谓"理论"。②

　　布劳格在对一些传统经典理论分析批判基础上，最后总结论说了现代经济学的危机，他借用里昂惕夫的话"根据想象、假设，而不是根据观察到的现实不断形成的先入偏见，导致了评价和区分学术团体成员实绩优劣的日常价值尺度的混乱。根据这种尺度，经验分析的地位还不如数学公式的推理"。布朗认为，现代经济学的根本错误在于，它关于人类行为的假设全都是随意而定的。华斯威克指出，"现在存在一整批抽象经济理论的分支，它们已经脱离具体的现实，与纯粹数学几乎没有二致"。沃德在《经济学错在何处》中认为，经济学基本上是以切合实际的实证主义外套装点门面的规范性政策科学，期望理论与实

①　马克·布劳格：《经济学方法论》，黎明星等译，北京大学出版社，1990，第275页。

②　马克·布劳格等著，罗杰·E.巴克豪斯编：《经济学方法论的新趋势》，张大保、李刚等译，经济科学出版社，2000，第18页。

际的基本一致已不再是这门科学的重要特征。布劳格则认为，现代经济学的关键弱点，在于不愿意产生一种内容明确、能经受反驳的理论，从而普遍不乐于使这些内容与现实相一致。布劳格进一步论说道，不幸的是，……现代经济学家不是力图反驳值得检验的预言，却常常全都满足于描述现实世界与他们的预言的一致。沃德指出，研究者把回归分析应用于各个能够设想的经济问题上，充斥杂志，……在这种努力中的成功，常常依赖于"食品经济计量学"：用方程表达一个假说，估算那个方程的各种形式，选择最合适的，扔掉其余的，再为了把检验的假说合理化而修改理论论据。[①]

毫无疑问，布劳格等对现代经济学的反思和批判都存在着很大的客观性，这种描述是符合事实的。没有证据表明经济学比以前显得更具解释力或预测力了，除了表面上或形式上的繁复以外，实质性的进步少之又少。形式主义和神秘主义依然一如既往地笼罩在这门学科的上空，对于各种经济现象，人们依然构撰着不同的故事，而对于事实的真相却如"罗生门"，莫衷一是。

我认为，在经济学中，没有可一致性检验方法和科学性标准是这门学科存在的最大问题之一，使得这门学科成为随意性泛滥的温床。还有什么能比这种状况对科学造成更大的伤害呢？经济学科学的异化，是与作为一门科学的原旨背道而驰的。然而不幸的是，这种倾向不仅发生而且日益地被增强了！

二、经济学科学性危机的本源和解决

诚如我在前面所指出的，经济学危机的根源在于认识论上，是认识论上的错误和研究的不足导致了方法论上的混乱、误区和偏差，进而导致了现代经济学中出现的种种流弊。从认识论角度，经济学研究一开始就背离了科学认识论的最高原则，没有充分研究经济事物本身的存在特性，也没有根据经济事物本身的特性和经济研究特征来构建经济学方法论，没有用符合经济科学特性的方法论去指导经济学的科学研究，而是无视自然科学与经济科学之间所存在着的本质区别，以致一开始就偏离了科学的方向，发生了错误。这种错误是致命的。

---

① 马克·布劳格：《经济学方法论》，黎明星等译，北京大学出版社，1990，第269–273页。

（一）迷失本我的经济学科学革命

经济学研究在第二次世界大战后进行了科学革命，在"科学主义"的影响下，经济科学领域引入了自然科学的实证和计量分析方法。这一科学革命，就是基于对于科学具有同一性的认知，其初衷是为了解决因研究方法可能导致的各种随意性及各说各是、莫衷一是的混乱现象。

"科学主义"的内核是科学方法，认为科学方法是主宰一切科学领域的手段，它决定着内容的性质。所谓"科学方法"，就是自然科学特别是物理科学研究中采用的主流方法，特别是"实验"和"数学"。在认识论上，认为物理主义是科学的最高哲学和世界观，一切事物的存在都可以归诸甚至还原为物理结构及物理属性，可以用因果的、结构的和功能的方式加以描述，包括人类的心智属性。在方法论上，就是主张在所有的科学中采用自然科学的方法，特别是经验实证、数理结构和数学方法等的结合运用。在现代经济学中，主要反映为模型推导、实证分析和计量经济学的发展应用，其基础是数学方法。

实际上，"科学主义"的"科学方法"在经济科学中的应用主张，一开始就颇受争议，受到了米塞斯、哈耶克、考德威尔等一些经济学家的反对和批评，他们认为经济科学是一门与自然科学不同的科学，彼此之间存在着本质的差异，采用自然科学的方法并不合适。事实上，经济学的"科学革命"也并未给经济学研究的科学性带来明显的改观。解释上的随意性、预测上的弱能性和弱可操作性依然普遍存在，使得现代经济学研究在科学形式主义的道路上越走越远。经济研究中"科学形式主义"的泛滥、"数学滥用"和思想与逻辑的普遍贫乏已经成为经济学走向科学道路的重大障碍。正因为此，经济学研究的价值受到了越来越多来自学界内外的质疑和批判。这场经济学研究中的所谓"科学革命"，甚至被认为"是对自然科学低劣的模仿"。[1]

然而，迄今为止，经济学研究依然延续着受"科学革命"的影响所形成的主流特征，后实证主义的方法论多元化也并没有在根本上改变经济科学的弱科学性特征，这种现象令许多人困惑不解。

---

[1] 马克·布劳格等著，罗杰·E.巴克豪斯编：《经济学方法论的新趋势》，张大保，李刚等译，经济科学出版社，2000，第71页。

（二）经济学科学性危机的根源

经济科学遇到上述困境的主要始源发生在科学哲学层面的研究和认识上，是科学哲学系统研究的缺乏和认识上的模糊不清或似是而非，导致了认识论意义上对于科学同一性与差异性反映在抽象与具体关系上的逻辑混淆，导致了经济学方法论构建或者确立上"本我"意识的缺失和"本我"特性的迷失。

当然，对于科学哲学的研究和认识理解会遇到许多令人难以想象的困难，总体而言，这个领域仍然是一片晦暗，想要弄清楚这些问题实非易事。这可能是许多人对此领域望而生畏和知难而退的原因，也有可能有些人根本就缺少想要搞清楚这些问题的意愿。经济学"科学革命"在主流上的得势和延续，批判和反对者们的失势——他们的观点主张没有得到重视和接纳，在很大程度上反映了学界主流对于科学哲学认识的普遍状况和态度。

然而，经济科学在这些基本哲学问题认识的缺乏和混乱，以及经济科学"本我"意识和"本我"特性的缺失，无疑是经济学构建科学方法论和经济学研究科学性重建难以逾越的障碍。

我认为，认识论是方法论构建的基础。[①] 如果一门科学的认识论存在缺陷和错误，那么这门科学的方法论就会发生错误，据此形成的理论体系就会存在明显的缺陷，研究结论的科学性特征就可能发生缺失。现代经济学研究的科学性危机的根源就发生在认识论研究上。

1. 在科学哲学的一般认识论层面，对有关存在与认识、具体与抽象、名与实等之间的逻辑对应关系以及在时间与空间、同一性与差异性的表现上的许多基本问题缺乏系统深入的研究，导致经济学在方法论构建和确立上存在许多认识的模糊不清和逻辑混淆、混乱等问题。

例如，科学主义所谓的"统一的科学方法"或者"自然科学的方法普遍适用于一切学科的科学研究，包括心理学和社会学科"的论调，就是混淆了具体与抽象之间在认识上的逻辑对应关系，混淆了一般意义上科学的同一性与具体学科意义上科学的差异性表现之间的认识关系，造成了在认识意义上科学的同一

---

① 要强调指出的是，我在本书中所指的认识论是建立在本体论基础上，对于存在与反映及其关系在拓展意义上的逻辑思辨，而不是有些书上所说的知识论。

性和差异性在抽象与具体之间关系的逻辑混淆。

2. 在经济学的认识论层面，虽然以门格尔、米塞斯和哈耶克等为代表的奥地利学派和其他一些学者对经济学研究对象的特性、特征及其与自然科学之间的区别做了不少的研究论述，但总体上，经济学家们对于经济学研究对象、经济事物存在与反映特性和经济研究特征的研究，以及经济科学与自然科学特别是物理科学之间本质区别的研究仍然不够全面深入，并且这些研究论述更多地偏重于用来对已有方法论和方法运用失当的反思批判上，既没有提出能够解决经济学研究中一直存在着的随意性问题的方法和逻辑，也没有提出能够用以指导和检验经济学研究科学性特征表现的一致性方法和逻辑，更缺少来自科学认识论一般研究的逻辑支持。而多数经济学家对于科学认识论的漠视和无视，也导致了其对相关问题在认识上的模糊不清，造成了经济学在认识论和方法论主流意义上对经济科学本我特性的严重偏离。"科学形式主义"在经济学研究中的泛滥就是其中的表现之一。

由于经济学在认识论层面对于经济科学本我特性在认识把握上的模糊和缺失，主流经济学在方法论的构建和方法选择上也发生了"选择性迷失"。

1. 它无视或者对自然科学和社会科学之间所存在着的本质区别或者这两个不同事质领域的异质性缺乏了解，不加区别和选择地把自然科学的"科学方法"视作为同样适合于经济科学领域研究的科学方法。例如，经济学研究中的"数学滥用"。

2. 脱离现实的虚无主义。它无视推论（理）的有效性在于假说的真实性或与事实的一致性程度，而把脱离现实的假说当作现实推理的前提。

如果说自然科学的假说的真实性可能因人类认识上的局限而导致不确定性的存在——但依然在实际上是真实的而使得其推论真实的话，那么在经济科学中，一切假说的真实性都是可以得到验证的，所谓假说不需要"真实"或者"假说的不真实不会影响理论的有效性"的说法至少在逻辑上是不存在的。

3. 无视经济科学的应用性属性。经济学是一门实用性很强的学科，经济学一切理论和研究都带有实际应用的目的和可操作性要求，任何理论都无不带有可一致解释、预测甚至可依循操作的功能指向，任何应用研究都具有明确的问题指向和任务目标指向，而非纯粹意义上的数理"智力游戏"。然而，现实中的经济研究多数都过于抽象、笼统，甚至符号化，缺乏实用价值。

4. 缺乏一致性科学检验的理论、方法和规范标准。这是导致经济解释的随意性和弱可预测性或者弱科学性的方法论缺陷。

在此，需要指出的是，缺乏科学认识论的指导，科学的方法论就无法得到构建，囿于方法论层面上的修修补补无济于事。这也是虽然一直有经济学家和方法论者试图通过对方法论的批判和修补来修正经济学方法论而又一直不能如愿以偿的主要原因。

（三）经济学研究的科学性回归和重建

方法是为了达到目的的路径、步骤和手段的总称。科学方法论的构建也同样是为了达到科学研究目标的需要而反映在一般、学科、具体事物特性、具体研究命题特征等不同层面的方式、路径、步骤和手段确立及选择的学问上。方法不对，就难以达到目的。

有效的"方法"，不论其反映在什么层面，都以其是否与其所对应层面的事物特性、特征和目的的相符一致性程度而得以彰显反映和作为基础支撑。在现实中，我们的确可能因偶然的因素或运气而使得一些问题得到了解决，达到了目的，甚至包括一些科学发现。但毫无疑问，建立在了解把握事物特性、特征基础上的"方法"，更能事半功倍，帮助我们解决问题和实现目标。而背离事物特性、特征和目的的"方法"，则只能是南辕北辙。在很大程度上，我们之所以难以认识了解存在中的一些事物，很可能是因为我们的认识方式、认识方法背离了这些事物的特性和特征。

当然，从累积循环的角度看，方法也是我们增进对于事物特性、特征认识的有效途径和源泉。正是"认识"与"方法"之间的这种互动增进联系，使得科学事业不断发展进步。

另外，我们应该明白，除了在一般意义上，例如现象学或存在论所指出的"回到事物本身"这种共同的认识方式外，在具体的意义上并不存在一种可以恰当地运用于所有不同事质领域和命题类型的"科学方法"。当然也包括科学主义者认为的自然科学方法。

为什么需要和如何构建经济学方法论的道理也同样如此。

于此，经济学研究的科学性回归与重建的方向和"方法"也就清楚了，即：（1）最基本、最首要的是通过在认识论意义上对科学哲学基本认识问题和对经济科学特性及其与自然科学之间区别进行全面深入研究；（2）研究论述和指出已有经济学方法论在本体论和认识论意义上所存在着的问题和逻辑缺陷；（3）根据经济科学的本我特性重建经济学方法论，建立经济学研究科学性特征的可一致性检验方法和逻辑，提出经济学方法论科学性回归的原则和框架；（4）用科学的经济学方法论指导经济学科学研究活动。

本书将围绕上述问题进行拓展、深入的研究探索和论述。

第三章

经济学究竟是一门什么样的学科

关于这一知识领域中的真理之性质的洞见，只能在全面地、恰当地考察我们将要研究的现象领域，及这一领域对我们的学科提出的特殊要求后才能获得。

——卡尔·门格尔《经济学方法论探究》前言

我的建议……就是想我们认真对待这个问题：我们对经济学的了解到底局限在什么地方？

——考德威尔《经济学方法论的新趋势》[①]

学科是对科学领域的分门别类。显然，作为一门独立的学科，经济学不仅与自然学科不同，而且与社会学科中的其他学科也不同，有着自己的特性、研究目标、问题或研究命题。那么，经济学所要研究的问题或命题、目的、目标是什么呢？它们是什么样的事物，又是如何形成和以何种面目出现的呢？研究这些问题面临着什么样的复杂性和挑战？

在本章，我试图重点论述这样一些最基础的、貌似不言自明的但对实际研究却至关重要而又经常偏离或者模糊不清的问题。对于我来说，这涉及学科之间特性的区分和方法论的构建。只有澄清这些问题，才能使得经济学研究的目的和方法回归本位。

[①] 马克·布劳格等著，罗杰·E. 巴克豪斯编：《经济学方法论的新趋势》，张大保，李刚等译. 经济科学出版社，2000，第 198 页。

一、经济学是研究什么的

经济学是研究什么的？一是指经济学所研究的对象或事物领域；二是指经济学所研究的问题及性质；三是指经济学研究的目标或目的指向。

古典经济学派认为经济学是有关国民财富增长的学问，研究的是围绕国民财富增长的经济问题。魁奈认为经济学的目标在于通过研究保证人类社会能使支出再生和持续的自然规律，以使支出达到可能的最大的再生产；斯密在《国民财富的性质和原因的研究》一书中，认为政治经济学所要关注的中心是富国裕民及其原因。

现代经济学认为经济学是研究有关稀缺资源的配置来满足人们的需求增长的学问，研究的是资源优化配置问题。罗宾斯在其 1932 年所著的《经济科学的性质和意义》中认为，把经济学理解为关注物质财富的学问并没有反映经济学要研究的全部问题，经济学是把人类行为当作目的与各种具有不同用途的稀缺手段之间的一种关系来研究的科学。现代主流经济学教科书中多以此为基础来定义经济学研究的核心问题。布坎南和诺思等认为经济学研究的是有关选择的学问。[1] 而米塞斯则认为经济学研究是建立在行为科学基础之上有关交换的学问。[2] 当然，从不同的角度，还可以有其他的不同表述。其中，罗宾斯的经济学"资源配置说"，虽然主流的追随者不少，但也遭受到不少非议，认为这一论说并没有考虑到分配、技术、制度等的因素，因而无法反映经济学的全部内容。[3] 经济学是"选择的理论"还是"交换的理论"，被认为是最知名的"罗宾斯 - 布坎南之争"。

表面上，这些分歧和争论的产生主要源自各自认识视角的不同，而实际上，它关系到这一学科需要研究的核心问题、性质和逻辑起点，关系到认识论和方

---

[1] 布坎南和诺思等认为经济学是一门"选择的科学（science of exchange）"或"契约的科学（science of contract）"。

[2] 路德维希·冯·米塞斯在《人的行为》中提出："经济学主要的是分析市场上交换的财货和劳务的价格之决定。为完成这个工作，就必须从人的行为概括理论开始。"

[3] 例如，加尔布雷思认为资源配置"在很大程度上取决于生产者的权力"，而罗宾斯等的经济学定义可能是"掩盖这种权力的幌子"，认为应该把对这种权力的研究包含在经济学的范围之内。布坎南认为罗宾斯的经济学定义"不是推动着而是阻碍着科学的进步"，认为经济学要研究"人类关系制度"，资源配置理论"不应该在经济学家的思考过程中占主导地位"。

法论，关系到这一学科的发展方向。

抽象地说，经济学所要研究的经济问题是与人类社会所面临的现实矛盾相一致的，因为相对于人类需求的满足，经济资源似乎永远是短缺的，所以，如何有效地开发利用有限的资源来持续增进人类的福利，就成为这一门学科所要研究探索的中心问题。从可持续性角度，它必然涉及选择、交换、分配和效率等话题，必然涉及社会、政治、法律、技术、自然等各方面的问题，必然涉及整体与局部、短期与长远利益之间的协调问题，必然涉及路径、手段和方法。其中，有必要强调的是，尽管我们的确可以从经济的视角来观察认识经济事物，但经济系统中的许多问题或者现象，并不是孤立或者游离于整个人类生存系统外的纯经济现象，不是单纯的经济问题。如果我们想要系统地理解经济问题和现象之发生的因果逻辑，或者想要减少对于问题在认识上的片面性，我们就十分有必要联系经济事物形成、变化的系统条件。

我认为，经济学是一门基于个人行为选择基础上的有关有限资源合理配置和动态权衡取舍选择的科学，是一门实用科学，包括在微观、中观和宏观各个层面上各类经济主体的行为选择、控制管理、状态评估和策略优化等相关的各个方面。经济学之"选择"或"交换"或"资源配置"的学问，都无不指向有目的、有意识的行为基础，所以，它又是一门意向性学科，研究的是意识事物，是基于个体和群体的行为特征以及核算体系、标准与方法等客观性基础上的主观性学科。不仅如此，经济研究的事物是由人的逻辑构成的，是事之理[①]，其核心是效率和经济逻辑，它反映在经济目的或者目标与手段选择的关系上。由于实现目标或者达到目的的手段选择总是与主体所拥有的条件相关，受到时空条件[②]的限制或约束，所以手段选择的优劣或者好坏总是相对的和变化的。正因为如此，许多行为选择特别是复杂系统中的选择就必然会面临权衡问题，此时彼时，此地彼地，选择的条件会发生变化，选择所基据的标准或者参照依据也需要随之而变。然而，现代经济学既缺乏对时空状态或条件和系统层次的有效

---

① 自然科学的研究基础"物之理"具有客观性，反映的是结果与内外形成要素的不同排列组合关系；而经济科学的"事之理"则具有意识性，不仅反映在经济学研究的本元基础上，而且反映在经济学应用研究所想完成的目标上。两者之间存在着本质的区别。

② 包括经济主体所拥有的禀赋条件和外部环境条件。

区分，也缺乏进行客观认识、判断和选择所必需的动态权衡理论和方法，这是现代经济学中存在的一个严重缺陷。

二、经济学研究的目的

科学的主要目标，是揭示自然中不变的客体或它们所隐藏的本质，如类机制，而不是事物的全部。而且该目标在成熟的理论科学中得到实现。

经典经验主义观点认为，理论根本就不能阐释任何事物。正确而合理的科学目的应该是描述可观测的客观世界，尽可能地发现客观世界里存在的事实和现象，科学的目的是进行描述而非阐述——就是用这些事实形成一个简洁而又系统的组织；科学理论正是完成这项组织任务的一般途径，它可用一个复杂的或一系列的事实性陈述来表述。存在主义者认为，"科学的目的是利用正确的理论去发现隐藏的不可观测的事物机制，正是这些内部机制引起那些可观测的现象"[1]。

劳森认为，科学研究的目的是找出那些持久的本质、结构和机制；科学解释的目的是从"表层现象"转到一些"深层次"的原因机制或动力，科学不仅要解释事件的规律，而且要揭示产生我们所经历的现象的结构和趋势，理论科学的主要目的之一就是发现不可观察过程的真实描摹，以揭示可观察现象的本质。[2]

那么，经济学研究的目的和目标是什么？

门格尔认为，"学术研究的目的不仅在于认知现象，而且在于理解现象"。认知即获得该现象之思想图景，理解则是认识其得以存在及表现出如许特殊属性之理由（存在及如此存在之理由）。[3]

马歇尔在其《经济学原理》中认为，经济学的首要目的是要有助于社会问题的解决。[4]

---

① 托马斯·A.博伊兰等：《经济学方法论新论》，夏业良主译，经济科学出版社，2002，第78页。

② 马克·布劳格等著，罗杰·E.巴克豪斯编：《经济学方法论的新趋势》，张大保、李刚等译，经济科学出版社，2000，第19页。

③ 卡尔·门格尔：《经济学方法论探索》，姚中秋译，新星出版社，2007，第23页。

④ 马克·布劳格等著，罗杰·E.巴克豪斯编：《经济学方法论的新趋势》，张大保、李刚等译，经济科学出版社，2000，第36页。

米塞斯认为，理论经济科学的目标是理解人类行动及其结果。经济学研究是对个人行动及其结果的理解和理论重述。①

萨缪尔森认为，经济学研究的目的是导出"在操作上有意义的原理"。

对于应用政策经济学，科兰德指出怎样把实证经济学理论的认识转化为能够实现社会目标的真实世界的政策，并考虑到真实世界的制度因素，以及政策的社会学和政治学层面。②

在对于经济学研究的目的是提供对于经济事物的科学"解释"、"预测"或者"可操作性"等，或是其中的某方面，以及究竟是为政策建议提供实证分析基础还是规范分析基础方面，在经济学家之间是存在争议和分歧的。例如，弗里德曼强调的是预测，认为能够作出成功的预测是理论选择的主要指标，理论是预测的工具；但萨缪尔森则强调解释的作用，认为解释优先于预测。而米塞斯认为，经济学的功能主要是"理解"，经济学无法提供或没有预测能力。

我认为，作为一门科学，经济学研究同样需要为人类提供有关经济事件、现象、关系或者问题的科学解释和科学预测或预见的方法体系及依据，探索和发现规律性特征及一致性逻辑，揭示本质，或者提供普遍有效的陈述，以便人们在实践中遵循、利用规律，或者进行应用管理。只不过与自然科学相比，经济科学在解释、预测或预见以及可操作性方面具有不同的表现方式和精确程度。

我们之所以要从事经济学研究，一是因为我们认为经济事物及现象的产生和变化存在着规律性的特征及其因果逻辑，可以通过研究发现和探知，来提高认识和判断能力；二是人类可以利用这些规律性特征及其因果逻辑，通过人的有意识活动，通过有效的方法，运用适当的手段和措施，使得经济事物及现象朝着有利于人类所预期的目标或方向变化发展。例如，作为宏观主体的政府有为与无为边界的划分，适合做什么不适合做什么，应该做什么和不应该做什么，以及如何做，政府作为的重点、路径、方法、手段和措施等等；微观主体如何根据市场规律、经济规律和经济原则来从事经济活动或作出行为决策；等等。

概括地说，经济学研究的目的是：（1）探索和发现经济事物产生、运行和

① 路德维希·冯·米塞斯：《经济学的认识论问题》，梁小民译，经济科学出版社，2001，英文版序言。
② 同上，第51页。

发展的规律性或者共同特征，即存在于同种经济事物的形成、变化发展过程中，具有可依循的一致性特征及因果逻辑；（2）为人类的经济活动及选择决策提供合理化的依据或建议，使得有限的资源得以经济、高效、持续地利用，人们的福利得到不断的改善。前者以一般性、客观性、抽象性为主要特征，旨在为人们认识、理解和判断经济现象或经济问题提供合理的知识基础和理论，也是人们经济实践活动的重要依据；后者以具体性、针对性和应用性为主要特征，旨在为各类经济主体（国家、地方、企业、团体、家庭、个人等）在具体的时空条件下从事经济活动时所面对的行为选择及决策提供解决思路及方案。

但经济学研究只有建立起具有一致性逻辑支撑的可依循性理论，才可能通过遵循、利用和管理来达到应用的目的。

遵循，是指行为主体对自身无法抗拒和违背的客观趋势或外部力量的顺应。任何一种行为主体，个人或是组织意义的主体都会面临自身无法抗拒和改变的外部力量，只有遵循顺应才能避免损失和少走弯路。

利用，是指行为主体通过利用事物的规律性特征或者可依循性原理（机理）来有效地达到各自的目的或目标的实践活动。

管理，指行为主体以事物的规律性特征或者可依循性原理（机理）为基础或依据，通过对于事物的控制能力或者干预活动来达到各自的目的或目标的实践活动。

经济活动中的任何选择总是意味着成本和代价，意味着在与目的指向的效率/效果/效益存在不同时，选择决策需要面临解决的是如何在不同的时空条件下区分主次，以及判断确定要素/问题/矛盾等的重要性顺序，并在利弊相依共存的选择难题面前进行取舍权衡。

毫无疑问，经济学研究，不是为了研究而研究，它必须为人类的实践服务，为解决经济发展矛盾提供资源配置、利益分配以及管理等方面在时间与空间上的选择决策提供有用的基础和依据。所以，追求有用性和科学性应该是一个最起码的目的和要求，它或是可以帮助人类更好地认识和理解经济事物及其现象，或是能够为人类提供对于经济事物及现象更加合理的解释力，或是能够对于经济事物及现象有更加准确的预测判断力。它既是对于客观事实的一种反映，也是现实可操作性的一种反映。它绝不是主观的杜撰，更不是随意的游戏。唯有如此，这种活动才具有科学和实际价值。

而体现在上述不同方面的，是科学性特征。它或许不能像自然科学所表现的那样严密精确，但它仍然应该而且能够在很大程度上以不同的方式来反映"重复一致性"的科学特征。作为一门科学，它同时必须可以检验，存在着认识上和结论评估上的可一致性依循体系及标准，而绝非今天在现实中存在的那般可以众说纷纭。那种因为社会科学与自然科学之间在对象上存在着的差异性而拒绝要求经济研究上反映科学性特征的观点或者断言，或者因为认识论上的错误而导致固有理论在解释上的随意性和预测能力上的缺陷，进而否定其作为一门科学应该具有的科学性特征，都是十分不恰当的。

三、经济学研究的类型和问题指向

（一）经济学研究的类型

门格尔把经济学研究分为理论研究、历史研究和应用（实践）研究，认为它们各自的研究目标是各不相同的，方法也不同，不应该将彼此混为一谈或相互混淆。他认为，有些现象展示出特定的经验形式（类型），有些现象则重复出现，表现出规律性。经济领域中同时存在着关于个别的和一般性的知识，前者属于经济史学和经济统计，后者属于理论经济学。第一种研究的任务是研究具体现象的个别性质及它们的个别联系，第二种研究的任务是认识该现象的经验形态（类型）及典型性关系（现象的规律）。[1] "我们要搞清楚一种具体现象存在的基础及其性质的独特性，就必须认识到，它只是该一般性现象的合乎规律的具体表现而已。"[2]

科兰德把经济学分为实证经济学、规范经济学和凯恩斯的"经济学艺术"。[3]

埃思里奇则把经济研究分为基础理论研究、专题研究和对策性研究，把应

---

[1] 卡尔·门格尔：《经济学方法论探索》，姚中秋译，新星出版社，2007，第22页。

[2] 同上，第25页。

[3] 马克·布劳格等著，罗杰·E.巴克豪斯编：《经济学方法论的新趋势》，张大保、李刚等译，经济科学出版社，2000，第51页。

用研究分为分析研究和描述研究。其中，基础研究是指在某一专业领域建立基本事实和关系的研究，应用研究是为获得解决某个特定问题的信息所进行的特定研究。[①]

上述的研究分类根据各自对问题的理解和依据都有道理，所以不必纠结于一些细微的问题。就像我们对于其他的研究一样，只要所得出的结论得到一致性逻辑或者标准的支持，所存在着的小的或次要问题的瑕疵都不重要。

现在主流的看法，经济学主要划分为理论经济学和应用经济学。我认同这一大类的划分，我们可把历史研究视为是应用研究的特殊内容。但有时候我们可以根据研究目标的需要，来确定或选择其他的研究分类。

我之所以认为可以把历史研究归类于应用研究，是因为应用研究更多的是经济学的一般问题和理论在时空约束条件上的反映，而历史的经济问题／现象／事件等本身就是特定的、具体的时空条件下的产物。当然，若要得到对于历史的经济问题／现象／事件等贴近真相的研究答案而减少随意性，它就必须获得系统的时空经济理论的支撑，并把历史研究分为独立事件／现象和连续性事件／现象加以区别对待。要求对连续性事件／现象的研究提供时空一致性逻辑解说。

规范的和实证的经济研究，同样需要一般的经济理论和系统的时空经济理论的支持才能使得研究结论既符合经济逻辑又同时具有时空意义上的一致性，否则，对于同一问题的答案，就十分容易陷入众说纷纭的窘境。若要清楚明白这句话的意义和真正原因，需要仔细地通读本书的相关内容。

例如，实证经济学是关于事物"是什么"的研究，但这种研究需要获得以下几方面的支持才可能得到比较客观的判断：（1）一般知识和理论基础；（2）专业基础理论知识；（3）可参照时空体系及标准，以及时空一致性逻辑。否则，我们又如何据以判断我们所得出的"是什么"是客观或合理的呢？即使是对一种事物状态的描述研究，也同样需要提出作出某种判断的标准和依据。

在应用层面，获知事物的真相是一个获得良好结果的基础和前提，但良好的结果或绩效或目标的达成，还有赖于管理和处理上的艺术。在这一意义上，凯恩斯的"经济学艺术"是成立的。但这种艺术不应该引入到经济理论研究的层

---

① 唐·埃思里奇：《应用经济学研究方法论》，朱钢译，经济科学出版社，2007，第22-26页。

面，更不应该引入到实证研究的层面，当然也不属于经济学家分内的事，而应该是政治家或管理者需要面对和解决的问题。因为一旦对理论或实证进行艺术化处理，理论和实证就必然失去其客观性基础。

（二）经济学研究的分类及其目标指向

为了更加具体地认识经济学研究的性质和特征，以便与自然科学在研究特性和目标指向上进行比较区分，我首先把科学研究分为两个大类、两大层面。

两个大类：（1）物质事物的研究；（2）意识事物的研究。自然科学属于第一类，经济学和社会学基本属于第二类。

两大层面：（1）超越时空的抽象研究；（2）在时空意义上的研究。其中，认识论和理论研究同时包含了这两大层面。但应用研究则仅限于第二个层面及其进一步细分或深化，是经济事物有关时空的学问，本质上是一门时空经济学。

经济研究的主要目标：描述事实、解释事实、发现存在中的一致性和应用管理。

进一步，为深入认识和了解经济学研究的具体问题，以及这些问题的性质和特征，我把经济学的理论研究和应用研究所具体对应的问题或目标命题特作以下概括分类：

1. 经济学层面的科学哲学，包括经济学认识论和方法论。

经济学认识论研究是对经济学研究对象事物的本我特性、特征等的研究，是超乎一切经济事物之上的有关经济事实存在与认识反映的学问，是开展经济科学研究的认识基础和依据，是经济学方法论构建的基础和依据，也是科学认识论在经济学这一研究领域上的拓展和深化，是有关经济科学与哲学的重叠部分。

经济学方法论研究是有关如何根据科学的一般要求和经济科学的本我特性来构建、确立获得经济事实存在之科学认识或者答案及其科学性检验所需而反映在路径、步骤和手段选择上的学问。

这类研究是经济科学的认识基础和科学性前提，在很大的程度上决定了经济科学或经济学研究的科学性程度和价值。

2. 机理类及其逻辑关系的探索。这是有关经济事物"怎么样"运行发展的结构、因果、联系等的一致性逻辑体系方面的研究探索，是经济学在不同系统层次上的一般化抽象研究，是关于经济事物的框架结构、联系和逻辑等运行机制、机理或原则的基础性研究，它对应于宏观经济学、微观经济学在不同系统层面上的理论研究，是经济解释、经济预测及操作层面上解决实际问题的重要依据，是理论经济学研究的核心问题。

经济事物的形成变化存在着自身的作用机理和因果逻辑。从类的意义上，不同的经济事物既存在着相同之处，又存在着不同的发生机理，不同的发生机理意味着不同的事物结构。从这一意义上，每一事物本身就是一个系统，既是其所归属的一个系统的组成或影响因素，又由隶属于这一事物所对应系统的若干事物或者要素组成。你中有我，我中有你，构成宇宙万物不同系统。通常，事物的特征以类的面目出现，分别对应不同的属性，形成不同的结构逻辑和因果关系。这就需要进一步研究不同经济事物之间到底存在着哪些异同之处。例如，由个体、家庭、组织（如企业、团体、政府、国际组织）和国家等不同经济主体引起的经济事物，由生产、交换、消费、分配等不同经济活动产生的经济事物，等等，以及进一步的细分。

3. 规范研究。这是基于基本理论、知识体系之上的与客观事物的参照、价值取向、价值判断等相关的有关"应是什么"的研究，是许多应用性研究命题的重要依据之一。这类研究的关键和难点是如何把主体、时空条件和事物本身的机理合理地统一在一起，从而建立相对一致性的参照体系和逻辑，并避免因这些方面的不一致性所带来的各种随意性现象。

"应是什么"，就是规范经济学的问题。它涉及两个方面的参照体系或标准问题的研究：（1）由理论研究所提供的客观的参照体系或标准及一致性逻辑，即以事物正常的变化状态特征作为参照标准的研究；（2）相对于特定主体的价值取向、价值判断的研究。在应用研究中，经常同时需要这两个方面的参照体系和标准作为依据。

在现有的规范性研究中，更多的是人们关于主体价值取向、价值判断上的研究，却缺乏时空意义上客观性判断标准的研究。这种状况所造成的严重后果是，因为价值取向具有主观性，本来就缺少一致性标准，因而必然会导致随意性，它的实际应用价值就会大打折扣。我们的确可以用这样的主观标准去衡量和评估现实状态与预期目标之间的偏离程度，但是，从解决问题的可靠性、可行性或者纠偏角度来说，以主观愿望为依据显然是错误的。因为合理的解决路径，应该来自对这类事物一般变化过程及状态特征的客观研究，以及结构、因果逻辑的系统支持。

即，这类研究涉及客观规则性知识和主观规则性知识的形成积累及运用。而在现有的经济研究中，这类研究经常陷入主观价值判断的窠臼之中。

4. 状态的诊断评估类。这是以人类或者经济主体的意向性和经济事物的客观状态为标准或依据所进行的对经济状态的诊断和评估，即以"规范性研究"作为基础和依据的应用研究。它涉及对宏观、微观经济运行各方面状态、状况所作的"正常与否""好不好""强与弱"等相关的问题，以及诊断、评估体系和参照体系、标准等的构建，相对性标准和一致性标准的建立等等。通常，这类研究涉及客观性标准的建立和主观性标准的建立，客观性的依据包括所研究事物的理论、专业知识、科学知识等，以及具有逻辑支撑的类状态；主观评价意指相对于特定系统的一般状态和主体的意向性等所得出的研究判断，是相对的。

"正常/不正常"，或者"强/弱"一般是相对于事物的客观状态特征而言的诊断评估，它的参照和标准需要反映相对的客观性，是放在动态时空条件下的一种衡量和评价。

"好的/坏的"，通常依据一定的价值取向及标准，是相对于特定主体主观意向性的一种评估。

这类研究经常同时涉及客观评估标准或依据和主观评估标准或依据的具体建立和确定。

之所以这样，是因为如果价值取向及标准由评估人主观决定，不同评估者之间存在差异，就会导致随意性，这违背科学研究的特征。所以，这类问题必须确立一个合理的参照，并确定具体的时间、空间和环境条件。

此外，"好不好"的标准因时间、空间和环境的变化而变化，所以其客观标准也是动态变化的，因时间、空间和环境的不同而不同。对于以人为基础的主体，需要确定一个具体的主体（个体、家庭及各类组织等）；对于事，需要确定一个具体事物的参照。同一事物，"好不好"因人（主体）而异，因地而异，因时而异，相对而言，动态变化。只有在相对于具体的行为主体或者事物的意义上，"好不好"的评估或衡量才是有意义的。再者，事物总是正反相依、利弊相存，是矛盾的统一体。用一种静态的、绝对的标准，就会出现错误。

5. 因果联系探析类。是有关经济事物"为什么"或者"之所以"形成和变化发展等的相关性、因果性的研究，是建立在机理类一般理论基础上，运用实证分析和演绎分析方法探索经济事物相互联系的研究。通常，事物之间的联系涉及不同系统、不同层面或者多个因果，如果缺少可一致性参照体系和核心逻辑的支持，就可能在相互联系的多个因果关系中难以准确判断识别出主次和重要性次序。主要属于客观性研究。

"为什么"，就是分析研究和揭示经济事物之间的因果逻辑，是解释经济问题和经济现象的客观原因等的研究。如果说，"怎么样"是研究探索事物运行发展的普遍规律或者共同性特征及其因果逻辑的话，那么"为什么"的研究重点就在于揭示具体事物的形成，变化原因或者某些现象出现的因由探析上。通常，"怎么样"是一种抽象的研究探析，是一种类事物的运行变化机理的探析，它所对应的是类事物运行发展逻辑。而"为什么"则是对于具体事物形成，发展的针对性研究探析，是类机理及逻辑在具体事物上的个别反映，是特定时间、空间和环境条件下的事物的因果探源。当然，有关"怎么样"的问题中，也为有关"为什么"的问题提供了类机理依据，但两者的视角不同。

对于事物之状态或现象形成与变化的原因，有时候我们可以找出许多。一种是出于事物内在的自然机制，如开花结果，在条件符合的情况下，这些现象就会出现；一种是由偶然因素导致，例如因为台风刮倒大树压坏了一辆汽车；一种是主观人为导致，如工厂排污导致河水污染和鱼类死亡；一种是违背规律导致，如拔苗助长；一种是判断和选择错误导致的，如投资失败等等。原因可能存在许多，但从类的意义上，它最终可以主要归结为某一类或者几类并存的情形。而有些原因，虽然表述不同，但实际上仍然归属于某一类，或者并非是主要原因；或者虽然不是主要原因，但实际上是重要的诱发因素。然而，在既成事实的结果与原因之间，无论是线性的或者非线性的关系，它只存在一种因果的演化轨迹，所不同的是复杂性程度。如果我们说某一事件是由多种原因导致的，是指这些不同的原因共同导致了这一事件的发生，而非其中的单一原因。换句话说，单一的原因并不能导致这一事件的发生，它可能是必要条件，但不是充分条件，所以，用其中单一的原因以解释这一事件的发生，无疑是缺乏逻辑支持的。此外，对于原因的概括，必须符合与结果相对应的类特征，而不能用与结果不相对应的类表述。因为如果那样，或者就没有什么实际意义，或者存在着逻辑错误。

6. 对策选择类。是有关在一定经济环境条件下（包括博弈条件）和已有的状态下，如何根据行为主体的禀赋条件进行战术与战略层面及其具体意义上的行为选择问题的应对性研究，涉及与"怎样做"相关的优化选择、策略性选择和战略性选择问题。复杂性和难点在于时空定位下的对于主次、利弊和重要性顺序等的确定、取舍等所涉及的权衡。属于相对性主观研究。

"怎样做"，是关于目标之达成的路径、方法等方面的应用研究，多数是一种优化选择命题。经济学也是一门有关选择的学科。因为经济行为选择，涉及机会成本，选择了其中的一个就同时放弃了另一个机会，一种尝试的失败就可能意味着另一种成功的放弃，这种选择包含了时间、资源、机会、收益等多种含义上的成功与失败。通常有关"怎样做"的问题，有几种情况：第一种是强确定性和可控性条件下选择，这类问题，只要根据人类已经把握的科学知识和事物本身的规律性去做，就能得到理想的结果了；第二种是弱确定性和强可控性条件下的选择，一般按照可控制条件和概率大小来设计和操作；第三种是强确定性和弱可控性条件下的选择，一般通过同类事物的经验和概率来选择；第四种是弱确定性和弱可控性条件下的选择，那就是随机事件了。

若要使得有关"怎样做"问题的选择决策更具有现实价值，就要研究分析具体事物的结构、逻辑以及对影响事物运行发展的因素进行时间顺序上的本末、主次、轻重之必要区分，其逻辑依据是以下几方面在时间序列上动态表现的不同：一是事物本身所具有的内在规律；二是现实条件与事物本身变化规律之间存在的矛盾冲突；三是事物发展的有利与不利条件的动态变化。本质上，它同样涉及时间、空间和环境这三个方面的条件和权衡选择问题。

7. 预测判断类。有关经济事物"会怎样"运行发展的方向和结果问题的预测判断研究，包括短期趋势和长期趋势。是建立在"机理、机制类理论"和"因果类研究"基础上的研究。难点在于：（1）理论的可一致依循性；（2）不确定性程度；（3）可控性程度。

"会怎样"，主要是对经济事物及经济现象变化所产生影响的研究评估，包括正面的、积极的方面和负面的、消极的方面，以及变化趋势的预测判断。与有关"是什么"等这样一些已经发生的问题相比，虽然导致"是什么"的影响因素可能有许多，但形成"是什么"的真相只存在一种可能。而"会怎样"的问题，针对的是尚未发生的事物或现象，它的预测判断主要决定于事物本身的特征和外部因素的确定性、变数或可控性程度。确定性大或者不确定性因素少，或者可控性强，那么进行预测判断就相对容易；否则，就会复杂。对于经济事物而言，由于涉及人的心智问题和诸多不确定性，它通常意味着存在几种可能的演变路径和结果。对于这样一类问题，需要依据已知的条件，根据核心逻辑，通过不同的假设，来推断最可能发生的演变路径和结果。在这一点上，对经济事物及现象变化的预测判断，的确要比单纯由物理属性产生的变化要困难得多。

毫无疑问，博弈条件下的经济预测面临着诸多不确定性因素的挑战和困难，但尽管如此，主观上所表现的利益趋向、行为反映和客观上在结构关系等方面所存在着的经济逻辑，还是提供给我们得以在趋向上进行经济预测或预见的基本依据。

8. 可行性分析类。是有关经济行为措施或活动方案"行不行""能不能"等的分析研究。是与外部约束条件、自身能力及条件和行为选择的合理性、可靠性等相关的问题研究。难点在于对主客观方面相关问题的正确评估、判断。

"行不行"，主要是应用方面的研究，涉及经济问题和经济矛盾的处理或解决方面的选择决策，是关于行为条件和影响上的评估。有关"行不行"的问题，主要涉及解决、处理矛盾或实现目标的路径和方法的可靠性、可行性及有效性评估，它由目标、路径、方法和条件等要素组成，受到更高一级系统目标的限制。行为主体所面临的矛盾的解决或者行为目标的达成，它的路径和方法是受到自身条件和外部条件的共同制约的，在目标与代价之间存在着不同的关系。在竞争关系中，还涉及博弈的问题。"行不行"问题同样取决于时间、空间和环境条件，此时此地，彼时彼地，存在着不同的可能，是一个相对的概念。如果穿越混淆，就可能适得其反或事倍功半。

"能不能"，也是应用方面上的研究，但它偏重于条件和能力方面的评估。这类问题与"行不行"看似十分相似，实际上还是存在着明显差异，因为这类问题侧重于完成目标的能力及条件的评估研究，而通常不关注由此产生的影响、代价和效率。

9. 检验类。是有关经济理论和应用研究与事实或者预期目标的相符与相背程度的研究，是建立在"应是什么"的规范分析基础上有关"是不是"的研究，关键是时空标准的确定和系统一致性参照体系的建立，是与系统指向、主体指向、目标指向和参照体系密切关联的一类研究。

在理论层面，"是不是"主要是对于经济理论和方法等的合理性、客观性和适用性等所进行的检验研究。在科学研究中，理论总是与假设相伴而生，对理论的合理性、适用性和客观性进行检验、求证是一项十分重要的研究工作，它不但是理论发展的需要，也是理论得以有效地指导实践的前提条件。任何一种理论都有其假定条件或约束条件，所以从理论的应用角度，有关检验的问题，与其说是在检验理论，还不如说是在检验理论得以适用的假定条件或约束条件。此外，检验方法本身的合理性和适用性也是一个非常值得研究的问题。

在应用层面，"是不是"主要是对于一种选择／判断／结论是否符合事实或预期目标及其符合程度的检验研究。它需要提供与明确的主体指向、目标指向相结合的对于选择或结论或判断的具体量化问题。

与自然科学相比，经济科学的理论检验至今没有找到能够反映科学一致性的路径和方法，是经济科学中急需解决的重要问题。

10. 状态特征描述类。是有关经济事物在特定时点、期间的状态、特征和性质等"是什么"问题的研究，静态和动态的结构和状态，主要任务是把经济事物的状态特征客观地描述出来。这种描述的客观性程度，取决于认识框架、指标体系设计的合理性、数据的全面性、真实性和方法的合理性等。判断的正确与否，取决于参照体系的构建及其逻辑支撑，或者这方面的选择。

"是什么"，就是实证经济学的问题，研究的是经济事物或现象在现实中的客观状态及联系的问题。与一般状态相比，现实状态是一般状态在特定时间、空间和环境下的其中一种状态，是一般的运行变化机理在特定的时间、空间和环境条件下的产物。时间、空间、环境条件不同，经济事物的现实状态也不同，但运行机理一致。就像是一个函数，因变量取决于各个自变量的变化。现实状态，都属于同类事物的个别状态，可能正常，可能不正常，可以相互比较找出差距，但无法作为评估和衡量这一类事物的一般标准，因为时间、空间和环境条件不同。

一般标准，是在特定的价值取向目标和演化逻辑下事物正常稳定的动态过程特征，比如某种生物按照其内在的机理所表现出来的正常生长过程及状态，它既不是超出这类生物的某种突变现象，也不是劣于多数同类生物的状态现象，当然也不是简单的平均状态，而是依据这类生物本身具有的内在机理所发生的并具有相应逻辑的一种正常状态反映。实证经济学的目的在于评估现实中的经济事物所存在的状态特征及其与正常状态之间的偏离性质。价值取向意义上的研究仅仅在于对现实状态的评估，但从主观纠偏的角度，它的因果依据既不源自存在，又不源自愿望，而仅仅源自于与正常状态的对照之中。

11. 综合研究。就是根据实际需要所开展的包含上述部分类型的综合研究。

当然，上述分类是建立在相对意义上的，具体的边界有时候难以清晰地确定。对于应用研究而言，它们经常会涉及实证性知识、规则性知识和价值性知识。

在上述几类经济学研究类型基础上，相应的经济学命题就主要包括理论性命题、解释性命题、诊断性命题、评估评价性命题、预测性命题、对策性命题和综合性命题等。

在这些不同类型的经济研究中，我们不难发现以下特点：（1）研究的是由意识行为所引起的事物或现象，是事之理，无论是客观事物还是主观事物，都是"活"的事物或现象；（2）几乎所有的应用研究，都需要基本理论、知识体系和科学方法作为基础，都需要有规范性理论和标准作为评判依据，认识思想和认识方法不同，结论就会不同；（3）从科学性或合理性角度，贯穿于所有不同研究类型的，是需要建立一个科学评价和检验的一致性标准体系和逻辑，否则就会众说纷纭，莫衷一是。

四、经济学研究的是什么事物

经济学研究的是什么事物？经济学研究探索的是什么？对此，许多人以为答案应该是不言自明的。但实际上，对于类似这样的一些基本问题，学术界观点迄今为止仍然是笼统的、模糊不清的和不甚了了的，或者是存在纷争的，更不用说一般的非专业人士了。

然而，在认识论上对于这些问题的深入探讨和增进认识，却是这一领域进行科学研究的基础，它关系到经济学研究方法论的确立和研究方法具体选择运用的科学性，当然也关系到研究过程和结论的科学性程度。

（一）经济学研究的是事之理

经济学是建立在个人行为选择基础上关于有限资源要素合理配置或选择取舍的学科，经常又是以客观性特征为依循和意向性目标／目的为指向的意识事物，主要研究的是事之理。

（1）在个人行为的基础上，结构化或者组织化形成集体（家庭、企业或组织、政府）行为，并对应各种微观、中观和宏观经济现象／问题，以及主观基础、客观现象和客观依据与手段。

（2）行为是有目的的主观行动，但受到行为主体的禀赋属性（或状态）和环境属性（或状态）这两种客观因素的作用影响，也即空间意义上主体状态和空间关系状态。

集合意义上的经济事物，对于认识主体来说具有客观性，包含有不随认识主体的意愿而改变的许多特点。

（3）经济学的核心主题：效率与公平，成本与收益。这不仅是人类社会所需要解决处理的伦理问题，而且是经济系统得以保持可持续运行的基础。类似的这样一些事物之间关系的处理，经常涉及动态复杂的临界值的判断，对应的是系统动态均衡维持的观念。

（4）经济学需要面对的两种既冲突又统一的理性：个人理性和社会理性，与之对应的是"激励相容"的制度安排理念。

（5）经济学需要面对处理的悖论：制度的形成既是自然的产物又是人为干预的结果，有效制度的形成，既非主观愿望造就，又非任其自然可致；制度既是规范人的行为的手段，又由人建立形成。对于经济发展而言，"好制度"通常是一种在时间与空间条件上"合适"的概念。

（6）相对主义：经济科学所研究的主要是人类行为、经济现象等有关时间、空间条件的学问。在这方面，其与自然科学之间的最大区别在于各自的研究对象在稳定性阈值上的不同。总体上，经济科学研究对象的稳定性阈值远远小于自然科学的研究对象。正是这种在时变性上的差异或者不同，导致了对科学研究路径和方法的不同要求。

也正因为此，一个经济学的科学理论，必定是在系统、结构和逻辑等的层面与实际的时间、空间和环境条件相对应的抽象，即通过它，我们能够获得任何一个实际存在的事物在特定时间、空间和环境条件下的一致性逻辑，它所构建的系统结构、因果逻辑不会因为其中的某些假设条件的变化而变化，因为在这个系统的结构和逻辑中已经充分包含了这些变化的前提。

这样，理论的科学特征便与其应用的可操作性实现了统一。

（二）事之理与物之理的本质区别

经济学研究的有关"选择""交换"和"权衡"的学问，是以建立在有目的、有意识的行为基础上的经济事物为研究对象的领域，即研究的是有目的的意识或者意向性事物。

在现代经济学中，宏观经济学以整个国民经济为考察对象，研究经济中各有关总量的决定及其变动，以解决失业、通货膨胀、经济波动、国际收支等问题，实现长期稳定的发展，涉及国民收入及其全社会的消费、投资、货币、失业以及通货膨胀、经济周期、经济增长等问题。以单个经济单位（单个生产者、单个消费者、单个市场经济活动）作为研究对象的微观经济学，包括：单个生产者如何将有限资源分配在各种商品的生产上以取得最大利润，单个消费者如何将有限收入分配在各种商品消费上以获得最大满足，单个生产者的产量、成本、使用的生产要素数量和利润如何确定，生产要素供应者的收入如何决定，单个商品的效用、供给量、需求量和价格如何确定等等。无论是总量、结构和关系的形成，还是事件、现象的发生等，都是人有目的有意识的经济行为选择及其组织化、结构化的结果。

我想要特别指出的是，自然科学研究的核心是物之理（物理），而经济科学研究的核心则是事之理（事理），这是由两种本质上存在着根本区别的规定性分别决定的事物。经济事物的形成基础总是经济逻辑在目的或目标与其实现手段选择之间关系的反映，是全部经济主体的有目的和有意识的行为选择或经济活动的产物，涉及的是意向性与条件之间的选择匹配问题。它与自然物质事物的最大区别之一是：经济事物的关系是由人的意识构建的，经济行为选择总是与经济主体的主观评价和判断相关的，而且经常会因人、因时和因地而异。

物事与人事之间的根本区别是：物事取决于物，由物的规定性主导；人事取决于人，由人的选择决定。

经济学研究的事之理，一是与一种经济现象／状态／结果等的形成所对应存在的不同的路径、手段和方法的可能性或者不同的排列组合，以及各种影响因素和约束条件；二是如何根据特定的时空条件为实现经济目标或者达到经济目的来选择路径、手段和方法，以及贯穿在其中的知识、逻辑和原理；三是存在、贯穿于上述两大事理之中的共同性、规律性特征。所对应的问题及其研究分类，具体可见本章的第三部分内容。

需要强调的是，自然科学建立在"物之理"的客观性研究基础之上，反映的是结果与内外形成要素的不同排列组合关系；而经济科学研究的"事之理"之意识性，既反映在经济学研究的目标上，也反映在研究的本元基础上。彼此之间存在着本质上的不同。

（三）经济意识事物的特性

意识是一种特殊的存在，是一种感知存在的存在。一切由物的属性及结构决定的事物，与一切由意识及结构决定的事物，之所以二者之间存在明显的不同，不仅是因为各自的载体（物或人）或基础在面对外部刺激时所表现的反应存在着明显的不同，而且还表现在结构要素之间的关系在一致性及稳定性程度上的明显不同。

意识事物是基于有目的、有意识的行为基础上所发生的事物总称。相对于人类而言，意识事物特指由人的有目的和有意识的行为而产生的事物，它的基础是人的行为及其构成的逻辑结构和影响因素，它总是时空状态或条件的产物，它的形成主要受人的心智属性状态、效用偏好和行为环境等要素决定。

现代科学哲学或者认识论，把一切事物的形成和变化归因为自然主义或者物理主义，包括社会经济学科，认为一切事物都是因果的、结构的和功能的。认为社会经济以及在更广泛意义上，意识事物所基据的心智属性，在本质上也同样取决于物理属性或者可还原为物理属性，因而都可以通过物理或生物结构找到答案。如果这种认识从大的层面上或者本源意义上的确有它的道理的话（当然争议很大），那么，把意识事物简单地等同于非意识事物来加以对待处理，或者在认识世界中把物质和意识混为一谈，则无疑抹杀了这两类事物之间的重大差异，进而会导致方法论上的重大错误。

的确，在最一般的意义或者感觉上，人类的意识事物与其他动物特别是高等动物的反应并无二致，都是物质或生命体的反应，但人类意识事物作为一种认识对象以及这种认识对象所带有的特殊性，实际上从其一开始就有了区别于其他生物反应的科学属性——提出了在科学认识上更加系统具体和更加深入的要求，或即阈值意义上的进一步区分。事物所对应的类阈值或者其在大类中所处的稳定性位序的不同，决定了事物在类意义上的差异或者不同。但显然，科学主义者——认为自然科学的方法同样适用于经济科学或者自然科学方法可以普遍适用于任何科学领域研究的人，并没有意识到这种不同。

基于物的自然属性或物理属性的事物，由于具有外部刺激反应性及要素之间的一致稳定关系，就使得这些事物就具有了重复一致性的基础前提，即"只要 A，就会 B"的逻辑关系。虽然，相对于不同的物而言，如石头、普通生物与人之间，这种关系的表现依然存在着阈值意义上的差异。

基于意识或心智属性的事物则不同，它通常由事而不是物的要素构成。即，意识事物虽然经常以物为介质或者载体，但却由非物要素构成。例如投资，虽然主要的表现是资金（规模或金额）投向，但主导的却是投资者的决定，投资的决策选择取决于投资者对于投资预期的一种判断，标的、市场、相关政策和氛围等通常都是一种信息状态而难以物化。而非意识事物却不同，如金属在受热条件下的表现，人在受到冷气刺激下的表现。这种本质的差异，导致了不同学科科学性特性上的差异，并提出了认识论上的质的区分要求。

由于不像自然科学那样具有可实验和测量性，经济科学由意识、思维逻辑决定的要素很难精确分类。或者可以说，人的有意识行为所形成的事物，在其源头上尽管的确与人的自然物质属性相关，但在其成为人类研究对象的那一刻始，以及人之意识作用的特殊性，或者在阈值意义上，就已经构成了其与其他类型的事物的根本区别。这种意识事物是"活"的事物，而非自然物质研究领域中所面对的"机械"事物。它似乎与一切其他的生物反应并无不同，但实际上在其成为人类自己的研究对象或者作为特殊的"事质"领域的那一刻起，就已经形成了与其他科学领域的明显分界。这构成了人类研究认知上的两大需求领域：物质的存在和意识的存在。倘若人们能够真正认识到这一点，也就不会有如此之多的混乱和争议了。

经济学需要研究的基础问题是人的意识是如何随着时空条件的不同或者变化而变化的，或者时空条件是如何影响经济行为意识的变化，以及彼此之间所存在着的"规律性"联系。为此，我们需要构建起这种彼此间联系的认识框架，并研究建立时空意义上的一致性逻辑。唯有如此，我们才可以从各种纷繁复杂的关系中发现核心的因果联系，才得以从对各种表面的或次要的关系的关注中摆脱出来，减少各种似是而非的认识错误。

我们必须明白，意识或者意向性事物是由约束条件、效用偏好和心智状态决定的。个人及其组织化的主体行为，总是会受到其自身的自然禀赋、经济和制度的很大约束，总是与其偏好、心智状态及所处的行为环境密切相关。

一个人的"心智"指的是他各项思维能力的总和，用以感受、观察、理解、判断、选择、记忆、想象、假设、推理、计算等等。而影响效用偏好的，除了物质条件等因素之外，主要包括信念、价值观、文化、习惯、信仰等等。这些决定和影响着思维能力、效用偏好的诸因素，我们所看到的多数是抽象意义的词语，而非具体的物。这些因素，在本源意义上或多或少可能与人的生物或物理属性相关，但却与由人的生物或物理属性所决定的生理或身体反应存在着明显的不同。意识事物不仅因约束条件、效用偏好和心智状态的不同而可能形成明显差异，而且可能因时间的不同而发生改变。它们至多只存在着时空意义上特征的相对稳定性。

正因为时空状态或条件的变化和不具有可重复一致性特征，所以经济学特别是应用经济研究需要不断地面对解决许多同一主题的问题。这些相同的问题虽然不断地被研究，却又不断地因时空条件的改变而需要进行重新研究。

五、经济学研究的复杂性和挑战

迈因策尔在其《复杂性中的思维》中认为，"在系统理论中，复杂性不仅仅意味着非线性，还意味着大量的具有许多自由度的元素"[1]，"精神状态的形成（例如模式识别、情感、思想）用大脑集合体的（宏观）序参量的演化来解释，序参量是远离热平衡的学习策略中由神经细胞的非线性（微观）相互作用造成的。具有精神状态的细胞集合体被解释为相变中的吸引子（不动点、周期的、准周期的或混沌的）"[2]。

我们暂且放下人的意识行为发生的物质层面——特别是大脑作用机理这一生物学中的复杂问题。虽然这一方面的研究对于理解人的行为的发生十分重要，但这属于自然学科的研究对象。经济学研究的人的行为选择问题主要限于有关经济主体如何根据经济逻辑在目的与手段选择上的思维特征和某些一致性，即作用和影响于人的效用偏好和心智状态的经济因素及其时空特征。即便如此，经济学研究所面对的经济系统和许多经济问题就已经足够复杂。

经济问题的复杂性，还取决于所研究问题面临的各种不确定性或者变数的多少及强度，取决于人对于变数的可控性。不确定性越大，变数越多；不可控性越大，问题就相应的越复杂。经济问题的不确定性或变数，又取决于行为主体面临的信息不对称性和系统的层次，信息不对称程度越大，经济行为的不稳定性或者不一致性就越大。经济变量的可控性程度、稳定性程度，取决于制度的安排、文化、技术以及各类当事人的决策选择，等等。系统层次越高，或者所涉及的系统越大，或者制度的有效性、稳定性越差，或者决策者的认知能力越差，不确定性或变数就越大，非线性关系的特征就越明显，可控性就越差。反之，经济问题就越简单，越具有确定性，越容易导出具有可操作性的原理。

---

① 克劳斯·迈因策尔：《复杂性中的思维》，曾国屏译，北京大学出版社，1996，第3页。

② 同上，第7页。

事物的不确定性程度，取决于认识对象的属性特征和变量的可控性程度，变数是对认识对象在时间、空间和环境条件各个方面影响因素的存在性状及可控性上的一种状态表述。

一般而言，当面对具体的个体、家庭和企业的经济行为及涉及的经济问题时，我们比较容易抽象出它们的一般性类特征及逻辑框架，但当面对由多个不同的类特征构成的组织、系统或者社会的经济问题时，我们就很难抽象出一个一致性的具有广泛或者持续的可操作性原理及逻辑框架。即使是类特征上具有的可操作性原理，也同样取决于类的具体界定条件或可比性条件，通常的情况下，它可能只反映为局部领域。

此外，在经济行为的意向性与客观条件之间，或者目的与手段的选择之间总是存在着多样性或者多种排列组合的可能，最优的选择总是与时空条件动态相匹配的一种存在，评估、识别和判断这种匹配性是经济研究最关键的问题，对研究者和决策者是一种重大的挑战。

概括地说，由于经济研究建立在意识行为基础之上，并表现为时空结构条件的不一致性、主体效用偏好的不一致性、心智状态的不一致性，或者由这些方面所导致的行为选择的不一致性，因此也导致了经济学研究复杂性的以下主要方面。

1. 充满不确定性（变数多）的非恒定结构条件。从空间、时间和外部条件这几个方面看，因为在相互联系上缺乏某种稳定不变的关系和外部条件的不可重复性，所以通常情况下经济系统处于一种非恒定结构条件下，它可能存在着一些相对的关系和逻辑结构，但却缺乏像自然学科研究对象中所内含的固定不变关系和在数量上所反映的精确关系特征，缺少现代科学所需的"实验性"和"数学化"基础。

我认为，不可能实验也就意味着无法确定一种事物在类意义上的客观一致性，因而也就无法从实证研究中抽象出具有普遍意义的可操作一致性。[①]

经济事物的不确定性，不仅来自外部的因素和不可控的因素，而且还来自内部管理主体由于认识和操作上的因素——特别是那些自以为是的主观错误导

————————
① 详见第六章。

致的对有利条件的损害或者有利机会的错失或者不利形势的扩大等等。例如在时空意义上对于因果关系的主次颠倒和要素、矛盾及问题等在认识应对上重要性顺序的错乱。

2. 非纯经济性。经济系统中所反映的经济关系，或者作为其基础的经济行为，许多情况下并非由单一的经济因素主导，而同时受到社会、政治、技术、法律、文化等因素的影响，涉及诸多不同性质的逻辑规定性的统一归集。忽视这一事实，就会偏离经济研究的实际意义。

3. 博弈性。对于具有竞争关系的经济事物，具有明显的博弈特征，这增强了经济系统的不确定性或不稳定性。

博弈性，意味着在经济活动中，相关的主体行为选择经常不按常理来做出。同时，也意味着某些群体的一致性行为并非能够给相关主体必然带来收益。当然，博弈性并非意味着混乱，一切博弈行为都具有自己的目的性并在可选择条件下得到反映。只不过相对于确定性行为而言，这种行为增加了博弈对手的判断难度。

4. 如果说自然科学中的许多研究是可以通过人类干预或可控性来获得确定性进而达到可重复一致性的话，那么经济系统由于诸多的不确定性或博弈关系的存在，就使得特定主体的经济行为的选择决策需要面对弱可控性这一现实，这大大增加了准确预测和可重复操作性的难度。

5. 以人的主观意识性为基础，不能通过感官和仪器来进行客观测定和量化，事物之间不具有固定不变的关系，也不具有可重复一致性。

作为意识性事物，经济事件、现象和关系的发生主要取决于影响甚至决定人的行为选择决策特征的习惯、路径依赖、从众、虚荣、理性与感性等等，以及"三观"（即世界观、人生观和价值观，后同）、信仰、信念等和感受、观察、理解、判断、计算、选择、记忆、想象、假设、推理等决定思维能力的各种因素。而这些因素都难以具体量化，也不存在简单的线性关系。

普遍适用的经济学，需要区分客观事物和主观事物。经济学的复杂性之一，就是客观事物与主观事物的交织，客观事物与主观事物各自对应着两种不同的逻辑依据。

当然，从交换、选择的角度，经济学研究还需要面对经济事物中广泛存在的主次交叉、利弊相生、互动关联及时空转换等难题，需要通过动态区分来判断因果、矛盾的主次性，以及各种要素在系统运行中的重要性顺序，以确定轻重缓急。

这些复杂性，同时也意味着经济学研究面临着以下科学性挑战。

1. 在非恒定结构条件下如何反映经济研究的科学性特征？

2. 面对不确定性、非线性和博弈关系，如何预测和判断经济事物的发展趋势？

3. 如何探寻、构建更加合理的逻辑起点和系统可依循性一致参照体系及标准与一致性逻辑，用以解释和预测经济事物的变化发展，用以检验和评估成果的科学性。

4. 如何实现在多种不同类型和性质的逻辑之间的一致归集，例如在形式逻辑（概念、判断、推理）、行为逻辑和数理逻辑（符号逻辑），以及所涉及的政治、社会、技术、法律、自然等不同类型的逻辑之间实现统一。

第四章

经济科学为什么不同于自然科学①

> 理智和经验都告诉我们，有两个个别的领域：一个是物理现象、化学现象、生理现象的外在世界；一个是思想、感情、价值取向和有意行为的内在世界。就我们今天所知道的，这两个世界之间还没有桥梁联系起来。同一的外在事件，人的反应有时不同；不同的外在事件，人的反应有时相同。我们不懂得这是什么道理。但是就人而言，人的行为和行为的变动不居，却是些真实的事。行为是他的本性和存在的要素，是他保持生命以及把他自己提升到高于禽兽和植物水准的手段。
>
> ——路德维希·冯·米塞斯《人的行为》

有关科学主义或者物理主义方法是否适用于经济科学的问题，尽管至今一直仍然存在着不少争论和分歧，但在总体上还是被不断地遗忘和无视了。诚如我在前面所提到的，之所以如此，其中的一个主要原因就是缺乏一种新的认识论的系统论述，同时缺乏一个有竞争力的替代方案。然而，存在并非总是意味着合理，更不意味着正确。我认为，这种状况的存在，主要归源于经济学研究在认识论上存在的缺陷和误区，是经济学研究在认识论上存在的缺陷和误区造成了经济学研究上的这么多混乱。

的确，如果不对经济科学与自然科学作一系统深入的思考、比较研究和论

---

① 通常，学科是根据所需认识研究的事质特征在领域上的一种划分或者分门别类，科学则是侧重于研究属性和特征上的一种表述，它们在强调研究的对象领域时是一致的。

述，单就最一般化的科学认识论、方法论及科学性特征和科学研究这一层面来看，或者基于不同学科所反映的不同类性质这一不同的层面而言，就十分容易得出这两门科学在科学性表现和研究性质上基本一致或者不相一致的结论。关键在于认识者怎么看待、从何处入手来看和看到了什么。但我认为，许多这样的印象和结论其实是似是而非的，是轻率武断的，是与存在的多层次性和事实的多样性相背离的。实际上，从科学性意义上，经济科学和自然科学既存在着同一性，又存在着异质性，这是由各自学科的研究对象和研究的异质性所决定的。简单地得出一概而论的结论是不恰当的。

一些经济学家或方法论学者曾经对这两门科学之间的共同之处和相异之处进行了论述。从科学及科学性角度，科学主义者和波普尔证伪主义者都认为科学是对于全部学科的一致要求，不存在任何例外，包括认识方法、认识途径和科学性检验等等，甚至解释结构。然而，反实在论者和建构主义者，以及其他的一些经济学家，则反对这种观点和主张，例如米塞斯、哈耶克及新奥地利经济学派，等等，他们认为自然科学的方法或物理主义方法并不适用于社会科学或经济科学，认为不加区分地在经济科学中采用"泛物理主义"方法是错误的根源，因为经济科学不是实证或经验科学，而是自我解释的存在物，是"不精确"的或者是先验性科学。

例如，米塞斯就指出，"理智和经验都告诉我们，有两个个别的领域：一个是物理现象、化学现象、生理现象的外在世界；一个是思想、感情、价值取向和有意行为的内在世界。就我们今天所知道的，这两个世界之间还没有桥梁联系起来。同一的外在事件，人的反应有时不同；不同的外在事件，人的反应有时相同。我们不懂得这是什么道理。但是就人而言，人的行为和行为的变动不居，却是些真实的事。行为是他的本性和存在的要素，是他保持生命以及把他自己提升到高于禽兽和植物水准的手段"①，认为社会科学不同于自然科学。

米洛斯基试图通过一个分类表来区分自然与社会之间的区别，认为自然是稳定的而社会却不具有这种特征，而大多数正统经济学家却在自然和社会具有相同或相似的"规律"和认识方法这一"狭窄的道路上行进"——以期获得与物

---

① 路德维希·冯·米塞斯：《人的行为》，夏道平译，台湾远流出版社，1997，第18页。

理学程序一样相似的成果，并且具有相同的"隐喻的结构"，"例如，约束最优化的数学方法的可靠性来自它同力学中出现的相同数学方法的高度相似性，而不是基于经济学的认识论和本体论上的清楚证明"。①

我想论述和指出的是，从科学认识论和科学性特征最一般化的层面，任何科学都应具有一致的基础和要求，而在这一一般化原则和要求的更深或具体层面，不同科学领域之间因其研究对象性质和研究特征的不同而使得它们在研究方法和科学性表现上呈现差异化。这种因抽象层次的不同而反映的差异化是符合一切存在的普遍事实的，也是认识论需要进一步研究深入的内容。就像人，在最抽象的层面有着相同的特性，但一旦具体到个体及类的意义上，相互之间就有了许多差异。许多错误和争论的形成源自于认识上对于存在事实多层次性的无视进而导致抽象层次的混淆，这也是许多人在认识上至今仍然执迷不悟的原因。

我认为，方法论总是从属于认识论，并在抽象层次上相互对应。认识论上，在一般抽象、类抽象和个别抽象这几个不同的层次之间，下一层级的抽象从属于比其高的层级的抽象，但某类事物的方法论需要服从这类事物而不是其他类事物的认识论。经济学所存在的科学性缺陷和出现的危机，在其本源上可以归因于现代经济学认识论上的研究不足和存在误区。

总体而言，从众多的经济研究文献和方法论争论与分歧中可以看出，经济学家们普遍地反映出对于科学哲学问题和经济科学本我特性在认识上的缺乏。经济学研究者对经济科学的特性、特征及其与自然科学特别是物理科学之间的本质区别并不是十分了解，甚至缺乏必要的兴趣。这导致了科学的同一性与差异性在具体与抽象关系之间存在许多认识上的逻辑混淆，忽视了不同科学的研究对象和研究特性所存在的本质区别对于方法论确立所提出的不同要求，包括科学性特征的反映和一致性检验。

我们需要面对这一基本事实：尽管在最一般的意义上，所有的科学研究领域都由一致的科学认识论及方法论来主导，但在学科或者事质领域具体的意义

---

① 马克·布劳格等著，罗杰·E. 巴克豪斯编：《经济学方法论的新趋势》，张大保，李刚等译，经济科学出版社，2000，第74页。

上，这种一般的科学认识论及方法论总是反映出与学科或者事质领域的异质性相对应一致的差异化表现。没有一种具体的方法可以同时或者普遍地适用于一切具体的事物，具体有效的方法总是根据具体的事物特性和具体的目标要求而产生的。

那么，经济科学与自然科学之间究竟存在着哪些不同或者本质上的区别？或者存在着哪些不同或者本质的区别导致了方法论及其具体研究方法上的不同要求呢？

我认为，经济科学与自然科学之间的主要区别有：（1）研究对象及其特性不同；（2）各自所面对的事物的结构形式和逻辑类型不同；（3）研究所面临的不确定性和可控性条件不同；（4）事质的可量化性及程度不同；（5）事物所可依循的关系特征不同；（6）科学认知（事实）所基据的元事实性质的不同；（7）研究的逻辑起点不同；（8）认识的条件不同；等等。

在本章，我将对此逐一加以论述。

一、研究对象的特性不同

我们知道，自然科学是研究无机自然界和包括人的生物属性在内的有机自然界的各门科学的总称，研究的是自然界物质的各种类型、状态、属性及运动形式，用以揭示各种自然现象及其发生变化的本质和规律性，包括物理、化学、生物学、天文学和地球科学等。

无机自然界的物质遵循的是机械的、物理的和化学的运动规律，它们只有反应特性而没有刺激感应性和意识。[①]生物界中的各种生命体，虽然具有不同的刺激感应性和意识，但从自然属性角度，都具有无机物质的基础性，并遵循新陈代谢和自我更新的生命规律，包括人体。无论是以无机自然界还是以有机生物属性作为研究对象，它们的形成、发展和变化都具有较高程度的机械性、稳定性特征。尽管它们在形成、发展和变化上也存在着相关因素排列组合上的多种可能性，但相互之间的因果关联或逻辑处于一种稳定的状态，并内含某种

---

① 我认为，世界万物都是变化的，反应或变化是相对概念，时间是衡量这些方面的尺度。

或某些固定不变的关系。

社会科学，是以人类的各种社会现象作为研究对象，来探索社会事物的本质及其规律的科学，主要包括法学、经济学、政治学、社会学、历史学等学科体系，特点是与人相关，以人类的主观活动为基础。人类行为的最大特点是具有强刺激感应性和意识性，同时具有自然和社会的双重属性。人类行为既受到社会的和思维意识运动规律的影响，又受到其生物属性所表现的机械的、物理的、化学的和生命的运动规律的影响。

也就是说，自然科学的研究对象，主要属于由物的物理属性或生物属性决定的非意识性事物；而社会科学的研究对象，是由人的心智属性及信念决定的意识性事物。人的心智属性部分地取决于其物理属性，又部分地独立于物理属性并反过来作用于物理属性。另一种表述，自然科学面对的主要是机械的系统，社会科学面对的则是"活"的系统——主要建立在人在给定的物质状态或条件下的意识反应层面。这使得发端于人类行为的社会现象的形成、发展和变化具有复杂性，也决定了社会科学研究对象在稳定性上的很大欠缺和复杂性。

作为社会科学的一个重要分支，经济科学研究的是以人类行为为基础的经济事物和经济现象，它与自然科学在研究对象特性上的主要差异，我认为可概括如下。

1. 研究对象的性质不同。经济科学研究的是由约束条件、文化、意识、情感、偏好和心智状态等决定的人类行为选择为基础的有意识事物，而自然科学研究的则是由物理属性决定的物质内在规定性为基础的非意识事物，它们本来就属于不同的事物。意识事物只存在定性意义上的某种趋向一致性，主要由行为主体的思维意识状态决定，而不具有物质事物在实验意义上所表现的可重复一致性。经济科学不具有实验意义上的可重复一致性，只具有相对意义上或者相对于一般原理或"解释结构"上的逻辑一致性。在"一致性"反映上，经济事物和物质事物各自处于不同的阈值水平，有着不同的"时变性"特征。

2. 研究问题的性质及其规定性不同。自然科学研究的主要是物之理，自然物质现象由物的内在规定性决定，其基础主要涉及事物究竟是"因何""如何"产生或形成和存在或变化的问题。而经济科学研究的主要是事之理，无论是微观还是宏观，研究基础还是研究目标，选择、交换还是权衡，在目的／意向性和手段选择之间，其始源和最终都涉及如何根据自己的禀赋条件与外部环境条件去达到目的或者解决问题，都取决于如何加以认识和理解的意识问题或者选择的策略及方法是否符合事物的客观规律或者特征。不同的行为主体，经常会有不同的逻辑思维和选择决策。这是两类根本不同的问题。如果不能理解这种本质的区别及其导致的在研究上的许多不同，就无法正确地开展经济学的科学研究。

3. 各自所基据的元事实具有不同的反应性。经济科学研究的有意识事物之元事实，其基本单元是个体行为，个体行为选择具有强外部刺激反应性，时空条件具有"时变性"，此时彼时，甚至此地彼地，不具有可重复一致性。而自然科学研究的非意识事物的物质单元甚至其组成体则具有相对的机械稳定性，在特定的时空条件下具有可重复一致性。它们的稳定性阈值或反映的"时变性"程度是不同的，意识事物的时变性显著地大于非意识事物，并有着不同的规定性。

整体而言，自然科学的研究对象具有外部刺激的弱反应特征，它们的形成、发展和变化都具有较高程度的机械性、稳定性特征；经济科学的研究对象具有外部刺激的强反应特征，它们的形成、发展和变化都具有较明显的非机械性、非稳定性特征。

就像米塞斯指出的，"自然科学的对象根据有规则的形式对刺激作出反应。就人们所能见到的而言，没有这样的规则性能够决定人对各种刺激的反应"[①]。对于同样一种刺激，不同的人，不同时期的同一个人，所作出的反应可能相同，也可能不同，没有什么规则性。思想和价值判断的出现和联系并不存在可识别的规则性，人类行动的连续和联系也没有规则性。所以，人类研究中经验所起的作用与在自然科学中所起的作用是完全不同的。人类行动的经验是历史。历史经验并没有提供可以帮助建立理论科学的事实。

我想指出的是，被抽象的"事实"或者特征取决于其所对应的存在者的特征和特性。自然科学是以物为基础或基本单元及其组成体和系统作为研究对象的，而经济科学（包括整个社会科学）则是以人的有意识行为作为基础或基本单元，以其组织、系统作为研究对象的。前者研究的是基于物的物理属性状态的或者

---

① 路德维希·冯·米塞斯：《经济学的认识论问题》，梁小民译，经济科学出版社，2001，英文版序第2页。

非有目的的意识事物，是由物的特性决定的事物；后者研究的是基于心智属性状态的有目的的意识事物，是由人的心智状态决定的事物。人的意识总是指向某个对象并以其为目标的。相对于物质的存在，意识是一种特殊的存在。[①]

总体上，两门科学进行科学认知（事实）所基据的元事实性质是不同的，自然科学的元事实具有很大的客观性，经济科学的元事实对应的是由人的主观行为选择所形成的事物或者主观定义及分类而形成的事物特征，具有较大的主观性。[②]这两门科学在各自的起点上就存在着本质上的区别。

4. 所面对事物的结构及关系在性质上的不同。

（1）意识事物的结构由构成要素之间的意向性逻辑关系决定，其最基本单元的行为选择或反应，取决于事物的逻辑属性和主体的认识思维，行为选择因主体的约束条件、效用偏好、意识和心智状态等的不同而呈现出差异，具有主体的相对性。非意识事物的结构由物质要素之间的自然逻辑关系决定，取决于客观的物理结构和物质的规定性，具有客观一致性。两种不同事物对应的结构性质存在本质的区别。

（2）意识事物的层次和结构的划分取决于主观的需要和具体事物的性质，对应的是人为结构，它们或是主观的，或是主客观的混合物；而以物质为基础的非意识事物具有宏观和微观上的无限可分性，并对应着不同的物质结构和量化分类，具有客观性。

（3）意识具有抽象性，物质具有具体性。正如米塞斯所指出的，"社会认知的要素是抽象的，不可还原为任何能够被感官感知的具体意象"。

两类科学在结构特征上的不同，归因于各自研究对象上的本质区别或者物象与事象之间的区别。物象由物的结构及内在机制决定，由物的客观特性决定；事象由人的心智属性及主观逻辑判断决定，取决于行为主体条件和认知能力。

---

① 这并不是说这种意识是完全独立于人的物质性或生物性的存在，而是说意识的反应与物质的反应总是不同的。当然，人体的物质状态与其意识的反应特征之间是存在关联互动的，这为社会科学提供了研究的客观基础。

② 不应把社会科学及经济科学理解为一门纯粹是主观的学问，那样会导致认识上的严重错误。确切地说，经济学是一门客观性和主观性交融在一起的学科，意识发生的始源／基础——人的生物性／物质性具有客观的特征，而有目的的行为意识则具有很大的主观性。除此之外，经济系统、结构和关系等是人为依据经济逻辑而构建的，但其运行、变化发展却有着客观的规律性特征。详见本书的其他章节。

5. 可量化性程度不同。意识事物有许多是无法量化的，特别是对经济行为选择产生重要影响的特征因素，例如信念、习惯、路径依赖、从众心理、虚荣，理性与感性等等，及其进一步类细分差异特点。它们同时受到人的生理（物理禀赋）和心理两方面因素的影响，涉及先天、后天在性格、脾气、环境、经历、背景条件等多方面因素，又存在着相互之间的作用关系。

此外，还有一些对事物发展的结果进而研究结论产生重要影响的要素，特别是与性质、质量等相关的要素，难以客观量化评定和比较，例如科学发现、人的才能、技术发明创造或专利、著述及论文的客观价值，等等。

可量化的多是行为结果，但其整个过程都是人为的产物，包括概念量化、计量标准、数据的生成和归属、数据的处理、计算和调整等等，而且经常界限模糊，可靠性差，量化难度大。而非意识事物的量化过程总体具有一致性特征，如数据的生成、归类、采集和处理等，具有一致的物理量和计量标准，有很大的可实验性，界限清楚，可靠性强。

行为结果是否能够反映一个行为主体在相关方面的特征？答案是肯定的，但主要是帮助在认识上的定性分类／归类，并且不具有量上的对应关系，也并非是固定不变的。

米塞斯认为，不可能做实验同时就意味着不可能测量。物理学家必须研究数量和数量关系，因为他有权假定物理性质之间存在某些不变的关系。实验提供给他这些性质的数值。在人类行动中没有这样的恒定关系，没有可以用于测量的标准，也没有实验能够确立这种类型的齐一性。[①]

总体上，自然科学的系统要素及自然关系通常可以通过观察或由仪器设备测定而获得客观量化的物理量或类物理量，具有可量化性，具有很强的客观性。一些不能被解释和预测的自然趋势，它的原因主要源自系统关系的复杂性和量化技术上的局限，而不是不可量化。经济科学的系统要素通常对应的是信息和主观归类确定的数量单位，价格（利率、汇率等）是价值量的计算依据，在生成、归类、量化和选择等方面上都带有主观性、可变性，具有易谬性。

6. 逻辑类型及特征不同。自然现象的形成、变化主要基于系统结构要素之

---

① 路德维希·冯·米塞斯：《货币、方法和市场过程》，戴忠玉等译，新星出版社，2007，第一章。

间的因果关系，由自然逻辑／物质的规定性决定，以及基于客观量化基础之上的结构与状态之间的对应关系，可以回溯到物质及其微观层面和超微观层面去寻找因果答案。经济现象的形成、变化则主要取决于行为主体对于事物的理解和逻辑判断，主要由各自的思维能力决定，是基于心智状态、效用偏好的意识思维的整体反映，需要回溯到主体的心理和心智层面及其决定性因素去寻找因果答案。

另外，两类事物在系统结构与状态之间的逻辑介质也不同，自然事物的关联介质主要是物质或力、能量等等，经济事物的关联介质主要是意识／意向／信息等等。

总体而言，意识事物对应的是主观逻辑：（1）在主体意义上，对应的是相对逻辑，是相对于主体的状态和目标／目的而言的；（2）在关系意义上，对应的是目的与手段之间所反映的经济关系。而非意识事物对应的是客观逻辑：（1）基本单元对应的是物质或自然逻辑；（2）在物理上，对应的是基于物质或自然关系基础上——由物质的规定性决定的因果逻辑；（3）在关系意义上，对应的是自然现象与原因之间的自然逻辑和数理逻辑。

7. 认识的主客体关系不同。经济科学的研究认识，其主体是人，其客体是人的经济问题或者以人的行为选择为基础的意向性事物，是人类自己的事情，在认识的主客体上是一致的。没有其他途径能够比人类自身更加清楚自身的意识／意向问题了！自然科学的研究，其认识主体是人，其客体则是物质为基础的宇宙万物或非意识事物，人类除了观察和进行实证"归纳—演绎"分析以获得对于事物的认识之外，别无其他更为可靠的途径和方法。

对此，米塞斯指出，物理学家们从外部考查他们的研究对象。他们对于下落的石头的内部"灵魂"中发生的事情一无所知。但是他们有机会观察石头在试验中的下落，并且发现他们所谓的落体定律。从这些试验知识出发，他们建构了从特殊到一般、从具体到抽象的理论。经济学研究人类行动，而不是像人们有时候说的，研究商品、经济量或者价格。我们没有用人类行动做实验的能力。但是作为人，我们知道行动的人的内心世界。我们知道一些行动的人赋予其行动的意义。我们知道为什么人们希望改变它们的生活状况。我们知道一些不满，正是这些不满成为变化的最终动因。完全满意的人或者虽然不满意但并没有找到任何改进手段的人根本就不会行动。①

凯尔恩斯认为，经济学家在研究的开端就掌握了主宰构成研究对象现象的终极原理，而人类对于终极的物理原理没有直接知识。这就是社会科学与自然科学的根本差异。使得自然科学成为可能的是试验的能力，使得社会科学成为可能的是掌握或者理解人类行动的意义的能力。②

8. 一致性程度不同。自然物质现象中的结果与原因之间存在着某些固定不变的关系，这种由自然物质的规定性和定律决定的关系在同种事物中可以重复出现，只要空间和时间条件一致，自然物质现象就会有相同的表现反映。经济现象发生的因果关系中不存在这些固定不变的关系，对于同一结果／状态／现象，经常对应着不同的排列组合可能的"因"，贯穿其中的只是事理或逻辑上的一致性。同样的事物，在不同的时间和空间条件下，可能重复出现，也可能不重复出现甚至出现相反的情况。当然，在类意义或者阈值意义上，经济现象也存在着在相同的时间、空间约束条件下的某些趋向③上的一致或者相对稳定特征。

上述特征决定了两门科学研究的认识条件的不同，经济科学研究的对象是人类自身的行为，可以通过内省、交流和换位思考等来增进"理解"，通过经济逻辑和认识思维来建立关系。而自然科学则不然，它需要通过观察、实验、试验、模拟、仿真等"由外入内"的方式去研究发现。

可以说，经济科学与自然科学之间在上述诸方面的本质差异，决定了这两门科学在方法论上的根本区别。在经济学科中引入或者滥用"泛物理主义"的做法是荒谬的和不适当的，是导致经济学研究科学性特征缺失的方法论根源。

二、研究特征上的显著区别

经济科学和自然科学之间在研究对象特性上的本质区别，也导致了经济学

---

① 路德维希·冯·米塞斯：《货币、方法和市场过程》，戴忠玉等译，新星出版社，2007，第一章。

② 同上。

③ 与可重复一致性和大概率分布不同的是，趋向的一致性所指的是行为选择上的一种总体特征或者多数行为选择倾向上的一致性，这种倾向特征既不是可重复，也不由概率决定。

研究特征上的显著不同。

1. 经济科学的研究需要经常面对非恒定结构，具有不可重复性和不可实验性的特征。

意识事物是行为主体的心智状态对于时间和空间条件的一种行为反应，它涉及三组主要变量：（1）主体的心智状态或思维能力，包括用以感受、观察、理解、判断、选择、记忆、想象、假设、推理等及其影响因素的信念、价值观、文化、习惯、信仰、智慧、胆魄等等；（2）寓心智状态和空间环境变量于一体的时间变量，简要的说是时间所导致的其他变量的变化或者不同；（3）环境变量，特别是行为主体所不可控制的外部因素，包括政治、经济、社会、技术、制度、法律等多个方面。行为选择则是这三组变量的不同排列组合结果，存在着交互性和多样性，构成不同程度上的复杂性。

经济行为选择及其集合化的经济事物，都是相对于特定目的手段选择的策略问题，其最大的特征是相对性和时变性，甚至博弈性。一切选择策略，此时彼时，此地彼地，都可能因主体的"心智"状态和时间、空间条件的变化而表现出差异性。宏观意义或者集合意义上的经济事物，也因为这些微观行为选择上的差异性，而形成不同的结构和功能状态，进而又构成影响微观行为选择的环境变量。

我在《大国现代经济增长的因果探源》中论述了经济主体所面对的不确定性现实[1]，认为经济运行面临的"时空差异"意味着选择基础和背景条件上的不同，以及经验的时效性及相对性。而诺思把非恒定结构定义为相对于"不会随着时间的失衡而改变的经济"的恒定结构的"从过去经验得出的理论对于理解当前和未来是无关的"状态，或者在客观上缺少物理学中存在的"公理"的现实[2]。

非恒定结构就是不存在在时间变化的情况下存在着主体选择与空间条件（禀赋与环境）这两组变量之间的可依循一致关系，从应用研究角度，就是缺少主体行为与自身禀赋和环境条件之间的可依循一致选择的特征，或者目的与手段之间的一致性关系特征，不存在固定不变的关系，也不能进行重复实验检验。

---

[1] 马良华：《大国现代经济增长因果探源》，浙江大学出版社，2014，第五章。

[2] 道格拉斯·诺思：《理解经济变迁过程》，钟正生等译，中国人民大学出版社，2008，第16、19页。

而自然科学的研究，则存在着被研究之物与外部环境条件之间的一致性关系，因而可以重复实验，可以进行重复一致性检验。这种不同，可以归因于各自在稳定性阈值上的明显差异。这方面的特征，决定了经验材料、经验数据的时效性程度，以及实证分析、数量分析的适用性条件和研究价值。

而"不能用任何实验来回答的研究问题都是基本上不能确定的问题"[1]，"没有实验，就得不出强有力的因果推断"[2]。

总体说，非意识事物具有与物相对应的恒定结构，例如物理结构、化学结构和生物结构等自然结构，并存在着一些不变的关系。意识事物表现为与心智状态相对应的思维结果之间的非恒定关系，只存在类主体在时间、空间条件下相对意义上的趋向一致性关系。正是这种相对意义上和整体意义上的一致性，使得经济学仍然存在着可一致依循的阈值特征，正因为如此，也使得这门学科的科学性能以不同于自然科学的方式得以反映。

2. 研究要求不同。自然科学的研究多数主要以自然物质或者生物意义上的类特性、特征为探求目标，而经济科学的研究则需要具体深入到以人这一特殊的生命体的意识行为为基础形成的各种经济事物。这也是导致这两类研究所面临的事物在抽象性、时变性和复杂性上明显不同的主要原因，并对研究和研究方法提出了不同的要求。一般而言，事物的具体性程度越高，差异性就越大，时变性就越强，复杂性程度就越大。从应用角度，要求经济研究要比自然科学研究更加具体、更加具有逻辑的一致性。

3. 经济科学的研究不确定性大，可控性弱。与自然科学的研究相比，经济研究需要面对更大的不确定性和不可控因素。这是因为经济现象的形成具有更多的不确定性，既受到来自经济行为主体性状/禀赋状态的影响，又受到经济行为环境的影响，在行为选择/决策时同时受到了经济的、社会的、政治的、法律的、技术的、自然的等多种因素的交互影响。其中，策略性行为选择/决策中最重要的特征就是"相机"性或者"博弈"性——即行为选择总是会根据时空条件的变化而发生变化。不仅主体的禀赋、偏好和心智可能会发生变化，而

---

① 加里·格尔茨等：《两种传承：社会科学中的定性与定量研究》，刘军译，格致出版社，2016，第48页。

② 同上，第117页。

且行为环境也会发生变化。

除了需要面对诸多的不确定因素之外,经济学研究还需要面对在经济主体行为和行为环境上可控性差的现实。因为:(1)不同经济主体对同一行为环境的反应感受可能相同,可能不同;而且同一经济主体对于类似的行为环境的感受反应也可能一致,可能不一致;(2)经济行为环境的变化难以重复,理论的研究假定与现实中的实际情况经常存在着较大的不一致性,反映出时变性,也难以重复再现;(3)经济主体之间所存在着的博弈关系,彼此的行为选择决策存在着强烈的利益竞争,影响经济系统的结构状态和水平;(4)现实中经济行为所面临的时空条件不能被人为确定,不会完全重复出现,而人的行为反应即使在同一事物的选择/决策上也并非完全一致,过去的就已经过去而不能重来,重来的也已经不是过去,难以实验和进行重复性检验;(5)不同经济主体的经济价值判断在认识和理解上存在着明显的不一致性,效用偏好因时空的差异也同亦非同,人类理性中包含着许多不同的含义,有些甚至相反。

总体看,自然科学研究的可控性程度较大,有许多可通过实验获得经验数据和重复检验,可模拟、试验。经济事物内含的博弈性强,行为主体的理性表现具有时空上的不一致性,无法重复实验,不确定性多,关联互动,不可控性程度较大。同样是复杂系统,自然系统的复杂性主要可归因于变量的数量及不确定性,经济系统的复杂性主要归因于博弈和由心智状态决定的理性决策/选择内容上的不一致性及易变性。

4.因为行为主体状况的异质性和经济行为具有很强的时变性,以及经济数据在生成、处理等方面存在着较多的人为因素,经验数据中的信息的可依循性程度差,具有易谬性。

(1)经验材料和经验数据的性质和特征,是由经济事实所对应的事物性质和特征所决定的。经验数据中的信息及其价值,主要取决于其所对应事物是否具有时间、空间条件上的重复一致性或者存在着具有普遍有效的特征。即,在时间意义是否存在被研究对象载体与外部因素之间的可重复一致性关系,以及一致性在数量上的可量化程度;在空间意义上是否存在着一致性的条件或者可控性条件;或者重要启示。

如前所述,自然科学实证研究对此的答案是基本肯定的,并对应于不同的类抽象层面。而经济科学基于经验数据所进行的实证研究对此的答案却要根据具体类型的性质加以区分。确切地说，建立在统计学、会计学等基础上的数量关系具有规则意义上的数学逻辑性，然而其他建立在意识行为基础上的量化关系则不具有这种机械的逻辑关系。即使是在统计、会计以及计量意义上数量之间的关系也是由人为的规则或模型决定的，而并非事物本身在形成与运行上的逻辑关系。只有在类意义上，当主体的心智属性状态、时间属性和空间属性这三组变量都具有类相似性的条件下，原因与结果之间才可能具有类一致性，这种一致性在获得系统一致性逻辑支撑的条件下，经济理论才可能具有科学合理性。

（2）经验数据中信息的价值还取决于相关数据生成、获得、处理和计算等各个环节的性质及可靠性、真实性和准确性，涉及设计的科学性和方法手段上的合理性，以及其他许多人为的因素。相对而言，由于自然学科所具有的客观性，特别是可重复实验性，其在数据生成、获得、处理和计算等方面更具有科学价值，而经济学科则更容易受到人为因素的影响而损害其数据的价值。

对此，米塞斯认为，对比社会科学和自然科学中研究经验的技术是有启发的。许多经济学的书在阐述了理论之后还用许多章节试图证明通过研究事实发展出的理论，这不是自然科学家采取的方式。自然科学家从试验建立的事实出发，运用它们构造理论。如果他的理论推论出一个尚未在实验中发现的事态，他就会描述什么样的实验对于他的理论是判决性的；如果结果与预期符合，理论似乎就得到了证实。这是根本地而且显著地不同于社会科学采取的方法之处。对比经济学理论与现实，我们不必试图以肤浅的方式说明其他人给予不同诠释的事实，使之似乎证实我们的理论。这个可疑的程序不是合理的讨论方法。我们必须这么做：我们必须发问，我们在论证中预设的行动的特殊条件是否对应于我们在所考察的实在的片段中发现的条件。货币（或者间接交换）理论正确与否与所考察的实际经济体制采取间接交换还是仅仅采取易物贸易的问题无关。①

有关这一方面的论述，请详见第五章内容。

---

① 路德维希·冯·米塞斯：《货币、方法和市场过程》，戴忠玉等译，新星出版社，2007，第一章。

5. 逻辑起点和逻辑类型不同。

有观点认为，科学始于问题，问题或者矛盾和争议就是研究的起点，但是必须指出的是，问题只是研究的起因，或者是"为什么要研究这个问题"的逻辑起因，而不是科学或某一类科学研究对象所基据研究的逻辑起点。也有观点认为，科学的逻辑起点取决于研究范式，不同的研究范式可以有不同的逻辑起点，研究可以有多种逻辑起点。的确，不同性质的问题，总是对应着不同的逻辑起点；不同层面的问题，也存在着大逻辑和小逻辑。但从科学性角度，每项研究总是针对一定的系统层面和约束条件的，逻辑起点应该是贯穿于这个特定系统的各个层面的，这是形成一致性逻辑的科学基础；否则，就不具有一致性的前提条件。

我认为，所谓逻辑起点，它包含以下意思：

（1）是关于我们依据什么来认识和研究问题，怎样认识客观事物，即客体的形成逻辑。从学科层面，就是有关事物是怎样形成的问题，例如现代经济学关于理性的经济人的假定，认为一切经济事物及现象都无非是作为理性经济人的经济主体行为结果的反映。

（2）是关于我们应该从什么角度、从谁的角度或立场去认识、理解经济问题或对待经济事物的问题，即主体的价值逻辑。

（3）是关于我们应该以什么作为对于特定事物或问题的一致性系统目标问题，即系统参照逻辑。作为我们研究的每一事物实际上都是一个系统，每一问题都对应着一个系统，但这个系统又可以分为不同层次，如果你以下一层次或上一层次作为参照，这就违背了系统参照逻辑或层次逻辑，实际上说的已是不同的问题。

（4）是关于我们应该以什么作为评估、判断和检验科学研究的合理性的一致性参照体系及标准问题，即评估和检验的逻辑。

对于事物的认识和理解，需要同时兼顾这四个方面的逻辑一致性。

科学研究是具有层次性、主体性和目的性的。如果不搞清楚或者无法搞清楚上述几方面的问题，逻辑混乱或混淆是不可避免的。

从学科角度，逻辑起点的确定，取决于这门学科所要研究的事物（包括物象、事象）形成变化的载体或者源泉，是这类事物形成变化可据依循的共同元点，是由这门学科的研究对象的性质和特征所决定的。从这一意义上，自然学科的逻辑起点是物的自然属性或物理属性的特征及其反映；经济学科以及社会学科的逻辑起点是人的心智属性或行为意识的特征及其反映。也就是说，经济人的行为理性根本上是决定于人的心智属性及意识信念的，作为经济主体的具体行为人的心智属性及意识信念是存在类差异的，这是我们认识和理解不同学科研究对象的基本前提。

逻辑起点的确立，对于一种理论体系及其合理性的形成至关重要。如果说自然学科的逻辑起点的确立是基于事物的自然属性或者物理属性而形成的结构、因果逻辑和方法，那么，经济学科是基于相同的基础还是不同的基础？或者是基于同一基础的不同表现和要求？

对于现代经济学逻辑起点的争论与分歧，不是起源于有关经济现象形成和发展的本质，而在于这种本质反映在经济事物的具体规定性上。例如，经济事物及现象的形成和变化是人经济行为选择的理性反映，这是经济事物及现象产生和变化的本质，但"理性"或者"有限理性"都只是模糊或者笼统的概念，它并不具有一致性的具体内容，因为理性选择只是对于经济行为倾向的一种描述，而实际上人与人之间的理性表现并不相同，甚至存在着很大差异，所以实际上对于"理性的经济人"这一假定所带来的有关经济事物及现象产生、变化的具体结果之间的逻辑，因为"理性"实际表现的不同，所以其在经济事物及现象上的实际表现也不同，它虽然具有概念上的逻辑意义，并不具有很强的实际意义。有关市场有效配置资源的"完全市场假设"等等，也同样存在类似的缺陷。

经济事物形成和变化发展所基据的逻辑类型不仅与自然物质事物有着本质上的区别，也区别于其他类型的意识事物。经济事物的逻辑类型反映在它的经济性上，无论是经济系统、结构和关系的形成，还是在经济行为选择上的意向性反映，或者认识主体对于经济活动结果／现象／状态的评价，贯穿其中的都是经济逻辑。在此类事物中，其他的逻辑从属于经济逻辑，以经济性作为主线或者主导。

在经济行为选择中，行为指向目的的手段都毫无例外地以自己对于自身条件和行为环境的认识判断作为依据的。在确定性条件下，决定行为选择的主要是约束条件（如预算约束）和效用偏好；在不确定性条件下，除了这两个因素外，还涉及行为人的心智状态和运气（而不是概率）。

6. 经济科学是个人行为和整体行为交织在一起的科学。

我认同米塞斯提出的经济科学的基础是行为科学的观点，但不认同他所提出的肯定个人主义而排斥整体主义的研究方法，以及把心理因素排斥在外的观点。我认为经济科学研究的展开，同时需要以个体（人）和整体两个层面的研究作为基础与依据的，并与心理因素密切相关。以为经济学是一门行为科学并因此认为只从个人行为出发就可以来认识和理解所有的经济事物同样是有错的。原因在于，作为经济学研究对象的经济事物虽然是以个人为认识基础的，但这只是认识和理解经济事物的最微观层面，当然也是寻求解决经济问题的微观基础。从人类想要探知的经济事物以及相关的经济问题的答案类型来看，经济学想要探知的经济事物无论是在理论的意义还是应用的意义上，都超出了微观的和个人行为的层面，而指向由个人行为组成的集合行为及其结构化基础之上的经济事物，特别是企业组织、政府组织及其联合体，以及以其他面目出现的诸如产业、市场、政府、宏观经济等及其包含衍生和广泛涉及的在微观经济学、宏观经济学或者产业经济学、政治经济学中的诸多问题。要知道，这些方面所涉及的远不止个人行为层面的知识和问题，并具有分属于不同层面、不同性质的系统结构、逻辑类型和决策系统。这一特性，经常被人们混淆在一起，在貌似相同的概念名词下、在不同的性质和类型中加以错误地穿越使用，进而得出一个似是而非的结论。

显而易见，我们只要从以下事实中就可以发现诸多的不同：企业或组织的行为选择决策过程与个人的行为选择决策过程存在着明显的不同；非企业组织、企业或组织的行为选择决策过程与个人的行为选择决策过程存在着明显的不同；政府组织的行为选择决策过程与企业组织、个人的行为选择决策过程存在着明显的不同。当然，宏观经济事物和微观经济事物之间的理性表现、逻辑结构和逻辑依据等方面也是不同的。

建立在行为逻辑基础之上的集合事物，从研究和认识角度看，它们虽然建立在主观基础之上，在此时却具有了不受个别行为主体所左右的客观性，上升到第二个层面的系统与结构问题。在这个层面以及更高的系统层面，经济事物是由多种主体和多种要素同时决定的，并构成了形式逻辑。虽然在形式上，这种逻辑也具有主体性，但它与个别意义独立决策的行为主体有着不同的性质，它不再受到某一行为主体的选择决策影响，而同时受到多个主体的决策影响，或者受到在主体势力意义上的结构关系的影响。即集合意义的经济事物，无论是群体的、集体的、社会的、国家的乃至它们的复合概念，不再是单个意义上主体行为决策的问题，也不是它们的简单叠加，而是势力及影响力意义上的社会结构问题，它必然涉及复杂的博弈关系。与此相应，经济事物形成了不同意义上相互之间的区别和联系，从客观角度它形成了事物之间的结构、因果和逻辑，成为认识的其中一个层面。在这一层面，我们可以建构起以概念为基础的系统认识逻辑及理论，借此得以从客观事物的结构联系中寻找到其中的相互关系和逻辑，这是主流经济理论为我们展示的主要内容。但这一层面所对应的则是它们各自的行为逻辑，包括确定性条件下的和不确定性条件下的行为，或者博弈意义上的行为过程，行为之间的相互关系。

在集合意义上，经济事物不仅涉及具有客观性特性的诸如市场、政府和产业等诸多命题，而且还涉及集合意义上的主观命题，即基于社会理性或公共利益目标的目的和手段之间的许多问题。

显然，集合意义上的经济事物，当它们不再成为某一特定行为主体意识能够单独选择决定的时候，它就具有了显著的复杂性，具有了很大程度上的客观性质。这些事物在结构和逻辑层面上所反映的关系，就有了不同的层次性并具有不同的性质。它们既构成这些事物同一性质层面上的要素结构和因果逻辑关系，又构成导致它们各自的状态特征的类行为之间的逻辑联系。于是，形成了同一层面的及其行为层面的不同的因果和逻辑关系指向，这种纵横交错的关系不仅在经济研究时经常被混淆在一起，而且经常地忽略这些事物更深的行为逻辑和约束条件，由此各种天真幼稚甚至荒唐的或者似是而非的结论和建议被屡屡提出。

7. 因为时空条件的不同或者变化，以及以上不同于自然物质事物和研究上的诸多特性与特征，因此：

（1）经济研究在描述经济事物的结构、关系和功能时也就存在着明显的不同。在很大的程度上，经济事物的结构是依据经济逻辑人为构建的，经济事物中的关系主要反映为相对的或粗略的而非精确的或非固定不变的特征，经济事物的功能则主要反映为结果与人的意向性目标的相符性程度上。经济系统、结构关系和功能多是与时空条件相对应的产物。

（2）经济学研究探求的主要是经济事物中的道理而不是固定关系，因为在经济现象中只存在相对关系，而非固定不变的关系。

（3）人类所面临的经济问题有许多看上去十分相似甚至相同，但因为时空条件的不同或者变化会导致系统要素结构功能（权重）或者重要性顺序的变化，导致因果关系的变化，进而需要不断地重新加以研究探寻，需要重新寻求答案。[①] 即使是最为经济学家们所推崇的"趋向性"特征，也会随时空条件的变化而出现新的内容，而不是像自然科学中的许多问题那样，因为存在着固定不变的关系，可以不再需要重复研究。

三、为什么这两类事物会有不同的时空特征

一切事物都是空间及其时间指向上的存在，并以空间及时间表现上的不同特性显示彼此间的区别。对此，卡西尔指出，"空间和时间是一切实在与之相关联的构架。我们只有在空间和时间的条件下才能设想任何真实的事物"，"空间和时间的经验有着各种根本不同的类型。空间和时间经验的所有各种形式并不都在同一水平上的，它们按某种顺序被排列成较低和较高的层次"。[②]

而海德格尔认为，"在解答存在的意义问题的地基上，应可以显示：一切存在论问题的中心提法都植根于正确看出了的和正确解说了的时间现象以及它如何植根于这种时间现象"，"只有把时间状态的问题讲解清楚，才可能为存在的意义问题提供具体而微的答复"，"因为只有着眼于时间才可能捕捉存在，所以，存在问题的答案不可能摆在一个独立的盲目的命题里面"。[③]

有关经济事物与自然物质事物之间在时空特性上的不同或者明显差异，我在前面已有比较系统具体的论述，在本节我将重点论述经济事物的时空特性之

---

① 遗憾的是有许多经济研究者却不明白这个道理。

② 恩斯特·卡西尔：《人论》，甘阳译，上海译文出版社，1986，第54页。

③ 马丁·海德格尔：《存在与时间》（修订译本），陈嘉映、王庆节合译，生活·读书·新知三联书店，2006，第22-23页。

认识论基础，以及由此所导致的方法论上的问题。

（一）空间、时间及其认识意义

实际上，在物理学层面，时间与空间的概念仍然有待于进一步探索和深化，它们的状态和分布或是不均匀的和多样的；在哲学层面，时间与空间则仍然是一个未解之谜，或许我们永远也无以得知其真实的情况。

当然，我所讨论的时间与空间之概念，是不完全等同于物理学中的概念的。在我们惯常的概念中——确切地说是在本书中，时间与空间的概念是与我们所要讨论的问题密切相关和对应的，它特指事物在静态和动态的存在方式，包括事物本身的特征及其相互之间的关系。

时间是事物变化程度的尺度，反映的是事物的自然过程和历史进程，是事物存在的一种状态。当然，你也可以把时间当作人类对于事物的一个认识需要上的概念。

空间，存在的一切实在，以空间维数度量的事物，是与时间相对的物的存在形式。广义上，包括一切存在的事物的空间形式及其存在的空间环境以及相互之间的空间关系。本书所指的空间多是广义的概念，包括事物在主体上的空间禀赋／状态／现象／概念和环境意义上的空间关系／相互关系。例如，物品是以实体存在的一种空间抽象，而衰退则是事物变化的一种概念抽象。而非"占有""位置""方向"等物理学上的所指。

这样，我们所面对的世界，就是一切存在在时空对应上的具体映象。一切实在，都是一定时间对应下在空间上的具体存在或者显现，包括静态的和动态的存在。

事与物经常联结在一起，但彼此不同。物不以人之心或者意愿改变其存在，事则以物为载体或依托，因人之心／意识而生而灭。人事物事皆是如此，有虚有实，虚实并存。

静态意义上，存在的一切实在都是特定时点所对应的事物之存在的静止状态。动态意义上，世界上所有的存在都是变化的，当然这种变化的快慢因具体存在之物或者存在者特性的不同而不同，因万物的稳定性阈值或"时变性"的不同而不同。但这却决定了在认识意义上不同事物之间的很大区别。通常，认识论上所存在的许多似是而非的认识，其始源也与此密切相关。

　　一切事物的事实都是特定时间和空间指向上以问题方式的存在，并在问题指向得到清楚界定的条件下得以通达，否则，事实就会变得模糊不清，并不可捉摸，就可以众说纷纭，莫衷一是。因为从不同的时间和空间指向的存在中，你总是可以获得同一事物的不同事实答案。时空混淆，则会形成事实的混淆，把彼问题指向的事实当作此问题指向的事实，甚至彼此混淆在一起。因为多数人并不清楚其中的道理，所以巧言善辩者总是擅于通过混淆时间和空间的概念或者用语焉不详的方式来发布华而不实的言辞以达到自己的目的。

　　一切存在的特性继而能够被认识抽象的特征，都取决于存在着的事物或者存在者所指向的事实在空间和时间上的表现反映，这构成了事物之间在类意义上的区别，也决定了作为认识对象在研究领域上的不同和具体研究方法在选择恰当性上的不同要求。认识论通过这方面的研究，为各个不同研究领域在研究方法的恰当选择和运用上提供了方向和基础。也正是在这一意义上，科学认识论为各个学科领域的方法论奠定了思想基础并提供了方向准则。

　　因此，在严格意义上，研究对象的特性在很大的程度上是归属于其所对应的类事物的时空特性的。

　　只有空间与时间才能澄明一切存在的事实或者具体事物的答案，也才有可能为具体事物提供依循的依据；否则，事实将是模糊不清的，对于事物的认识也同样是含糊其辞的或者只是泛泛其谈。缺少空间与时间的指向约束，我们所指的事实究竟是什么呢？是形而上的存在。当然，在空间与时间的类意义上，认识抽象同样是可以细分和具体化的，这取决于研究的需要和目标。

（二）物质和意识的时间与空间特征

　　1. 事物的时间特征，就是事物在个别意义和类意义上所反映的变化特征。事物的空间特征，就是事物在个别意义上和类意义上所反映的存在状态特征，包括事物的空间结构和空间关系。

　　个别意义上的静态和动态特征，是事物的具体反映或实在，与其相对应的描述称之为单称陈述。类意义上的静态和动态特征，是事物的抽象反映，与其相对应的描述称之为全称陈述。

尽管一切事物的事实都是时间和空间所指上的存在，然而自然物质事物的存在事实和意识事物的存在事实在时间和空间上的特征是完全不同的。这意味着各自在稳定性阈值或时变性上的不同。

2. 就物质性事物而言，物质总是可以通过空间的度量来客观反映其自身及其与其他物质之间的关系，并用时间来反映自身的存在状态和与其他物质之间关系的变化。因为它们内含着某种或某些固定不变的关系，它们就天然地适合用数理的方式进行量化描述。尽管这种度量有时候会非常困难，并取决于人类的技术能力。

而意识性事物，则只是人的物质性的衍生。它们看起来似乎与物质性事物特别是生物的反应并无二致，但却在本质上完全不同于物质性事物。有目的意识的行为，总是与主观的思维和心智状态相关联，非意识性的物质现象则总是与其自身的物质特性、结构/状态相关联。它们有着不同的规定性。并且，意识事物不仅在其成为科学认识对象的那一刻起就与物质性事物形成了类分界，分属于不同的事质领域，而且各自由不同的规定性主导影响这两类不同的事物，并由此形成不同的事理或机制，即物之理和事之理。导致这种质的不同的，是空间结构形式的不同，和时间意义上在不同事物空间变化上的"稳定性阈值"或者时变性的不同。

意识性事物是主观意识的产物，是逻辑思维的产物，它无法用空间来度量其自身的存在及其空间关系，它必须借助于其主体的特征或逻辑——包括自身及其与其他主体/事物之间的关系状态——来描述反映其空间特征和时间特征。即，意识性事物是一种主观的存在，它衍生于主体的物质性，虽然无法脱离主体而独立存在，却在主体的行为选择中起到了决定性作用。对意识事物的认识和理解必须建立在对于主体状况在时间和空间条件的基础之上。

3. 从意识事物的元本体行为事实的形成来看，作为最基本的单元主体——人这一个体的行为选择所基据的意识状态的形成，取决于个体空间的物质（或者生物学）状态、外部因素和时间。其中，个体动态的空间物质状态是在时间的作用下其先天禀赋条件与后天因素共同影响的结果。然而，这种影响结果多数是受到先天禀赋条件所限制的，并反映在个体的意识状态之中，特别是反映在对于思维能力产生决定性作用的心智状态之中。在"此在"的意义上，意识状态通常反映出一种"稳定"的趋向性特征，从而也反映在行为选择的趋向性特征上。而在动态的或时间意义上，一些原先处于阈值临界状态的个体会因为后天因素（例如营养条件、经历、学习等）的变化刺激影响，其意识状态会发生显著变化，并反映在其行为选择趋向特征的改变上。

然而，物质性事物元本体事实的形成，其对于外部因素的刺激反映，取决于其自然禀赋状态或物质特性，它们的自然反应有着固定的模式和稳定的特征。种和类意义上个体特征的显著变化，有赖于外部因素长期的刺激影响和自身不断地适应进化。这与意识性事物形成鲜明对照和区别。

4. 反映在聚类和群体意义上，意识性事物特征的显著改变是与其主体物质性状态和生存环境特征的变化密切相关的，由于主体的物质性状态和生存环境特征的改变是一个慢变量，所以只有在宏观趋势方向、合力一致的条件下，才能在时间的作用下发生显著的变化。

这涉及对于复杂的自然和社会变迁原理的深刻认识问题。

时间与空间的关联意义

时间变化对空间存在实在的影响。

（1）存在的一切实在同时发生变化。

（2）我们认为许多发生变化的实在没有变化的原因，一是人类之感官难以辨别细微变化；二是视野不够高和不够远；三是相对人类对一切实在之功能需求或参照，物的变化存在着量变到质变的属性边界，即变化发生在类的阈值范围之内。

（3）不同的空间实在之变化存在着生命周期特征，但物物之间的周期变化存在着很大的差别，有些人类能够觉察区分，有些人类难以辨别区分，与感知主体对于变化的敏感性程度和时间指向有关。

（4）虽然特定的事物的标记或"名"没有变，或者被归为同类，但其"实"一直处在变化之中，或存在差异。因为时间的变化，才出现了春夏秋冬花开花落、动物的生生死死等现象。

物是一切以空间形式的存在，以占据空间为主要特征，有些微不足道，有些庞大无比；事是人类对物及其变化的特定感觉、认识或需求等所衍生的东西，因人而生，以物为依附。哲学上，事被定义为人的意志的行为，只因人的存在而存在，可以用时间概念来描述的一切就是事，人本身也是物，人的一切行为可以用事来描述。人所认识的可以用时间和空间概念来描述的一切对象就是事物本身。[①]

所以，事物本身的性质，一是取决于认识主体之人的选择取向和判断，以及分类及敏感性程度；二是取决于事物变化的程度。即人为确定的类阈值和变化的阈值边界。

从时空意义上来说，一是认识主体之人的意志、选择取向和判断标准可能发生变化，所以对同一事物的认识也可能发生变化，例如人自身的变化和科学进步，以及认识、观念和情感发生变化等等；二是事物的变化，导致事物对于认识主体之人的意义的变化。主体和客体的变化都会引起对事物的不同认识，有些因主观引起，有些因客观引起。

事物的动态关联，因为事是人对物的衍生概念，所以事的属性既与人相关，又与物相关，随人的认识的变化而变化，随物的变化而变化。人所处的时间或发展阶段，物所处的周期状态，都会映射到对应的事之中。具体到特定事物之理解，人与人之间、群体之间、集团之间、地区之间、国家之间的发展状态不同，事物之相对意义也不同。

从人的角度，一切的物及其衍生的事之对人的时空意义，从时间而言是事物从量变到质变的属性边界，当然这仍然只是一个相对的概念，但事物对人的意义发生了变化。为了识别这种变化，我们需要根据人的需要或特定的参照，把处于不同属性的事物或者发生质变的事物从时间上划分为不同的阶段或者时期，把以同一标准划分的变化区间内或相同属性的事物归为同一阶段，而把不同属性的事物划分为不同的阶段/时期，并按照事物变化的连续特征形成一个系统的认识框架。这样，不同阶段/时期中的事物，对于人的特定需要和参照，会有不同的意义；同时，不同阶段/时期中的人，对于特定的事物的需要和判

---

① http://baike.baidu.com/view/93825.htm?fr=aladdin。

断，也会有不同的选择。

所谓事物的属性，就是根据人及其社会对于事物的需要或参照，或者事物所产生的对于人及其社会影响的质的变化。同样一物，如苹果、肉、手机、钻石、粮食、珠宝等等；同样一事，如健康、财富、安全、权力、尊严、自由等等，在不同时空条件下，不仅其自身的状态不同，而且对人的意义也可能截然不同。食物存放的时间长了就会出现腐烂；电器使用时间长了就会出现故障；珠宝的时间长了就会出现损毁；在饥荒年代，粮食对人的意义胜过珠宝；在荒山僻野，手机可能一无用处；在生死时刻，健康和安全远比财富与权力更加重要；在食不果腹、衣不蔽体之时，生存比尊严自由更重要；同样是一个面包，对于饥饱程度不同的人，意义完全不同。所以，世界上的一切事物，是与时间变化相对应的空间实在。同样的事物，时间阶段不同，相对于人的需要和参照，存在的性质和价值可能就不同，这是我们认识事物运行发展的基础。时过境迁，效用概念，都是说明这个道理。因而，我们经常视之为相同事物的，实际上并不一定相同。

现实中，我们经常按照事物的特征把不同的事物划分为类，再依据一定的标准进一步细分，直到具体的个体。从事物的变化特征而言，同一类事物的变化在时间上存在着一些共同性的规律特征，相同时间意义上的同类事物存在着个体之间的可能甚至是很大的差异；不同时间意义上的同类事物个体之间既存在着一些可能的相同特征又存在着很大的差异。这是人类据以认识和研究事物运行发展的基础。

我们所面临的问题是，许多具体事物都以同一名称、名词、符号等出现，并且定义相同，但没有能够区分因为时间的变化而带给这些事物的变化差异。而实际上，对于这些事物而言，其时空属性都可能已经发生了变化，现在的与过去的有所不同，将来的与现在也有所不同。而我们经常拘泥于赋予这些事物的名词、名称和符号之中而无视或忽视了其时空状态的不同。

不同的人，不同的社会，不同的国家，如果所处的发展阶段或者时间概念不同，虽然许多事物的名称、符号等看似相同，但其所处的状态已经发生变化，其相对的意义就存在着很大的差异。

（三）时间与空间的系统意义

上面我们讨论的是事物之时间、空间的动态关联意义，强调的是具体事物之时间与空间的对应性，以及相对于人及其社会的不同意义。

时间与空间的系统意义，就是把相对于人类特定目标的主要因素或者关联事物放在一个特定的系统之中来加以考察、认识和研究，这个系统的选择取决于我们的需要，可以是物，可以是事，一实一虚，也可以是事与物交织在一起的一个系统概念。通常情况下，系统的认识研究，必然涉及事物两个方面。

与单个事物的时空关联不同，系统是由许多不同事物组成的体系，可以根据一定的标准不断地深化进而形成不同层面的系统结构，大系统下有子系统，子系统下有子子系统，等等。大系统由同一层面的多个子系统结构形成，结构形态和性状决定系统的功能；子系统功能由多个子子系统结构性状决定，形成相对的宏微观之间的关系。这些不同层次的系统的演变，同时受到系统内外两个方面因素的影响，系统内部的影响来自"基因"、自身发育状态和条件，来自外面的影响取决于系统所拥有的封闭与开放的程度。系统的复杂性，来源于影响因素的多元性和交互性程度。一般而言，系统所涉及的因素越少，交互影响路径越少，系统就越简单；相反，就越复杂。从动态而言，因素之间的互动关联导致了系统结构之间相互制约和促进的关系，涉及的因素越多，就越复杂。

当然，如我在本书中所论述指出的，物质事物系统和意识事物系统之间在时间与空间反映上所存在着的区别是很大的。如果不加以区分，就会形成错误的认识。

认识系统运动发展的路径，就是从错综复杂的表象之中抽离出不同属性的影响因素簇，并寻找发现这不同的影响因素簇之间的互动关联关系及其对系统功能的影响路径及方式，有时我们把这样一种研究努力称之为系统—结构—因果探究。通过研究，我们发现，事物之间存在着许多种因果关系，我们发现并循着它们之间的各种因果联系，最终确定系统的因果关联机理来认识理解事物的运行发展。

但是，对于一个复杂的系统，要想在这么多错综复杂的多元因素中探求到这样一种因果关联机理本身就不是一件容易的事。事实上，对于一个复杂的系统而言，因果的对应、传递存在着多种不同的路径可能，并且随着时空的变化而发生变化，而我们获得的只是其中之一或几种而已。这就产生了以下经常被无视或忽视的事实。

（1）人类社会想要的结果／目标之实现存在着多种因素排列组合的路径可能，殊途同归，但不同路径的代价和效率是不同的。选择总是意味着成本和代价，而且，这种代价经常超过选择本身所形成的成本。

（2）时空条件不同，人类社会想要的结果／目标实现之路径可能已经发生变化，不同路径的代价和效率已经发生变化。一些以前办不到、做不好的事情，现在能够办到、做好了；一些以前办得到、做得好的事情，现在办不到、做不好了。经常，经验因此失灵，甚至成为实现目标的障碍。

（3）系统中一个变量或几个变量的变化可能导致整个系统关联效应的很大变化，这种变化的程度取决于这些变量在系统中的地位影响和特性。在复杂系统中，影响系统演化的，有些属于快变量，有些属于慢变量，它们有着不同的特性。通常，快变量总是意味着可以通过内或外的力量加以快速改变的因素，慢变量则不然，它的改变除了需要内、外力量的施加，还需要借助于时间。

各个变量在系统中的地位影响，取决于系统中各种影响因子力量的消长及其导致的结构变化，而这种变化总是与系统的时空条件／状态相对应。

（4）系统结构功能的演化，取决于系统中各种因素的动态关联影响的方向和累积循环状态，系统结构功能的演化既有自身的规律特征，同时又受到外在力量在作用方向、作用点和力度上的冲击影响。在外在力量足以强过内在力量时，系统将发生质的变化而形成一种新的状态或者秩序；在系统内部的一种力量累积到足够强的程度，系统发生动荡而进入一种新平衡结构。但无论是哪一种新的力量导致的系统变化，除非系统结构发生质的变化，否则，从一种传统的状态到另一种新的状态的过程并不简单。

（5）系统的演化通常选择一种最容易的方式进行，如果这种方式是基于系统的内外条件和环境，即使这种方式并非与社会理想相一致或者与社会理想相偏离，要想改变这样一种方式都是十分困难的。可行的改造路径和策略，是通过致力于条件的改善和环境的改变。需要注意的是，环境的改善也只是部分地来自外生力量。

我们现在所讲的是一个系统中事物运行发展在时间与空间上的关联意义，我们已经知道，系统中的事物在时间和空间上都存在着对应的关系，并且你中有我，我中有你，错综复杂。通常，面对一个复杂的系统，我们对事物之间的因果关系辨别不清，或者只知其一不知其二。因为我们对于系统中事物之间联系的认识依然有限，我们不知道系统中这么多的因素，它们之间是以什么样的方式联系在一起，甚至不知道哪些是主要的哪些是次要的，特别是一些在我们看来是毫不相关或只有微弱关系的事物之间可能存在的重大联系。我要强调的是，系统中的事物都有关联，只不过关联方式和关联影响存在不同而已，只不过相对于系统结构状态的时空影响不同而已。蝴蝶效应和黑天鹅事件等等，在某种程度上说明了系统中看似完全不相关的事物之间的联系与影响。

当我们把目光集中在特定的系统之中的问题和矛盾时，我们认识理解和寻求现实的解决方案，最好从这一系统自身运行的时空规律中去寻找答案，而不要用另一个不同时空状态的系统经验。当然，也不要用我们所获得的经验和方案去治理另一个时空特征系统面临的问题，因为这是不同时空状态的不同系统。而当我们从生命周期的角度来审视不同周期阶段的同质系统时，我们便能从系统的时空演化特征中获得许多有益的启示和答案，特别是共通之处。就像我们面对不同生命周期中的人一样，处于不同生命周期阶段的人虽然具有一些相同的规律特征，但更具有不同的时空状态特征，许多方面都不能通过简单类比而获得合理答案。

为什么？因为我们面对的系统运行发展都有一个选择参照的标准或目标，相对于这一目标和参照标准，系统的时空状态是不同的，结构和功能可能是不同的。之所以加上"可能"两字，是因为时空状态属性的变化程度。如果根据系统时空状态变化属性来区分，那么系统时空状态不同，结构和功能就不同；如果时空状态的变化仍然归属于同一属性区间，那么系统的结构和功能虽然已经发生变化，但并没有出现质的不同。

系统时空状态，主要是影响系统运行发展的多元因素的分布和联系状态，前者反映的是各种因素在数量、质量上的存在性状，后者反映的是要素的结构及层次。这几个方面，主次相分，因果难辨，利弊转化，动态关联，累积循环。

系统时空状态的变化意味着什么？意味着系统中同一种变量相对于系统运

行发展目标或参照标准影响意义或重要性程度的不同，意味着系统中许多不同变量相对于系统运行发展目标或参照标准的重要性顺序可能发生的变化；意味着系统条件相对于系统运行发展目标或参照标准的不同，意味着实现系统运行发展目标或参照标准的路径选择可能的不同；意味着系统运行发展中碰到的一些问题和矛盾形成的原因不同，意味着系统中问题和矛盾解决难易程度及路径策略的可能不同。这就是对系统时空状态加以区分的理论和实际意义。否则，你就很可能把不同时空状态的事物混为一谈，张冠李戴，刻舟求剑，很难客观地认识、判断和预测我们所面临的问题和矛盾、原因及逻辑。

（四）系统之间时空差异区分的意义

我们说，系统的运行发展或实在，是时间与空间相对应一致的存在。撇开时间或者空间意义来谈论事物，就像彼此采取的是不同的标准一样，就会形成鸡同鸭讲，看似在说同一事物，实质却不同；看似都有道理，实际上讲的是不同的东西，就像关公战秦琼。

系统之间的时空差异，一是指不同系统处于不同的演化发展阶段或生命周期，例如两个人，一个处于青春期，一个处于老年期；两个国家，一个处于工业化初期阶段，一个处于后工业化社会，许多事情不能类比；一是指处于同一演化发展阶段或生命周期的不同系统，例如两个人虽然都处于青春期，一个出身贫寒，一个出身权贵；两个国家，都处于工业化阶段，但一个地大物博、资源丰富、政权稳定，一个资源稀缺、政权动荡，许多事情也不能简单类比。我把系统间的这种差异称之为时空状态的差异，这种差异或因发展阶段不同而形成，或因地理条件、资源禀赋、文化习惯、宗教信仰等空间因素的不同而形成。

除了因时空分离会导致结论的不一致或与事物真相的偏离外，时空错位也同样会导致对事物认识、判断和预测的不一致性以及与真相的偏离。时空分离和时空错位的一个显著特征是，撇开特定系统的时空状态，孤立地谈论和研究某一事物，或者把 A 系统的某事物放在不同于 A 系统的 B 系统的时空状态中去认识、判断和预测。当然，有些事物具有一致性，如人大多需要吃饭睡觉，但是否一定需要吃饭睡觉，实际上还需要视两个不同时空状态的系统差异程度。

也即，虽然我们所面对的现实系统，尽管也存在时空状态的差异，但这种差异对于人的吃饭睡觉的需求还不足以产生足够大的影响；如果系统间的时空状态差异到足够大的程度，也可能可以不吃饭睡觉。从这一认识来理解，系统间的事物的运行发展差异，取决于系统间时空条件的差异程度，一旦达到属性发生改变的状态，便不能一概而论。事实上，系统运行发展的复杂性，还在于系统中所动态关联的各种因素在其相对属性发生质变的不一致性，但这种不一致性的影响程度或者对系统所产生的质变影响，又存在着多种可能组合。

系统间时空差异对事物的影响，我们以南橘北枳为例，南橘北枳成语出自《晏子春秋·内篇杂下》："橘生淮南则为橘，生于淮北则为枳，叶徒相似，其实味不同。所以然者何？水土异也。"意思是淮南的橘树，移植到淮河以北就变为枳树。比喻同一物种因环境条件不同而发生变异。[①] 其实，当橘生于南方的不同地区时，风味也存在差异，只不过它仍然可以归为橘的属性。对于物而言，这种现象并不少见。对于人的行为选择而言，同样一个人的行为选择在不同的行为环境中，随着生活时间的不断增加，也会表现出不同的特征。例如一个原来十分遵守交通规则的人，到另一个普遍缺乏交通秩序的地方生活一段时间之后，很可能也会出现闯红灯等不遵守交通规则的行为；反之，一个原本不遵守交通规则的人到另外一种环境，也会遵守交通规则。这样的事例很多。

那么相对于国家呢？在美国等发达国家，高消费率、低储蓄率是最近40年中出现的现象，但在中国出现的是高储蓄率、高投资率和低消费率。哪一种现象或状态是合理的呢？存在的都具有合理性！因为中国与西方发达国家之间面对的时空状态不同，时空条件不同。西施为什么皱眉头，因为据说她有心痛病；东施以为皱眉头是好看的，所以她没有心痛病却故意皱起了眉头，结果适得其反。像中国这样的未发达国家，在发展的前30年，依靠低廉成本的产业竞争在国际市场上占据了很大份额，但国家和精英倡导鼓动的技术创新型产业发展却明显滞后或不给力，为什么？是因为比较优势或比较成本在发生作用。美国等西方发达国家为什么会出现高度服务业化和经济高度虚拟化现象，也是因为其自身的时空条件。但是，当一个国家并不具有另一个国家的时空条件时，

---

① http://baike.baidu.com/view/443315.htm。

要想通过外表、外形的改造模仿而不是通过系统状态的逐渐改变或者演进来取得同样的发展绩效几乎是不可能完成的任务。整容虽然改变了一个人的外貌，却难以改变这个人的内质和遗传特性，一个人不会因为通过整容在外表上像巴菲特，从而就拥有像巴菲特那样的财富和地位影响，然而如果这样一个人根据自己的禀赋条件去努力奋斗，他就更可能获得成功的机会。

区分系统之间的时空差异，一是要区分系统运行发展阶段的不同，二是要区分系统中事物在空间状态上的不同，因为这两个方面决定了系统运行发展的内在条件。当我们试图通过一种主观的力量去改变系统运行发展的方向和绩效时，除了需要把握事物发展之一般机理原则之外，更需要赋予我们所要研究探寻的事物以时空的定位，这种时空的合理定位不仅有助于我们增进对系统运行发展面临的问题和矛盾的理解，有助于对系统自身所具有的禀赋条件和比较优势的理解，而且有助于发现和把握恰当的"作用点"和"力"，进而达到事半功倍的效果。

四、经济学认识论发生错误的始源

我认为，经济学认识论所存在的缺陷，最根本的原因就是缺乏基于本体论意义上的认识论，用麦克罗斯基的话就是"经济学其实对于其自身并不了解"[1]，对经济事物本身的时空特征或者这门科学的特性及其与自然科学之间的差别所做的研究不深不透，不成系统，对于存在与认识在具体与抽象之间的关系认识模糊不清，混淆了不同科学之间在同一性和差异性表现上的逻辑关系，并忽视甚至无视了认识论对于经济学方法论构建、确立和具体方法选择的深刻影响。

也就是说，经济学研究的方法论基础——认识论一开始就存在着严重缺陷，以至于经济学方法论的确立一开始就迷失了本我，迷失了方向，走向了对自然科学的"拙劣模仿"和"科学形式主义"的道路而不能自拔，却背离了现代科学所需的回到事物存在本身并用符合事物存在本身特性的方法去获得事实答案的原则。

---

① 托马斯·A. 博伊兰：《经济学方法论新论》，夏业良等译，经济科学出版社，2002，第42页。

第五章

经验材料和经济数据中所包含的信息与逻辑

结果是，在对社会现象的统计学研究中，理论社会科学所关心的结构实际上消失了。统计学可以给我们提供用来建立结构的原料，但它不能告诉我们有关这种结构本身的任何事情。

——弗里德利希·冯·哈耶克《科学的反革命：理性滥用之研究》

引　言

（一）经验数据对于经济研究的意义

在现代，经验材料及数据对于科学研究的开展毫无疑问是十分重要的。统计分析和计量技术方法的发展及其在研究中的广泛应用，促进了量化研究的发展和拓展。当这种研究方法在第二次世界大战后突破自然科学的领域被不断地拓展应用到社会科学及经济学领域时，便引起了持续的争议。总体上，这种争议和分歧多数发生在数理分析方法之对于意识事物的适用性上，或者研究目的与手段选择之间的适当性关系上。但显然"科学主义"占据了上风，反对者们并没有撼动以数理技术方法为基础的实证主义在经济学研究中的移植和主流地位。

在这里，我无意重复众多学者对于数理分析方法运用于经济学研究中的恰当性的质疑和批判，而是想从另外一个角度——通过分析论述不同事物的经验材料、数据的特性及其包含的信息与逻辑，来阐述经验材料及数据在经济学研究中加以有效利用的严格前提条件，以及运用的局限性。

我认为，经济数据和经验材料在经济学研究中十分重要，但这些数据和材料的利用能否达到经济研究的目的从来都取决于研究者，而并非取决于数据和材料。即使面对真实有效的数据，不恰当地处理数据材料或者使用数理工具仍然难以获取蕴含在数据中的真实情况。而在面对杂乱、失真的数据时，如果缺乏常识、逻辑和专业知识理论，或者缺乏职业精神以及怀有别的什么目的，我们仍然不难得到貌似"有用"的信息。当然，这种研究所获得的结论是不足为信的。除此之外，即使拥有良好的数理分析技术和工具，也不能从一堆本身无序、杂乱的数据材料中"无中生有"——得到有用的信息和逻辑。

（二）撰写本章的旨意

在康德的哲学中，"先验"是与"经验"相对的一个概念。经验，是人们从已经发生的事件或在与客观事物直接接触的过程中通过感觉器官所获得的认识。先验，指的是先于经验的但为构成经验所不可或缺的"知识"。他认为，客观物质世界提供给人们的只是一堆杂乱无章的感觉材料，需要靠人的头脑里固有的（先天形式 transcendental）知识来进行加工整理，因此这种先验知识和后天的经验构成了知识的根本要素。"transcendental"并不是某种超越出经验世界的东西[①]，而是某种虽然先于经验，但除了使经验成为可能以外，还没有得到更进一步规定的东西。

如果是这样，那么，康德所指的"先验"更接近于某些知识累积基础之上所形成的具有处理信息包括推理或联想的某种"心智"能力，或者可能通过人类的遗传进化而与生俱来的感觉和意识。[②]

究竟依靠什么才能从存在的感觉资料中获得科学发现呢？

---

① 与涉及意识的超越活动以及超越状态的超验（transzendent）不同，这里的先验是指反思地回溯超越是如何可能的问题，或者直觉的判断。详见百度百科，https://baike.baidu.com/item/%E5%85%88%E9%AA%8C/7441351？fr=aladdin。

② 当然这只是我个人的一种未经证实的感觉或猜想，如果进化反映了某些经验上的可遗传性，那么，这是否意味着在感觉和意识中可能是这个样子的？

对此，米塞斯指出，"重要的不是资料，而是处理资料的头脑。伽利略、牛顿、李嘉图、门格尔和弗洛伊德得出他们伟大发现所用的资料是他们同时代每一个人和许多前几代人都拥有的。……只有在已经拥有必要的知识天赋和性格力量的人身上才能唤起完成辉煌科学成就的力量"①。

我同意康德和米塞斯的上述观点。显然，对于科学发现而言，仅仅拥有资料或经验材料是远远不够的，决定性的因素是"以何种方式看待世界"——以及"谁"及其所拥有和采用的技术与方法。过去如此，现在和将来同样如此。

本书所指的经验数据是与经验事实相对应的一个概念，有时候它与"经验材料"联系在一起，是实证研究所不可缺少的基础资料。当然，它有着与经验不同的含义。

在本章，我将着重在认识论层面论述经验数据这一现代实证科学得以发展的基本要素条件在经济科学领域中所反映的异质性和特征差异。因为在我看来，一旦方法论背离了经济学认识论意义上的经济事物、经济事实和研究上的本我特性，则不论在方法论上如何进行自我"完善"或者"修正"，结论都将不具有可靠性、可信性。方法总是与对象的特性联系在一起的，脱离对象的性质和特征来论方法，犹如南辕北辙。

一、经验事实和科学事实

（一）客观事实、经验事实和科学事实

客观事实，是世界上存在的一切客观实在或真相，即实然。不管人们对这些存在的认识如何，认可或是否认，是否意识到它们的存在，它们都在那里，按其本有的方式存在或变化着，并与其他事物发生着联系。

科学的进步建立在人类对于事物认知的不断增进和知识累积的基础之上。科学对于客观事实的抽象，之所以可以从客观存在中获得与事实一致的知识，其基本前提条件就是我们是否能够在已有的科学认识基础上，在客观事实与科

---

① 路德维希·冯·米塞斯：《经济学的认识论问题》，梁小民译，经济科学出版社，2001，第 70 页。

学的研究探索之间构建起一种一致性的认识框架和逻辑，包括对于事物进行分类和定义这一基础，以及类事物各自所具有的规定性等等。从认识论角度，这是一切客观事物的形成、变化发展特性、特征得以反映的前提条件，又是科学研究探索的主要目标。从方法论角度，这是人类想要从一切客观事实中获得科学抽象之手段和方法选择的前提条件。缺乏这样一种认识的思想基础，或者缺乏在事物和事实之间或者客观实在与数学语言之间联结的"桥梁"，我们如何能够通达事物的存在真相呢？又如何能够从看似纷繁无序的客观事实中获得可据依循的科学知识和理论呢？就算我们拿着一个放大镜或者一把解剖刀，我们也只能看到事物纷杂的表面现象，见山是山，见水是水，如瞎子摸象，而终究不得其解。

在逻辑上，人类永远不知客观事实究竟是什么！人类所力所能及的只是在有限的时间和空间中获得对于存在的一种认识，这种认识是与时间相对应的事物所指向的空间状态的抽象，或是空间状态在时间上的反映。人的一生乃至人类发展的整个历史中所见所闻所能了解认识的仅仅只是浩渺宇宙万物存在变化中微不足道的一小部分。从更高、更远的视角，它或只是"一孔之见"。

一切存在事实，都是存在者的事实，包括事物、事件和事态等。所以，在绝对意义上，因为存在者是变化的，其所对应的存在事实也是变化的。所谓不变的事实，或是反映为与时间对应的静止空间状态上，或是对于事物所存在的共同特征的抽象。如果不清楚这一点，就会在科学研究中导致严重的错误。

经验事实是人们通过观察、实验、测量等科学实践活动，借助于语言文字、数据和数学的方式获得的关于客观存在的事件、现象或过程的描述、陈述或判断，包括人们通过感官获得的以感觉、知觉、直觉、表象形式描述出来的经验知识和借助于仪器、设备等手段所获得的认知，即观察事实与实验事实。是一种对于过去状态在文字语言及数据上的描述，或者抽象。

经验事实具有可错性和不确定性的特点，因为人的认知能力是有限的，它会受到时空条件的限制。人的感官和工具、方法的运用以及描述判断等都可能会发生错误或者失真。

经验事实不一定科学，它是可证伪的。它经过科学检验、复核和确证后才能转化为科学事实。[①] 如果经验事实无法证伪，也就无法转化为科学。

科学事实是人类认识对于客观事实的抽象反映，它是作为认识对象的事物的问题指向的事实探求的结果，而非全部事实。客观事实是丰富多彩的和动态变化的，而科学事实仅仅是对客观事实所包含的某些特征、类属性及其规定性的抽象反映，只反映了客观存在所具有的完整信息中的部分信息。科学事实的形成，部分地来源于经验事实，部分地来源于演绎推理等其他科学途径。科学事实也是有条件的，是与空间和时间相对应的，因而也是可变的和可错的。

经验事实只是人对于过去的实践中所获得的一种判断和认知，甚至只是在过去的有限时空条件下才存在的"事实"。这种事实，对于现在或者将来来说，可能继续有效或存在，可能不再有效或存在。科学事实是经过多次重复检验后的经验事实，即在一定的假定前提或条件下具有一致性可重复的事实。也就是说，如果经验事实所发生的条件不再存在或出现，那么这种事实就可能不会再存在或出现。

我想着重强调的是，科学事实主要是通过对经验事实的归纳和演绎等途径而形成的对于客观事实的抽象反映，或者通过理、数、象的对应关系来反映和揭示事物之间的联系，来具体化客观事实的形成、变化规律特征。而经验事实是人类对于历史存在的一种认识反映，包括经验判断、经验记录或经验描述、经验数据等经验材料的形式，它的价值和意义取决于存在的事实的性质与特征以及人类的认知手段和能力。只有当经验材料存在着科学所需要的有效信息或规律特征并具有可检验的特征时，才具有科学研究的意义和价值。

（二）经验事实是获得科学事实的基础

归纳主义的哲学和思想基础

爱因斯坦指出，科学家必须在庞杂的经验事实中抓住某些可用精密公式来表示的普遍特性，由此探求自然界的普遍原理。

科学是建立在事实上面的建筑物。培根提出科学认识应以实验为基础，通

过逐步的渐进的归纳方法获取一般性原理，从经验事实中观察和通过实验与推导得出公理或理论成为获取知识的主要途径，即归纳主义。

培根所提出的归纳方法，与当时在大众中通用的经验归纳有着很大的区别。培根认为，大众归纳所依据的经验过于"狭隘"和"有限"，或者只依赖"过少的实验"甚至"偶然的经验"，只是偶尔触及经验和特殊的东西，它像"散捆的笤帚"。① 因为未能着眼于对经验的加工和消化，从而也就无法真正从经验出发引导出"基本原理或公理"来，依据这种经验的归纳或认识，会形成"剧院幻想"，是不可靠的。因此，他在《新工具》中提出了"真正的归纳"道路，认为这一道路不是基于"偶然，即随意或没有基础的经验"，而是始于"有次序安排和良好基础的经验"。

在培根之后，归纳主义得到了进一步发展，成为科学哲学中的一个重要流派。

归纳主义者认为：当下列条件成立时，从单称观察陈述中概括出全称陈述是合理的：

（1）形成概括基础的观察陈述的数目必须足够大；

（2）观察必须在各种各样的条件下予以重复。

朴素归纳主义认为，"如果大量的 A 在各种各样条件下被观察到，而且如果所有这些被观察到的 A 都无例外地具有 B 性质，那么，所有 A 都具有 B 性质"。但这种试图从特殊到一般或从许多个别现象中总结出一般规律的方法，受到了质疑和批判。

查尔默斯质疑道，观察陈述的数目多大才算大或合理？在各种各样条件下予以重复的说法也不具有可操作性，有什么方法可以从单称陈述中得出构成科学知识的全称陈述呢？构成我们理论的非常一般的不受限制的论点，如何能在包含有限数目观察陈述的有限证据基础上被证明为正确呢？他认为，正确的逻辑论证具有下列特征：如果论证的前提是真的，那么，结论必定是真的。而事实上，归纳原理很难被论证是正确的。原因在于，观察到的事实并非意味着全部的存在事实。他举例说，大量观察到的渡鸦是黑的，并不能保证下一只不会

---

① 培根：《新工具》，许宝骙译，商务印书馆，1984。

是粉红色的。这样，一个具有真的前提的归纳推理导致一个错误的结论。即使是修改后表述的归纳原理："如果大量的 A 在各种各样条件下被观察到，又如果所有这些被观察到的 A 都无例外地具有 B 性质，那么，所有 A 很可能具有 B 性质。"这种诉诸证明概率形式的归纳原理，同样存在明显的缺陷。因为根据任何标准的概率论，对世界有所主张的任何全称陈述的概率等于零（有限数除以无限数）。他认为，观察和实验依赖于理论，理论指导观察和实验。观察陈述充满着理论，因此是易谬的。[①]

归纳主义也受到了波普尔证伪主义的批判。证伪主义认为，理论具有高度可证伪，理论就应该陈述清晰和精确。"如果一个理论陈述得如此模糊以至完全不清楚它主张什么，那么，当被观察或实验检验时，总能把它解释得以便同这些检验的结果相一致。"[②]

我认为：（1）纯粹在逻辑上，以上质疑和批判是成立的，但是如果不从经验事实中去归纳和检验，我们还有别的更加有效的途径和方法吗？对于科学研究而言，归纳方法仍然是科学认识得以形成的重要途径和方法。只不过，科学研究在运用归纳方法的过程中，在对于经验材料的鉴别、选择以及处理上，有着严格的前提条件。（2）逻辑上，从单称陈述中虽然不能得出全称陈述，但对于意向性事物而言，典型个案中却经常存在着可供研究、借鉴的有益启发、启示和线索；（3）并非所有的经验材料都包含着有用的信息，都具有科学研究的意义及价值，也并非仅仅拥有经验材料就能够获得科学的结论。对此，我将在本章加以具体论述。

现代科学的"经验之路"

作为推动现代科学革命"实验性"传统的关键人物，培根主张通过经验的实验化，以在归纳的道路上获得科学知识。作为推动现代科学革命"数学化"传统的关键人物，笛卡尔试图通过方法的统一性实现科学的统一性。培根和笛卡尔属于同时代的人，他们的思想和学说对于现代科学的形成和发展起到了重要作用和影响。

---

① 艾伦·查尔默斯：《科学究竟是什么》，邱仁宗译，河北科学技术出版社，2002，第 17 页。

② 同上，第 21 页。

培根的"真正的归纳"——以庄重、有次序的方式关注经验和特殊的东西，就是实验化的经验，并使得"在实验与理性这两种能力之间实现更紧密、更牢固的结盟"。也就是说，真正的归纳应该建立在实验与理性结合的基础之上。无疑，这种思想和方法在自然科学特别是"经典科学"中获得了很大成功，成为现代科学的重要基石之一。

笛卡尔指出，"我们要达到对事物的认识，有双重道路：要么是经验，要么是演绎"。[①]他认为，经验必须被理智充分把握，才能避免仓促地接受某些假定，产生错误和欺骗，"只有在纯粹简单的、绝对事物上，我们才能拥有确定的经验"，要想在经验中排除错误和欺骗，建立确定性，就必须通过理智将经验转化为"纯粹而单纯的自然"。只有针对这样的绝对事物，经验才能被理智把握。也只有对这些事物的"直观"，才能使经验被理智化。

笛卡尔强调科学的统一性，认为科学并不因为其研究的对象有别而存在根本的不同，相反，它应用到不同领域的是同样的人类智慧，就像同一束光照在不同的事物上一样。"普遍数学"不仅要将数学应用到"经典科学"的主要领域中，而且试图拓展到任何涉及"次序或量度"的问题。

笛卡尔把自己的使命看作发现可以接受为绝对必然的而不只是纯粹分析的真理，而这样的真理就只能用数学的形式来表达，"因为遵循正确的秩序和精确地陈述我们正在研究的所有情况，这就是那个赋予算术规则以确定性东西的全部"。由于经验知识本身具有欺骗性和不确定性，其内容也缺乏任何必然性，它们无法使我们达到任何确定的关于存在的断定，所以，笛卡尔认为，我们就只能在其他地方去寻找无可置疑的知识标准，而数学作为演绎知识的模式恰好可以在科学中得到普遍运用，我们由此也才能够建立起作为必然真理的自然科学。正是在这种思想的支配下，笛卡尔甚至提出，要得到关于物体的运动及其相互作用的基本规律，完全可以不需要经验的材料，而只需要仔细地分析外延、物体、运动、阻力等概念就可以了。

我认为，培根强调"实验化的经验与理性的紧密结合"，以及笛卡尔的"科学统一性"为科学发展指明了方向，并在自然科学领域特别是"经典科学"中获

---

① 笛卡尔：《指导心智探求真理的规则》，管震湖译，商务印书馆，1991。

得了很大成功。这得益于多数自然物质事物有着相对较大的类稳定性阈值或可重复性。但在具体层面，若要把"实验性"和"数学化"推广到其他不同性质的学科领域，仍然存在着很大的挑战，并受到适用性条件上的很大限制。从认识论角度，是否可以"实验性"和"数学化"，以及在哪些领域和多大程度上具有可"实验性"和"数学化"，或者应该采用何种方式来反映科学性特征，取决于不同学科的研究对象的性质，需要根据事物本身的特性来决定。意识事物并不具有可"实验性"和"数学化"的普遍条件。

逻辑经验主义和逻辑实证主义

实证主义强调感觉经验和科学规范，强调通过经验材料而非先验或形而上学获得知识，认为只有透过现象或感觉经验才能把握或获得事实，而拒绝通过理性把握感觉材料。

逻辑经验主义坚持科学实在论，强调以经验为根据，以逻辑为工具进行推理，主张用物理语言建立统一的科学[1]，用概率论来修正结论，支持科学解释，拒绝感性认识和形而上学，并提出了可证实性或可检验性和可确认性原则。

逻辑实证主义是经验论的一种极端形式，这种理论认为"理论不仅要视被通过观察得到的事实所证实的程度如何来得到证明，而且只有在它们能被如此推导出来的限度内才能被认为有意义"[2]。

逻辑实证主义的观点虽然和逻辑经验主义基本一致，但强调证实原则和可证实性，主张用现象语言建立统一的科学[3]，反对科学实在论，反对科学解释。

我认为，逻辑和可检验性才是科学性程度的关键。至于经验和逻辑，归纳和演绎，都是科学研究所需要的，并不存在只要其中一个选项便可舍弃另一个选项或者谁取代谁的理由。这些不同的方法，有着不同的解决问题的功能，在科学研究中扮演着不同的角色。物理语言与现象语言，也同样如此，它们都是科学研究所需要的，但这两种"语言"有着各自适用的领域，这取决于我们所从

---

① 指对物理事件的时空点的描述，使用物理量如温度、体积、速度、比重、压力等的度量概念来描述。详见卡尔纳普贤《哲学和逻辑句法》(1934)。

② 艾伦·查尔默斯：《科学究竟是什么》(电子版)，邱仁宗译，河北科学技术出版社，2002，第3页。

③ 指以个人主观的感觉经验为基础的语言和感觉经验的逻辑构造。

事的研究领域的性质和事物的可数学化程度。

另外，经验材料虽然是获得科学知识的重要来源，但仅凭经验材料并不能够使我们获得科学知识。因为客观物质世界提供给我们更多的只是一堆杂乱无章的感觉材料，"经验"并不会自动地形成科学知识。

而且，我们必须充分认识到这样一个事实：并非任何经验及经验材料（描述、记录、定性和数据等）都具有科学研究的意义和价值。有科学意义和价值的经验材料需要具备许多前提条件，不仅取决于经验材料的形成过程和性质，而且还取决于经验材料相对应的事物或事实的特性。即使经验材料完全符合这两个方面的条件，若要从经验材料中抽取出客观的或者有用的信息和逻辑，仍然需要解决许多问题。为此，需要在认识论上进行研究、系统梳理和论述澄清。

（三）经验事实转化为科学事实的前提条件

经验事实也是由人类意识反映的事物的一种存在，是客观事实的经验描述、陈述或判断，包括观察事实与实验事实。从大类上，对于人类的认识世界，客观事实主要分物质的事物（物质事物）和有意识的事物（意识事物）两类。

物质事物或现象对应的经验事实的形成过程可以由物质、元素或者微观粒子，或者力、能量、结构等的不同排列组合而成，通过经验数据、经验记录或描述、定性等经验材料来反映，并可以通过实验来验证或确定、测量，用数学来描述。意识事物或现象对应的经验事实的形成，是意识、思想活动或者思维等的反映，是一个思维的逻辑过程。其所决定的行为结果，有些可以形成数据或者量化，有些无法形成数据或者量化，只能通过描述记录、陈述或者主观定性来反映，具有很大的主观性，并且无法重复实验和测量，难以用数学来描述。也就是说，同样是经验，物质事物的经验和意识事物的经验的特性是存在着明显差异的，它们的可一致依循性不同。

在抽象意义上，经验事实是人们对于业已出现或发生的事物的一种存在反映，它可能只是一种历史的或者仅仅是过去时空条件下的存在，也可能是在将来可以继续重复出现的存在反映。科学事实既包括历史意义上真实的存在反映，也包括对于经验事物的可重复一致性存在的抽象，特别是有关事物的一致性特征或者规律性特征的反映。

科学事实通常以众多的经验事实为基础，并围绕科学问题的科学活动得以反映和洞明。在诸多的经验事实中，只有那些不断经过确证或者否证得到重复检验的经验事实才成为最新的科学事实。

经验事实能否转化为科学事实，同时取决于以下三个方面：（1）研究主体的认知水平和能力；（2）确证或者检验的程序、方法和技术手段条件；（3）经验事实所对应的事物特性。

这个世界中许许多多的经验事实一直存在着和发生着，但直至近现代才获得更多的科学发现。即使在现代，获得重要科学发现的科学家仍然为数极少。这足以说明上述的前两个方面的必要性和重要性。至于第三方面的问题，那些不可重复或重现的历史事件或孤立事件，或者那些不具有可重复抽象一致特征和重复"概率"的事物，其相对应的经验事实或材料因不具有可检验性，因而难以得到确证，难以转化为科学事实。

例如，历史记载中许多描述或者陈述或者论断，可能是真实的存在，也可能是不真实的描述或者论断，这些描述、陈述或者论断是否为真，是否具有验证或者检验的价值和必要，以及采用什么方法手段来验证或检验等，都同时取决于这几个方面的因素。对于纯粹意义上的非物质性孤立事件或者现象，或者纯粹的人物事件的记录描述和陈述，终究归于"罗生门"式的历史谜团而难以定论。

二、经验数据的类型、性质和价值

经验数据是人类开展科学研究活动的重要基础。然而人类较为系统有序和细致的经验数据的形成历史，至今普遍的比较短，对于新的科学活动的需要而言，仍然不仅显得零碎散乱，而且也缺乏精度和信度。所以，人们需要不断地通过观察、实验、试验、仿真或者模拟，以及调查等获得新的数据以满足科学研究的需要。

同样是经验数据，也因为经验数据所对应的事物或者事质领域的不同，使得其具有不同的性质和价值。

（一）经验数据的形成类型

在现代科学活动过程中，经验数据是在思想和专门知识的指引下，运用一定的技术手段通过观测、实验或试验、调查统计和监测等有目的的活动等而形成的，特别是实验数据和调查数据。这是原始数据和一手数据的形成来源。

在经验数据的形成方式中，观测数据、实验（试验）数据与调查数据的性质和特征有着很大的不同。

（1）观测数据通常是表面的、现象的或描述性的，因而经常是非本质的、粗糙的或易谬的。例如，某路段过往车辆单位时间内密度数据的形成，区域空气中二氧化硫含量及变化的数据，景区游人流量数据，等等，反映的只是一种结果/状态/现象，而非原因。

（2）实验（试验）数据具有在可控条件下的可重复一致性检验特征，而观测和调查数据经常不具有这一特征——因而难以保证其真实性或客观性。因为人的感官是易谬的，而调查数据的真实性不仅取决于相关当事人的主观意愿而且经常会发生歧义。

（3）实验（试验）数据主要通过仪器设备等方式在可控的条件下获得，在类意义上具有可控、可观察或用仪器设备进行测定、鉴定的客观特性，这不仅保证了研究样本的高度类一致性，而且保证了可重复一致的实验条件，因此具有较大的客观性，而调查数据主要通过采访、座谈、监测统计、上报汇总等程序和方式获得，具有较大的主观性，难以保证样本的类一致性，相关数据的形成条件难以可控一致，真实性难以确定。

（4）自然科学的实验（试验）数据，主要依据物理量进行测定量化，具有可一致量化的公制结构，可用标准的方法和不变的物理量测量计算，社会经济调查数据中所涉及的重要价值量数据主要依据价格（含利率、汇率等）这一可变的计量依据计量，其形成和分类主要由人主观界定而难以进行客观测定或鉴定，具有时间和空间上的不一致性。

自然科学中经验数据的形成主要来自观察和实验，经济科学中经验数据的形成主要来自观察、调查和纪录。经验数据的不同形成方式和不同特性，使得自然科学和经济科学以数据为基础的众多研究结果的客观性程度受到了很大影响。

经验数据的归类和数量关系

可以说，任何现象的形成都可能对应着一种数量关系，但是某种数量关系是否具有反映与某种现象发生的因果联系，取决于与这种数量关系相对应事物或变量之间的逻辑规定性或者机制，只有当这种逻辑规定性或者机制明确无误时，才能确定这种数量关系存在着因果性。否则，它可能只是一种随机现象或者孤立现象。

某种数量关系被确定存在着因果联系时，有两种不同的情形：一是现象的形成与这种数量关系具有可重复一致性；二是也有可能这种可重复一致，只是在某个连续片段或者阈值区间内存在的现象。对于后者的性质，我们需要对于某个事物进行完整周期的足够了解。

具体来说，以自然物质为研究对象的自然科学，对于事物形成变化及其关联关系影响的实证分析，样本与变量数据都带有客观测定的特性，例如相关物质或成分的测定，作为样本的物的类一致性等等，它的准确性程度取决于测定的设备、技术手段和方法，有些则用感官就能识别。在可控性方面，只要不是复杂系统的事物，样本和实验条件都表现出较强的可控性，例如温度、湿度、时间、光照及其他条件等等。

相比于自然科学，社会科学在样本及数据的同一性上却存在着主观性，对于相关事物类的界定、确定——进而样本的选择都由人为决定。不仅如此，研究所需要的相关数据亦是如此，数据的生成、获得和统计，数据的归类，时间区间的选取等等，都难以用客观手段确定和测定。例如，研究一个产业的情况，虽然我们可以事先确定这样一个产业的属性并对其外延加以界定，但一个行业之所以归属于这个产业的类，并不具有明确客观的界限，有时候它同时可以归属于不同的产业类型，例如某些农业加工产品的产值，可以归于农业，也可以归于工业；再如，假如我们要以高新企业作为研究对象，我们只能根据统计归类或者外在形式（如名词中带有科技或高新，或者静态认定）来选择样本，而并不能反映这些样本的属性确实能够在真正意义上反映高新技术的类一致特性，或者仅仅是一种标签，虽然以前曾经"是"这样但现在已经不再具有这一特性。有关市场波动及交易、因果性、相关性等特征的分析所需样本数据的选取与处理、时间区间的划分等这些对于实证结果产生重大影响的工作都决定于研究者，不同的选择往往意味着结果的不同。实际上，经济科学在开展运用数量分析方法的实证研究中，看似相同类意义的样本经常仅仅只具有表面"名类"或者"标签"意义，但在实际上，这些样本却掺杂了各种在时间和空间意义上属性不一致甚至很不一致的类型，不过是一堆"杂物"。那么，据此所得出的结果，就很难反映出所研究对象存在的真实性程度。虽然，在研究过程中，我们一般都会对样本作出筛选处理，但这些处理通常只是在十分有限的范围内进行，难以消除事物在质的一致性上存在着的明显缺陷。如果是这样，我们又如何能够从"一堆杂物"中抽离出获得具有普遍意义的结论呢？甚至难以获得对于事物状态在描述上的客观性。

从研究目的来看，显然，当研究的事物或样本存在着类的高度不一致性的时候，实际上，我们想要获得这样一类事物的客观信息及特征是不可能的事情，就像我们想要获得大豆的信息特征，但其中掺杂了大量的玉米、土豆、麦子等其他的东西一样，我们很难准确地获得我们想要的东西。我们想要观察某种事物的特征，然而我们误把其他类型的事物作为观察对象，又怎么能够获得关于事物的真实信息呢？或许有人会说，我们首先对于事物的属性作出检验和筛选，以剔除与我们想要研究的事物不一致的事物。的确，对于自然物，我们可以通过感官或者仪器加以区分，因为有些可以通过直接的观察就可以区分，有些则可以借助于人类发明的仪器设备加以检测区分。但是，对于非物质特别是无形事物，我们主要是基于人为所作的标记或者表面的名词概念来进行判别，许多情况下，名词或符号标记所对应的事物并不一定具有高度的一致性，它们之间的一致性程度，取决于统计者或者研究者的主观判断，以及统计和核算的方法。对于这样一些事物，在数据处理上经常也通过计量的方法加以识别，借以消除异常或者明显不一致的样本，来增强样本的一致性程度。但这种方法的有效性无疑是十分有限的，因为它只是根据变量数据的特征所做的处理，而非样本所对应的具体事物。

（二）经验数据的性质及其决定因素

经验数据中所反映的事物特征的可依循性，取决于事物的类性质。由物理属性或弱心智属性决定的事物，表现出很强的可重复一致性特征，所以具有较强的可依循性。由心智属性决定的事物，其所涉及的心智属性元素越多，变数越多，不确定性越大，越不具有可重复一致性和可依循性，只有在对事物严格进行时间和空间属性上的类约束基础上，才能增强其可重复一致性和可依循性。

不同科学领域的经验材料或者数据反映了不同性质的事物信息和逻辑。对此，米塞斯指出，"自然科学也是处理过去的经验。每个经验都是过去事情的经验，绝没有发生在将来的经验。但是自然科学所赖以成功的经验是试验出来的，在试验中各个变动因素可以分隔地来观察。用这种方法累积起来的一些事实可以用来归纳。归纳法这个推论程序已证明有它的实用性，尽管在认识论方面，还有未圆满解决的问题"，而"人的行为学所必须处理的经验，总是一些复杂现象的经验。人的行为不能在实验室里做试验。我们决不能做到使其他一切因素保持不变而只观察一个因素的变动。历史经验，也即一些复杂现象的经验，决不能像自然科学那样为我们提供一些经过了隔离的试验的'事实'。历史经验所传达的消息不能用来作为理论建构的材料，也不能作为预测将来的根据。每个历史经验都会有种种解释，而且事实上是以各种不同的方法去解释它"[①]。

经验数据是某些历史状态的量化或者记载、记录，是使得一些经验事实得以描述的经验材料的重要组成部分。它是人类活动的产物，或通过观察、实验和调查的路径或方法生成，或通过测量、测算或估算、推算等方法形成。如前所述，经验数据是否包含着有用信息或者价值，既取决于人及其所拥有的技术手段条件、生成的路径和方法，又取决于其所对应的事物特性。经验数据能够反映什么样的信息或者逻辑，取决于经验数据的类型特征及其全面性、真实性和有效性。

经验数据中的信息和逻辑，就是经验数据中所包含的相关或者不相关的作用或影响及程度、因果或联系，一致的或不一致的特征，或者自然物质的逻辑、

---

① 路德维希·冯·米塞斯：《人的行为》，夏道平译，台湾远流出版社，1997，第23页。

行为逻辑和语言逻辑等等。

当然，不应忘记，经验数据同样具有层次性，每一系统层次都有其对应的数据，数据所反映的因果性质同样取决于其所对应的要素（因素）在系统中的层次及性质。数据同样不过是其所对应事物的数量化而已。

在因果关系中，既存在着系统结构与功能之间的静态联系，也存在着动态变化的关系。其意义在于，前者反映了系统要素之间的分布与系统整体状态之间，或者微观系统与宏观系统之间的联系；而后者则反映了纵截面意义上彼此相连系统状态之间的变化关系。而决定这些纵横关系的则是事物本身不同的规定性，例如，自然物质的规定性，经济事物的逻辑规定性，行为的逻辑依据。这是任何规律性现象得以可一致依循性解释的基础。

经常，运用经验数据进行科学研究时，还会面临着数量与质量上的区分难题，相对而言，事物的数量化比较容易，而质的区分和量化则要困难得多。但事实上，质的差别经常是导致结果状态差异的关键性因素。冠以相同名称或者标记的事物之间，尽管数量上相等，但质的区别所导致结果的差异可谓天壤之别。同样一项发现或者发明专利或者一部著作或者一篇论文等等，有的价值连城，有的如同鸡肋甚至垃圾，其价值和意义截然不同。特别是在社会科学领域，事物之间经常难以进行客观的质的量化区分，难以客观折算，只能通过主观评价。而实际上，由于认知上的局限，又有几个人能够真正认识到一项具有很大价值的重要理论创新呢？

经验数据并非能够自然生成，而是人类有目的、有意识活动的产物。人类想要获得经验数据，必须借助于思想、知识、感官、技术手段和方法。即，这种量化是建立在研究者对于事物的客观存在的知识积累、某些先验性思想和认识判断之上的，"假设"就是其中的典型代表。没有这种知识基础、思想和认识判断甚至想象等，摆在人们眼前的客观事实，通常不过是一堆杂乱无章的东西，其所对应的也是杂乱无章的数据。

经验数据能否有效地反映事实，是否具有有用或有价值的信息，取决于以下多个方面的因素和条件。

1. 经验数据所反映事实的真实性，不仅取决于数量化的手段和方法的科学性，而且取决于事物的客观性或主观性。

首先，经验数据中所包含的信息的真实性，取决于经验数据是否全面、真实地反映了经验事实的数量特征，以及形成和获得这种数据的手段、方法是否具有科学性。否则，经验数据反映的就不是事实的真实特征，或只是事实的片面或局部的特征。据此得出的描述和判断就不可能是科学的结论。

一种物质之所以与另一种物质不同，在于其成分、结构和性质的不同。如果经验数据失真不全，就无法据以正确地判断、识别或区分物质。一种意识事物之所以不同于另一种意识事物，在于彼此之间的定性归类。如果经验数据不能正确地反映所量化的意识事物的性质和类型，经验数据就无法正确地反映所要研究的事物特征。

对于非意识事物或自然物质系统中存在事实信息的量化抽象与客观事实之间的一致性或真实性，取决于获得这些数据的研究设计、方法和仪器设备的适当性和精密性程度。

对于意识事物中存在信息的量化抽象，除统计意义上的数据之外，则主要取决于研究者据以开展的知识积累、思想和逻辑，以及获得数据的研究设计和方法的适当性，有着十分严格的要求。

其次，经验数据的性质取决于经验事实的性质。如果经验事实是真实存在的，并且在抽象意义上具有可重复出现的条件，那么经验数据才有可能包含这种信息，才有可能从经验数据中抽象出可重复一致性的特征。否则，其所包含的信息至多仅限于过去的存在或者历史状态，而无法在现在和将来中重复出现。

对于一堆杂乱无章的物质所获得的数据，至多只能反映这一存在物的孤立信息或者特征，仅此而已。对于一种偶然的孤立事件所形成的数据，至多只能反映这一事件的个别信息或特征，并不存在普遍意义。

2. 经验数据只是经验事实的数量化描述反映。这种数量化反映的全面性或完整性，取决于研究者、采集者对于事物的系统认知能力、思想和量化技术，或者核算体系的合理性。一切数据的形成，都无不是研究设计者研究或调查活动的产物，无不是研究者有意识活动的有意或者无意的结果。

在科学主义或者物理主义看来，一切存在都可以用结构、因果和功能的方式进行描述，甚至包括社会科学这一存在着重大争议的研究领域。但是，与自然科学中所拥有的可以通过实验的方式获得数据和可以用物理量进行客观量化的条件相比，社会科学研究中的数据形成主要受到主观因素和技术的影响，涉及更为复杂的因素。

在自然科学领域，许多经验数据的形成来源于重复的实验或者试验，研究者可以借助仪器设备的应用形成数据，但即便如此，经验数据的价值仍然取决于研究设计者对于事物的系统认知能力和思想。在社会经济领域，经验数据的形成主要源自于调查统计或者统计核算的标准、程序及方法，数据的生成或采集、分类、处理等等，都有赖于各个环节的主观因素。

3. 经验数据中所包含的信息的有效性，取决于经验事实在时空意义上的条件限制。

在时空条件可重复一致或者假设条件具有现实性的情况下，经验数据中所包含的信息才有可能具有有效延续性，即可重复一致的依循性。否则，在时空条件不可重复一致或者假设条件不具有现实性的情况下，经验数据中的信息就至多只具有对过去特定时空条件下存在状态的一种描述反映，或者个别状态特征的描述反映，它或者存在着某些启发意义，但不具有可重复一致的有效性。

经验数据是否能够反映经验事实，主要取决于是否来源于同类事物、是否具有时间意义上的类一致性，或时空意义上的类一致性。即，经验事实所对应的事物是否内含有固定不变的关系，是否具有时空条件一致的情况下可重复的特征，或者时空条件具有可控的特征。如果经验事物所对应的事物并不内含有固定不变的关系，那么经验数据所反映的关系就无法在实际中重复一致。[①] 如果经验事实得以重复反映的特征的时空条件无法控制，那么"概率"意义上的分布也无法重复。

4. 经验数据中包含的信息，是特定时间和环境条件下事物所对应空间的存在性质和特征的反映，它的意义取决于：（1）事物的类归属；（2）事物本身的特性和理论知识；（3）是否存在可一致检验的参照体系或诊断标准。

在逻辑角度，个别陈述无法得出全称陈述，经验事实也未必就是真相。而在统计意义上，对于事物共同特征或者规律性特征的认识抽象，需要建立在足

---

① 当然，在这种情况下仍然存在着趋向一致性的可能。

够样本的基础上。即使在"足够样本"的条件下，经验数据能否反映事实的
信息特征，首先取决于样本的类一致性问题，或者经验数据所对应的事物是否
具有类的一致性，是否存在着类的"名"与"实"的一致性或者存在着"名"与
"实"不符的情况。从科学研究的实证意义上，经验数据只有在"名""实"一致
的情况下，才可能获得科学的认识抽象；否则，就如面对从一堆杂物中获得的
数据，不可能得出普遍意义的结论。

经验数据中是否具有有用或者有价值的信息，取决于这些数据的真实性和
其所对应的事实是否内含有共同性、规律性或者一致性的特征，或者存在着某
些不会因为存在者（样本事实）的变化而改变的一致性特征。如果答案是肯定
的，那么，就说明经验数据存在着有用或有价值的信息；否则，就缺少进行科
学认识的价值和意义。

经验数据在样本及变量上的类一致性，还取决于样本、变量的一致性是否
具有可客观确定或测定的性质，自然物质领域多具有可客观确定的特征，而社
会经济领域主要取决于主观的判断。这使得想要在社会经济领域的经验数据中
获得有用或者有价值的信息所面临的难题与挑战很大。

5. 从统计或计量的角度，经验数据有多种分类，它们给定了不同类型数据
的性质和特征，例如，连续性变量和分类变量，以及按计量层次分的定类数据、
定序数据、定距数据和定比数据，按时间状况分的截面数据和时间序列数据，
按形成方式分的客观数据和主观数据，按来源分的观测数据和实验数据，等等。

根据经验数据所具有的以上特征，孤立事件或者小样本数据所包含的信息，
只反映个别意义上事实或者状态的数量特征，无法确定其普遍性。

在足够样本数和连续动态完整数据条件下，我们通过合适的数学方法得以
从这些数据中抽离出某些相互关联的信息。但是，这些信息的真实性和价值，
还取决于样本数据、研究设计、研究方法等的合理性。这种对于事物描述反映
的数量关系依然只是统计或者计量分析意义上的逻辑，对其中所包含着的因果
逻辑及机理揭示，还需要借助于相关的专业理论和知识。

---

① 足够样本仍然是模糊的概念。

（三）经验数据的价值

任何一堆杂物中都含有可供量化的数据信息，包括状态及其成分结构等。但如果不可重复，那么，即使量化的数据真实可靠，这种量化的数据信息中除了可能反映这堆杂物的特征或状态外，也别无用处。我想不出还有其他的什么价值，更不用说是科学价值了。

那么，一堆由意识事物构成的经验数据如经济数据，又究竟意味着什么呢？

假如池塘里没有我们想要找的鱼，我们即使拥有很先进的捕鱼工具又有什么用呢？假如池塘里有我们想要找的鱼，但我们却没有有用的捕鱼工具，或者我们根本就不能确知有没有鱼，结果又会如何呢？

或者有人信誓旦旦地说，假如我们拥有探测和发现是否有"鱼"或者有什么"鱼"的工具呢？如果在自然物质领域，我们可以相信的确存在这种能力和装备的话，那么对于有关人的意识行为领域，除了我们自己的感知理解这一最直接、恰当的路径和方法之外，我们至今尚未发明有这样一种工具，既能够帮助我们判断数据的真实性又能帮助我们发现蕴含其中的真实关系。实际上，依靠这些工具和方法所得出的结论无一不是研究者个人的认识与逻辑判断的结果。并且，令人尴尬的是，即便对于同一样本同一命题的数理分析，甚至面对同一计量处理的结果，不同的研究者也经常会得出不同甚至相反的结论。这种现象不仅经常发生在众多的一般研究者之间，而且也发生在知名的学者之间。有时候，运用数理工具的目的，与其说是想要发现数据中的有用信息，还不如说是为了形式上的需要或者想要据此来证明自己的观点。当然，这种做法是值得质疑的。

我所作的上述阐述，并无否定经验数据所具有的科学研究价值之意。我只是想要强调经验数据之可能转化为科学结论的必要前提和基础。事实上，科学研究中的许多科学认知来源于经验材料及数据。

科学的目的就是发现和揭示客观事实的真相，特别是事物变化表象之下所存在的不变机理、机制或者规律特征。科学活动通过归纳、联想、想象、演绎、检验等来不断获得科学事实，并通过微观科学事实的联结、结构化等来形成对于作为人类认识对象的事物的认识深化。经验数据正是这种归纳、演绎和检验得以开展的重要基础材料，它与人类所特具的认识逻辑能力一起构成科学活动的两个关键方面。人类可以从这些众多的数据中发现事物的存在状态、相互联系的特征，并从中得到科学研究的重要启发启示。但数据中存在的这些有意义、有价值的信息只有依靠研究者的专业素养才能得以发现。

从我个人看来，全面、真实、有效的经验数据在科学活动中具有以下价值：

1. 用于对状态及特征的量化描述反映，包括用以对于结构或分布、关系和功能等的认识，帮助人们对事物状态及变化特征和性质进行判断等等；

2. 通过计算、测算和推算，作为比较和权衡选择的依据；

3. 用以证明或判断关系的性质，证明一种描述或者结论或判断的相符性，理论的确证等；

4. 有助于规律性特征和因果联系的发现；

5. 引发逻辑联想，激发研究灵感，帮助理清研究思路；

6. 用以为检验所存在的关系、已有的结论或判断等提供实证和量化依据，提供分析基础、评价和衡量的依据、理论依据、决策依据，形成科学认识的基础。

合格的经验数据能够帮助我们认识和判断事物、理清思路、发现规律。但上述价值的发现，取决于研究者及其运用的技术条件和路径手段。

三、经济事实中经验数据的形成和性质

（一）经济事实的形成和性质

经济事实是行为主体的经济活动的产物。经济事实的类型和范围，取决于作为认识对象的经济事物的问题指向得以通达和界定的程度。本质上，经济事实就是人类意识和思维活动的产物，是经济主体按照经济逻辑进行行为选择的结果及其结构化的一种存在。

经济事实与自然物质事实的最大不同就是，自然物质事实的形成按照自然物质的规定性而形成或发生，或者是自然物质的规定性的结构化反映，只要把握了自然物质的规定性，就能把握自然物质事实形成和变化的本质。而经济事实的形成则是行为主体按照经济逻辑所进行行为选择的意识反映，是相对于经济主体所拥有的时空状态（条件）的选择结果及结构化反映，具有历史性。时空条件不同，此时彼时，此地彼地，经济主体的行为选择也会发生变化，与其对应的经济事实的具体抽象也会发生变化。此时彼时，此地彼地，经济事实是在多个变数和不确定性条件下形成的，在行为目标与选择条件、手段之间，或者经济目标、主体禀赋状况与行为选择环境条件之间存在着多个不同的排列组合。

（二）经济数据的形成方式和特征

经济数据的形成方式

与自然科学中主要通过观测、实验、试验等获得数据的方式不同的是，经济数据主要通过统计调查、财务会计、财政决算、行政管理部门的行政管理记录以及市场的交易记录等等，以及个人（家庭）、企业（单位）报送或者申报和普查、抽样调查、典型调查、访问调查（面访、电访等）等各种调研活动，及其以观察、估算、测算和推算等方式形成，包括依靠统计制度、会计制度和各种调查活动，以及通过现代技术手段对交易过程中所形成数据的采集获取、记录等等。有官方的，也有非官方的。

按经济数据的形成依据分，主要分计量和计价两种。计量的经济数据单位具有相对恒定的特征，它的调整变化取决于计量标准的制定或修订，具有度量上的一致性和可比性。计价的经济数据对应的是经济价值，由量和价共同决定，因为"价"（价格、利率、汇率、税率、费率等）具有因时间和空间的不同而变动的性质，所以相对应的经济价值量也随"价"的变化而变化。经济价值量的官方核算数据，一般按照现价、不变价（价格指数缩减法、物量指数外推法）等方法，而非官方调研数据多采用现价或现值。这给同样一种经济价值量数据在时间和空间意义上的比较带来了一致性上的困难。

真实经济数据的形成，无法通过实验方式取得。因为归根到底，经济数据是人类经济行为的结果反映。而"在人类行动方面不能进行实验"[1]。即使可以运

---

① 路德维希·冯·米塞斯：《经济学的认识论问题》，梁小民译，经济科学出版社，2001，英文版序第 2 页。

用实验的方法形成相关的一些数据，由于心情、兴致、情绪、条件、环境等因素的可能不同，也不具有前后的一致性，也与实际经济活动中产生的数据不同。对此，米塞斯已经作过精辟论述，指出社会科学无法采用实验，它们研究的经验是复杂现象的经验，即使可以进行"思想实验"，也与真实的实验完全不同。

数据的形成方式，对于数据所具有的客观性程度有很大的影响。形成方式越是客观，越是具有可重复检验性，数据所具有的真实性、针对性和客观性也就越强。当然，数据越是带有主观或者人为生成的特征，并且不具有可重复检验性，数据所内含的客观反映事物性质和特征的能力就越弱。

经济数据的特性

无法通过实验获得的经济数据，就不具有可检验性，它的类一致性、真实性或客观性都难以得到保证。

经济数据的类一致性，在空间属性角度，皆由人为界定和归类，而非实验的重复一致性来检验确定。在时间或动态意义上，则更加含糊不清，缺失客观意义上的变化特征，难以区分。一个经济主体，是否具有同类主体的空间特性，以及是否具有或者处于变化的同一阶段，都是模棱两可或含糊其辞，难以明确界定的。这与自然学科中形成的经验数据的可观察、可实验鉴别特征是明显不同的。

经济数据是经济主体在特定时空条件下根据经济逻辑所作出的有目的、有意识行为选择结果的数量化反映，具有历史性。一旦时空条件发生明显变化，经济行为选择也可能随之发生变化。因此，经济数据中至多包含类行为趋向上的时空特征，而不包含可重复一致的行为信息。

诚如米塞斯所指出的，从科学研究的角度，统计学提供的材料是历史的，这意味着它们是复杂的力量的结果。社会科学永远享受不到仅仅观察一个要素变化而其他条件不变所获得的结果的有利条件。广义的社会科学和狭义的经济学不可能被建立在自然科学意义的"经验"之上。社会经验是历史经验，当然每个经验都是对过去的某件事情的经验。[①] "任何一种类型的描述性经济学和经济

---

① 路德维希·冯·米塞斯：《经济学的认识论问题》，梁小民译，经济科学出版社，2001，德文版序第6页。

统计都可以归入历史研究的名下。它们最多只能告诉我们过去，尽管是最近的过去。……这些研究的认识价值并不在于从其中得出一些可以形成理论观点的学说的可能性。谁要是没有认识到这一点，就无法理解历史研究的意义与逻辑特点"，"就历史经验而言，我们发现我们处于完全不同的情况下。在这里我们不仅缺乏为了观察一个变动的决定因素而进行可控实验的可能性，而且也缺乏发现不变常数的可能性"。[①]

不仅如此，经济学研究中经常采用的数理研究方法反映的主要是事物的数量层面，而难以反映事物的质的状态，数理研究很难对此进行客观的处理区分。这构成了研究上的很大困难和缺陷。

经济数据的这些特性，是与人的有目的、有意识的行为特征相符一致的。当然，也与经济逻辑主导下的经济关系或者联系的特征相符一致。不明白这一点，就无法认识经济数据的特性，无法真正发现和利用经济数据中所包含着的价值。

（三）经济数据的不同类型和性质

按照不同的划分标准，经济数据可以分为不同的类型，它们分别反映不同的经济信息，构成经济研究所需的数据资源。

1. 根据经济数据所对应的系统层次和生成条件，经济数据可以分为：（1）宏观经济数据；（2）微观经济数据；（3）市场交易数据；（4）政府行政管理数据；等等。

宏观经济数据，主要是有关反映经济增长、就业失业、通货膨胀、国家财政、金融货币、国际贸易、国际收支等方面，以及国民收入和全社会消费、储蓄、投资、物价、人口等方面的数据。

微观经济数据，主要是反映个体的经济行为，即单个家庭、单个厂商和单个市场的经济行为，以及相应的经济变量的数据。

市场交易数据，主要是反映各类要素市场、商品市场、房地产市场、金融市场、另类投资品市场等的交易数据，包括批发与零售、现货与期货、场内与

[①] 路德维希·冯·米塞斯：《货币、方法和市场过程》，戴忠玉等译，新星出版社，2007，第一章。

场外、线上与线下等市场的交易数据。

政府行政管理数据，主要是反映有关政府在经济方面开展行政活动过程中的收支状况的数据，包括各类税收、支出、行政性收费、罚没款和其他类型的经济数据。

2. 根据经济数据的性质，可以分为：（1）截面数据；（2）时间序列数据；（3）面板数据。

截面数据，是在同一时间，不同统计单位相同统计指标组成的数据列。横截面数据是按照统计单位排列的。因此，横截面数据不要求统计对象及其范围相同，但要求统计的时间相同。也就是说必须是同一时间截面上的数据。

时间序列数据，是在不同时间点上收集到的数据，这类数据反映了某一事物、现象等随时间变化的状态或程度。

面板数据，是截面数据与时间序列数据综合起来的一种数据类型，含时间序列和截面两个维度。当这类数据按两个维度排列时，是排在一个平面上，与只有一个维度的数据排在一条线上有着明显的不同，整个表格像是一个面板，所以把 panel data 译作"面板数据"。

3. 根据经济数据形成的调查方式，可以分为：（1）普查数据；（2）抽样调查数据；（3）专题调查数据；（4）大数据。

普查数据，样本数量大，信息全覆盖。这有助于对于调查目的、状态、结构特征的系统描述和反映。

抽样调查，是一种以样本数据来推算整体情况的非全面性调查，它一般采用随机原则进行抽样的统计调查方法，分为概率抽样和非概率抽样两类。

专题调查获得的数据和信息，是社会调查获取数据和信息的主要方式。调研活动一般都带有明确的问题性和目的性，包括实地走访、电话访谈、问卷调查、抽样调查、会议调研、文献调研等方法。

专题调查获得数据信息的真实性和有效性，取决于：（1）问题设计的恰当性，包括所对应问题与目的指向上的一致性、概括性和完整性，问题表达上的简明性和准确性，问题回答上的便利性、可选择性和可度量区分性；等等；（2）受访者的数量和分布，以及对于问题的理解把握和了解的程度，回答的真实性；（3）调研者对于被调查事物的认识、把握的系统性和深度，包括对相关理论、专业知识和实际情况的掌握程度。

大数据，是充分利用现代电子网络信息技术和手段而形成的有关人类活动特别是经济活动的数据。依靠这些数据，能够比较真实地反映人们的经济状况、往来关系、经济行为特征等等，并进行分类。这是统计科学、行为科学未来发展的方向。

4. 根据经济数据的形成方式，可以分为：（1）观测数据；（2）调查数据；（3）（仿真或模拟）实验数据。

（四）经济数据所承载信息的空间与时间特征

经济数据是经济行为选择的结果反映，而经济行为的选择特征与主体所拥有的时空条件密切相关，所以在分类的意义上存在着经济行为的结构化类特征，它们各自对应着不同的时空条件，并随着时空条件的变化而变化。

1. 从经济行为发生的空间意义来看，包括经济主体的禀赋状态特征和行为环境状态特征这两个内外重要因素。经济行为的选择，总是与这两个方面的特征密切相关。

经济主体的禀赋状态特征，突出地反映在其自身的经济技术条件、价值取向、文化、信念等各个方面。这些方面的不同，就会导致不同的经济主体在同一种经济行为选择上的不同或者差异，包括投资、交易、消费、经营、管理等方面的行为选择决策。

经济主体所面临的行为环境状态，是决定经济行为选择决策的另外一个重要方面，包括以宪法为核心的各种法律正式规则和社会文化、习惯、价值观、信仰等非正式规则的影响，以及其他影响行为选择的经济、社会、政治、技术、自然等条件。

在外部环境条件相同一致的情况下，经济数据及其结构化特征主要取决于经济主体的禀赋状态及其类结构化特征。

从经济数据反映的空间状态特征看，不同禀赋状态的经济主体有着不同的行为选择特征。它的逻辑意义在于，对于经济行为选择进行同质化处理将背离经济行为主体拥有异质化禀赋条件这一事实，从而导致建立在众多异质化禀赋条件下的经济主体（或样本）数据的对策性实证结论因为针对性的缺失在实践上反映为弱效性甚至无效性。

2. 从经济数据承载的时间性或阶段性来看，不同的时间、阶段或期间的经济事物所承载的信息经常是不同的。即同样一种事物或一项研究所选的经济数据会因为时间点或者时间区间的不同，经常意味着其所承载着的信息是不同的。所以，这类研究对于经济数据的时间点或者区间的选择确定是至关重要的，其前提是对于这种事物特性的足够了解和把握。否则，研究结果进而结论经常是不同的，有时候甚至是相反的。同样一项实证研究，选择哪个时间点或者区间的经济数据，研究结果和结论就可能不同甚至相反。这是这类研究经常出现众说纷纭状况的其中一个主要原因。这种研究的可靠性和可信性就十分差，当然也就没有什么科学意义。遗憾的是，不顾经济事物或者研究对象的时间特性，在时间上随意甚至任意选择经济数据的情况在实证研究中普遍存在。

（五）经济数据的层次性和因果关系

我在前面已经提到，因为经济数据只是经济事物的数量化，所以总是与经济事物的系统化、结构化、层次化和联系等相对应的。在经济学研究中，层次化是经常被忽略的一个重要问题，由此经常导致系统结构和因果联系的平面化、简单化，导致逻辑的混淆。

以经济系统为例，宏观系统与微观系统形成因果联系，其数量化的结果就是各种经济行为或者经济活动的数据。但宏观和微观经济数据在同一层面之间的关系，主要是由核算规则和统计关系形成的结构关系、因果联系和主从关系。从经济状态表现形成的经济行为／活动起因上，彼此之间形成因果联系，即理解为：所有的经济现象／状态表现不过都是经济主体行为选择的结果。进一步回溯，则根源发生在行为选择的时空条件上，即各种经济行为选择都不过是行为主体行为选择时所面临的时空条件的产物，包括约束条件、效用偏好和心智状态等。

因此，经济数据中可能包含着的因果关系，可以分为：（1）浅层或者表面上由核算规则或者统计关系引起的因果关系或者数量关系；（2）经济运行结果与经济行为或者经济活动之间的因果关系；（3）经济行为选择决策与其所面对的时空条件之间的因果关系。

对经济数据进行实证分析获得的因果联系的性质和结论的价值，取决于经济数据所对应的事物关系的性质和研究者的研究能力。由核算规则或者统计关系决定的经济数据所对应的因果属于浅层或者表面的因果，从应对角度看，这种因果关系的实际意义是短暂的和有限的。由经济运行结果的各种表现与导致这种结果出现的微观行为之间的因果，属于直接因果关系，是认识和理解问题之所在。而最根本的原因，则是导致这些经济行为选择特征的时空条件，即为什么这个时间阶段的经济主体会有这样的经济行为选择？包括行为选择结果的结构化特征。因为大多数主体的经济行为选择结果都与各自所具有的时空条件密切相关，也是理性之可靠反映，并可以在其中找到问题的答案。事实上，这才是经济状态／绩效／现象等形成的真正原因和问题之真正所在。遗憾的是，许多人在研究认识中舍本求末而局限、停留在表面的认识上。

另外，发现问题和解决问题并非属于同一回事，从存在的问题中去寻求解决问题的方法，或者从存在的差距或者不足中去寻找解决问题的路径策略经常是不得要领的。因为在多数情况下，存在的问题正说明了其存在的客观原因之所在或者在寻求解决上的困难。从理性角度，绝大多数人都渴望成功，然而就像我们对照许多"成功"榜样时所发现的，我们中的许多人并不具有这些成功案例中所具有的时空条件及运气。当然，主观上存在的不足则另当别论。

即使在数据具有有效信息的情况下，经验数据能够告诉我们的或是样本中存在的某些因果联系，或是成功案例中的某些成功之所在，我们从中所能够获得的更多的是启示启发，而不是简单模仿，更不是照搬照套。唯有思想、常识和逻辑，才能帮助我们从过去的经验数据中受益，进而发现问题和解决问题。

四、经济数据中的有用信息及其类型

作为一门科学，经济研究旨在探求、揭示或发现经济事物的规律性特征、本质和关系，建立一般机理、机制和一致性逻辑。当然，也包括获得有价值的启示和启发。

需要强调的是，在复杂的经济系统中，经济要素之间并不存在固定的因果关系和统一模式，只存在排列组合意义上相对的逻辑关系，因为与结果相对应的总是不同成因的排列组合；并且，这种因与果的关系只有通过一致性逻辑才能得到统一。对经济研究而言，正如我在其他章节中所论述的那样，科学性只有在一致性逻辑的支持下才得以反映。另外，由于同种事物的时空条件存在差异并发生变化，个别事件的因果或者成功案例只具有启示启发意义，而不具有可简单模仿和操作意义，只有因果或成功中所反映的一致性逻辑才具有可依循性。

经济数据是否包含着有用的信息，就是指经济数据中是否含有经济事物的本质特征、规律性、相关性等具有普遍性意义的科学研究所需的信息和逻辑。

对于经济理论研究而言，是指经济数据是否包含着能够揭示在微观和宏观意义上对经济行为或事物构成影响的一般因素及其时空表现上的规律性特征信息，以及蕴含着的逻辑。例如，对个人或家庭的消费支出及其结构构成影响的一般因素及其时空表现，对企业投资构成影响的一般因素及其时空表现，对技术创新构成影响的一般因素及其时空表现，对市场有效性构成影响的一般因素及其时空表现，对经济增长构成影响的一般要素及其时空表现，对产业结构变迁构成影响的一般因素及其时空表现的特征信息，等等。

对于应用研究而言，是指经济数据是否包含着能够真实反映在微观和宏观意义上特定研究对象或主体的存在性状或者时空条件的特征信息，即主体或区域或事物等在个别意义上所具体存在的特征信息，以便根据特定研究对象的时空条件及特征和事物所拥有的共同的规律性特征和一般逻辑来进行的策略选择。[①]

概括地说，经济数据中的有用信息包括以下几方面：

1. 状态及其变化特征，包括总量、结构和变化率等的状态。

2. 趋向性关系特征，包括经济行为或经济事物变化的趋向特征和时空意义上的经济事物之间的联系或关系特征，或者系统状态与要素及其不同层次结构之间存在的相互联系。

---

① 即研究如何根据特定对象的禀赋结构条件达到目标或目的的排列组合策略的问题。

3. 普遍意义上的启示启发，例如典型案例中所存在的有用信息。

4. 其他具有普遍意义和为达到特定研究目的所需的信息。

如果经济数据中包含着上述几方面信息，那么这些经济数据就具有科学研究的意义和价值，帮助我们增加对经济事物的认识和判断；如果经济数据不具有理论抽象和应用研究所需要的特征信息，那么经济数据就缺乏科学价值。

五、经济数据中存在有用信息的条件

毫无疑问，并非所有的经济数据都含有有用信息或者具有研究利用价值。

我个人认为，经济数据中存在有用信息的前提条件包括：（1）类事物特性的判别；（2）数据的全面性、真实性或客观性。详见本章前面内容。

类事物对应的存在如果具有规律性 / 一致性 / 共同的特征，那么其对应的经济数据中才有可能也含有这种特征，否则就不过是一堆散乱无序的数据而已。当然，前提是这些数据是全面、真实的，否则其含有的信息也是片面的、错误的。

如果不能满足上述这两个方面的条件，那么不论经济数据看起来如何有用或者运用什么样的方法手段加以处理，或者经由什么样的"科学方法"得出了"有用信息"结论，都是不可靠的和站不住脚的。就像挖金矿，即便我们拥有先进的探测、挖掘金矿的技术装备，我们也无法在没有金矿的地方挖掘到金子，无法仅凭工具"无中生有"。

当然，我们也无法从一堆杂乱无章的和不真实的数据中得到真实的规律性特征、时空意义上可重复的趋向性特征、相关性和本质的特征信息，以及其他所有真实的状况。

六、什么样的经济数据中存在着规律性的特征信息

所谓规律性的特征信息，就是反映在自然及社会现象之间的那些必然的、本质的、稳定的、反复出现的关系特征，是由事物内部固有的规定性决定的。

自然现象之间的规律性，是由自然物质所具有的固有规定性决定的。经济现象之间的规律性，是由人的有意识行为所具有的规定性决定的。如前所述，这是两类不同的规定性。物质现象的规定性具有机械稳定性，由客观的自然物理逻辑主导，因而反映为一种固定不变的关系。经济现象的规定性由经济逻辑主导，表现为达到经济目的的各种手段的主观选择，因果之间存在着多种不同排列组合的可能性，因而至多反映为类和时空意义上的规律性趋向特征，具有相对性，不具有机械稳定性。例如，市场供求规律，价格由供求关系决定，供求关系又由价格调节；边际报酬递减率，在技术条件不变的情况下，随着要素的不断投入，就会出现边际报酬递减的现象；等等。这些假定条件都只在抽象的意义和有限的时间或空间条件下才成立。

正如米塞斯所指出的，"就人所能见到的而言，自然现象的连续性和联系性中存在一种规则性。经验，特别是在实验室进行的实验的经验，使人能在许多领域找出具有这种规则性的某些'规律'，尽管这些规律只是在数量上接近于准确。这些以实验确定的事实是自然科学在建立自己的理论时所用的材料"，"由于思想和价值判断的出现和联系并不存在可识别的规则性，从而人类行动的连续与联系也没有规则性，所以，在研究人类行动中经验所起的作用与其在自然科学中所起的作用完全不同。人类的经验是历史。历史经验并没有提供可以帮助建立理论科学的事实，这些事实也不能同实验室中的实验和观察为物理学提供的事实相比"。[①]

什么样的经济数据中可能存在着规律性的特征信息？

我认为，是我们可能获得的能够反映人们在经济活动中的全面、真实的数据。一是利用现代技术特别是电子信息和软件技术形成的数据，特别是"大数据"或者真实的交易和经济往来数据；二是完整的长期时间序列数据，包括统计核算数据，特别是在时空意义上存在着系统逻辑关联，以及与经济主体经济行为选择相关的各方面的真实数据。前者存在着经济行为选择结果与原因上的规律性时空联系特征，后者具有事理上的逻辑规定性，长期经济数据内含着经济行为选择和经济事物变化的时空逻辑，为我们提供了得以认识理解不同时空条

① 路德维希·冯·米塞斯：《经济学的认识论问题》，梁小民译，经济科学出版社，2001，英文版序第2页。

件下经济行为和经济事物发生变化的客观原因。

与上述论述相对应的，我认为以寻找类自然科学中的定律和可重复操作为目的的经济研究是缺少实际意义的，是徒劳的。原因就在于经济事物中并不存在时空意义上固定不变的关系，而只存在与一般机理相对应的原理。此时彼时，此地彼地，同一结果经常对应着不同的排列组合要求，而且应随时空条件的变化而变化。

七、经济数据中有用信息和逻辑得以科学发现的必要条件

我们之所以会认为经济数据中存在着某些有用的关系和因果规律，其实多是一种错觉。这种错觉一是来自因统计、核算等规则形成的数学关系，然而这本身就是并不需要研究探索的问题；二是业已形成的思维逻辑或者知识"印象"，即从课堂上和书本中获得并形成的有关事物之间一般联系的一种"认识"。实际上，任何经验数据本身都不能告诉我们什么，经济数据尤其如此。对于同一经济数据所得出的对于事物的解读，在不同的研究者之间经常会有不同的答案甚至相反的结论。因此，除了计算上的功能目的，除非能够提供一致性逻辑或者科学检验的方法，或者改变我们看待经济事物的方式，想要通过数量分析方法从经济数据中获得具有科学性特征或可操作性的研究结论几乎是一件难以完成的工作。

首先，建立在经验数据和经验事实基础上的实证研究，它的基本逻辑是：这些经验数据、经验事实（案例）中包含并反映了大量同类事物或现象的科学信息或者可重复的一致性或者经验启示。具体地说，就是同种事物或现象中存在着不变的因果联系和逻辑关系，存在着理论上的可解释性和实际操作依据。而如前所述，经济行为选择是相对于时间和空间的产物，以人类行为为形成基础的经济事实中只存在时空意义上的趋向一致性或者某些启示启发，却不存在像自然科学那样在数量意义上的不变关系。

其次，即使经济数据中含有有用信息和科学价值，作为实证研究的主要方法，统计或计量分析能够从经济数据中获得有用信息的前提条件十分苛刻。

1. 样本和数据：在空间与时间意义上，（1）具有类一致性或同质性，不能

够用宽泛或类不一致的样本，不能用与变量特征不相符的数据；（2）存在着可重复的抽象特征；（3）数据全面、真实或客观；（4）样本数量符合所选择的计量方法，样本覆盖能避免"幸存者偏差"或"选择偏倚"。[①]

由于无法进行实验检验，样本和经济数据在类一致性、真实性上的确定是一件难以完成的工作，而只能依靠研究者的认知。

2. 研究设计和技术手段：（1）假定条件的界限清晰，具有明确的可区分性，如果属于应用研究的，还应该具有假定条件在实践中的可重复性；（3）研究设计合理，技术手段和方法选择得当，模型设计科学，符合研究目标的要求；（4）变量选择和结构，符合理论和逻辑，并且系统完整；（5）样本筛选、数据处理得当。

3. 最关键的，经济数据中有用信息的挖掘、科学发现归根到底取决于以下两个方面。

（1）经济学研究在认识论上的突破，能用更合理的新方式看待经济事物，具有一致性检验的理论和方法；否则，就无法判断经济研究结论的科学性和合理性，无法避免随意性和众说纷纭现象。

（2）研究者的认知、学识及思想境界和科学研究能力等综合的学术素养。

科学发现或者科学理论的形成，或者在应用研究中针对性操作建议的获得，不仅取决于研究者的认知境界、学术素养和研究能力，而且取决于整个学科所拥有的认识论、方法论的科学性和学术氛围。这是不可或缺的两个方面。

在科学研究中，占主导地位和起决定作用的永远是人的思想、认知和逻辑能力，而数据通常不过是作为一种辅助的要素，来帮助研究者理清思路、检验判断和理顺逻辑。

---

① 由于研究样本选择上的偏差或缺陷而导致的研究结论上的偏差。

科学一致性及其在经济科学中的反映

经济学的时间是历史中的时间，而不是逻辑——数学中的时间，那么，从丰富多样的经济条件这个角度，利用数学模型偏执地追求一致性，有可能掩盖一种严重的危险。因为是这些丰富多样的条件促成了散布在不同的人类文化和文明史中的纷繁多样的经济制度和结构的诞生、发展和消亡。如果真是这样的话，这些数理经济学模型对这个领域将不具备描述性适宜。

——托马斯·A. 博伊兰《经济学方法论新论》

在经济学研究文献中，特别是科学认识论和方法论研究文献中虽然偶有"科学一致性"或者"一致性"这类词语出现，但并不常见或语焉不详，很少看到有专门系统的论述。

我认为，科学一致性是科学研究所追求的和对科学研究成果进行评估的关键特征，对这一问题加以在一般意义和学科及具体不同类型层面上的深入研究论述，有助于澄清认识和逻辑关系的理顺，对经济科学的发展来说至关重要。

一、科学意义上的一致性

（一）什么是科学一致性

我认为，科学一致性就是科学认知以及以科学认知为追求目标的科学研究所反映的科学特征，包括研究成果所反映的可一致性检验特征和开展科学研究所共同需要的研究规范。

科学一致性，既包括对事物的认识与存在事实的一致性，也包括科学研究在事物的问题指向、目标指向和应答域上的一致性，认识与应答在逻辑上的前后一致和系统一致，以及成果的可一致检验性等。

认识是对存在事实的抽象反映，但是这种反映只有通过事物的问题指向及目标指向才得以通达。问题指向不仅是明确科学研究所要研究的对象事物所对应事实的范围、具体性程度和约束性条件等的前提，而且也是决定一项研究是否具有科学意义的前提。有什么样的问题指向就会有什么样的事实反映或者应答。目标指向则是有关一项研究想要发现/揭示/指出/解决什么问题，即明确研究认识目标的需要。应答的科学性或合理性，只有在问题指向、目标指向明确、清晰的情况下才可能得到体现。

科学一致性也是围绕事物之系统运行的状态/结果/现象等所形成的核心逻辑所构成的贯穿于不同层面、不同要素结构和不同时间上的各种关系在认识上的一致性逻辑反映。当然，它也是围绕科学研究的目标在相关时空的各个方面关系在认识上的逻辑反映，它的内核是事物在形成变化上的类共同机理以及贯穿其中的规定性。这要求认识应答必须前后一致和系统一致，不自相矛盾或者逻辑混淆。

科学一致性要求所有的科学活动，特别是科学认识、科学解释、科学讨论和科学研究等，都应该具有明确的问题指向、系统或类指向、目标指向等；否则，就会造成应答的含糊不清和逻辑混乱，就会失去一致性，就无法进行科学检验。

科学需要具有一致性特征，一是说科学以追求事物存在反映的一致性作为主要目标，包括时空意义上的一致性，这种一致性也是规律性和共同特征的反映；二是说科学需要通过是否具有一致性特征进行证实或证伪，进行检验和评价。不能检验就不具有科学特征。缺少科学一致性，科学解释和检验就必然带来随意性，而这是与科学要求不相符合的。

然而，科学一致性特征表现，就其所对应的事物特性或者存在的多样性而言，是不同的。由于事物在类意义性质上所存在的本质区别，物质事物与意识事物的一致性表现是不同的，经济科学的一致性表现与自然科学的一致性表现是不同的。

自然科学的一致性特征表现具有绝对性或"事实"上的可重复一致性，所以可以通过实验、试验的重复来检验。而经济科学的一致性表现则具有相对性或者逻辑上的重复一致性，只能通过趋向率意义上的趋向特征和一致性逻辑来反映，而无法通过重复实验来检验。这是这两门科学在一致性特征表现上的最大区别。

博伊兰指出，"经济学的时间是历史中的时间，而不是逻辑——数学中的时间，那么，从丰富多样的经济条件这个角度，利用数学模型偏执地追求一致性，有可能掩盖一种严重的危险。因为是这些丰富多样的条件促成了散布在不同的人类文化和文明史中的纷繁多样的经济制度和结构的诞生、发展和消亡。如果真是这样的话，这些数理经济学模型对这个领域将不具备描述性适宜"[①]。这种说法指出了试图在经济科学中追求完全等同于物理科学所反映的一致性的危险或后果。

科学理论研究成果的科学一致性主要反映在其可一致依循性特征上，包括：（1）可重复一致性检验，可证实或者证伪；（2）可用以一致性解释，只要问题指向和约束条件相同，理论对于既成事实对应的事物的解释就应该系统一致；（3）可用以预测或者判断，但可预测程度或者"精确性"取决于所研究对象的性质；（4）具有系统一致性参照体系和标准，同种事物，具有用以一致性解释和预测判断的共同依据；（5）具有系统一致性逻辑的支撑。

科学用何种一致性来反映它的特征取决于科学所研究对象的类特性。自然科学的研究对象内含着某种或某些固定不变的关系——无论具体存在者如何更替变化都存在着类抽象意义上的不变或一致性特征，因而具有可重复一致性；而经济科学的研究对象则不具有这种可重复意义的特征，因为这类事物的形成基础是有目的、有意识的行为，具有明显的相机性或者时变性特征，它至多存在趋向特征上的一致性。

---

① 托马斯·A. 博伊兰:《经济学方法论新论》，夏业良等译，经济科学出版社，2002，第222页。

（二）一致性之对应系统和类存在的意义

一般性研究所获得的科学结论具有普遍意义，它是同种或类事物及现象的高度抽象，可以用于同种或类事物的实践指导。但是，一般性研究成果的科学性，同时取决于种或类的精确定义、划分和设定的前提条件，即在这一前提下，同种（类）事物及现象所表现出的重复一致性特征。而一旦超出这一假定的前提条件，这种可重复的一致性特征就可能消失。这意味着不同类所表现出来的在语意上的一致性特征，在实际上却存在着差别。就像在物质事物和意识事物中所各自表现出来的"一致性特征"一样。

从人类面临的各种事物及现象的属性和特征来看，存在着许多种分类的可能，并可归为不同的系统。不同标准所形成的系统，又由不同的事物形成这个系统内具有不同结构功能的子系统，不同的子系统还可以依据这样一种思路继续划分而形成子子系统……不同等级的系统可以进一步分解为物质、元素等形成不同功能或属性的要素或要素簇。这些不同等级的系统之间、要素簇或要素之间存在着各种直接或间接的联系或影响，互动关联……；它们相互之间的影响程度，又受到相互之间连接的"距离"和方向及各自所具有的作用的影响；等等。事实上，我们所研究的事物，本身就对应着不同等级的类或系统。

从科学的角度，认识抽象所对应的类等级越高或者包含的事物越多，系统的复合性程度越大，所包含的事物的个别性（或差异）就越多，共同性就越少。类等级越低或者所包含的事物越具体，系统的复合性程度越小，所包含的事物的共同性就越多。这种共同性上的差异，主要表现在系统的复杂性程度与其所包含的事物的异质性程度之间的对应关系上。也就是说，对于事物或现象的不同分类，意味着研究对象复杂性程度的不同，抽象性程度的可能不同。而复杂性程度不同，一般性研究结论所反映的科学内容或者可重复一致性特征的表现在层面上就不同。一般而言，类等级越高，系统的复杂性程度越大，科学所反映的对事物或现象的抽象性程度就越大，就越难体现在具体的应用上。

科学一致性也与系统层面或类指向密切相关。同样一种事物，从不同的系统层面出发，所反映的"一致性"是不同的。例如，同样是科学认识论，在超越科学领域的最一般意义上，它舍弃了学科之间的差异性而得以"一致性"抽象论述，理性与客观就指向所有事物共同的存在方式及其认识反映。而在具体的科学如经济科学领域层面，它需要在科学认识论的基础上结合其自身的特性进行抽象反映，去具体研究经济事物的存在方式及其认识反映或者经济科学的特性问题。在这里，经济科学的一致性特征与最一般科学意义的一致性特征就各自属于不同层面的抽象反映，它们之间既是统一的又是差异的。同样是一致性特征，经济科学和其他科学之间在具体表现上也是不同的。

对于应用研究而言，应答域的层次与研究目标应该保持一致，用高于这个目标层次的"一致性"抽象"道理"来应答具有特定时空条件约束的研究目标指向的问题，虽然不一定错误，但却是缺乏针对性、笼统空泛的，也是"大而不当"的。

因此，在进行科学研究时，总是要求与所研究事物的系统指向、类指向和研究目标指向保持一致，以所研究事物的问题指向所对应的目标指向来进行研究论述，给出应答域。

（三）科学一致性之存在前提和不同反映

科学认识是对存在事实的客观反映，所以科学一致性的形成同样取决于事物存在的特性。其意：一是说，如果事物本身存在着可重复一致性特性，那么科学研究也能够获得这种一致性特征的认识抽象，否则，科学研究就无法获得对这类事物的可重复一致性特征的认识抽象。二是说，科学的一致性表现形式也取决于事物的类表现特征，如果类事物本身存在着实验上的可重复一致性，那么，科学抽象也同样能够表现出这种一致性特征，而如果类事物本身的存在中只具有趋向意义上的一致性特征，那么科学抽象也只能反映这种趋向意义上的一致性特征；如果类事物本身所对应的存在中不具有任何形式的一致性特征，那么科学研究也就无法抽象出一致性特征。三是说，科学一致性的反映方式取决于作为认识对象的事实特性，如果事物所对应事实具有机械意义上的可重复再现性，那么科学抽象应该同样可以还原为这种可再现性；如果事物所对应的事实只具有事理上的可重复相对性，那么就只能依靠逻辑来反映这种一致性。

1. 可重复一致性的事物类型特征。可重复一致性的类事物，是那些不会因时间的改变而改变空间特征的类事物。即不论时间如何改变，存在所对应的存在者的空间特征——这些存在者自身及其对于外部刺激的反应性始终具有可重复一致性表现的抽象特征。这些事物内含着某些一致的固定不变的关系。自然科学面对的主要是这一类型的事物。

2. 具有趋向一致性的事物类型特征。趋向一致性的类事物，是指类事物所对应的存在者的空间特征虽然不具有可重复一致性，但在总体上会表现出趋向上的"大数"一致性。趋向上的一致性包括两类不同情形，即不会因为时间的改变而改变的趋向特征和会因为时间的改变而改变的趋向。自然物质系统的趋向属于前者，社会经济事物的趋向属于后者。

3. 具有逻辑一致性的事物特征。逻辑一致性的类事物，是指类事物所对应的存在在时间特征上不具有可重复性条件，贯穿于这类事物的存在和运行发展的不是自然物质的规定性，而是共同的机理和逻辑。经济科学面对的主要是这一类型的事物。

一般认为，科学一致性的前提是"各态历经"，自然科学具有各态历经的特征前提，但社会科学至今尚未解决这一问题。对此，诺思认为："'各态历经'的经济是一种潜在的基本经济结构恒定不变，即不会随着时间的失衡而改变的经济。但是，我们生活其中的经济是非各态历经的——一个新奇变化不断涌现的世界。"[①]

在某种程度上，诺思指出了自然科学和经济科学之间的一个重要差异，但他没有发现和指出这两门科学之间在理论表达形式上的质的区别，即：（1）由物质事物特性决定的是绝对可重复一致或者可重复实验性，因此，自然科学可以通过公式、定律、定理、公理等来反映事物的存在方式和关联关系；（2）由意识事物特性决定的是相对可重复一致或者可重复一致性解释，因此，经济科学是通过原则、原理、分析框架和一致性逻辑来反映事物的存在方式和关联关系的。虽然极少有人注意到这两类事物之间的这种区别，但这对于认识经济科学的研究特征却十分重要。

不同事物的不同特征，导致了其所对应的不同科学在探知发展原理上的差

---

① 道格拉斯·诺思:《理解经济变迁过程》，钟正生，邢华，高东明译，中国人民大学出版社，2008，第16页。

异。孔德认为，科学构成一个等级体系，每一门学科在体系中的地位取决于它达到实证阶段的时间顺序，并可根据它的普遍性及独立性的程度，即依逻辑的顺序排列其在体系中的地位，历史的顺序与逻辑的顺序紧密地对应。在诸多学科中，社会学最具体、最复杂，与实用关系最直接，且须利用所有其他科学的一切成果，因而居于科学体系的最高层次。[①] 就复杂性和学科的某些特性而言，我赞同孔德的观点。

从这一意义上，尽管科学的特征和含义在不同的学科之间没有差异性，是一致的，然而它在其表现的层次特征上还是存在着明显差异的。由于社会科学的研究对象所具有的复杂性特征，社会科学特别是经济科学研究的科学方向，我认为经济工作者需要做如下方面的努力：一是对于事物及现象在种或类的归属划分上的进一步细化和精确化，以避免把那些看似相同或相似或者拥有同一名词、术语或符号，实际上却存在着明显差异的事物混为一谈；二是建立一种动态的系统参照理论体系，赋予拥有同一名词、术语或符号的经济事物及现象以时空意义的属性；三是赋予不同等级或层次的一般研究的科学性以不同意义，每一层次的经济理论对应每一事实层次的抽象性和逻辑关系。

（四）为什么要强调科学一致性

关于科学一致性，科学唯实论者要求用统一的模型来反映，而建构主义者则否定一致性的认知价值。我认为，这两种认识都是错误的，是极端化的表现。前者否认了不同科学领域之间在存在特性上的根本区别，忽视了一致性所具有的不同表现方式，犯了绝对主义错误，后者忽视了认知价值对于实用价值的基础性决定影响。

我之所以要强调科学的一致性，是因为所谓科学认识，总是对于事物存在事实或者真相的反映，那么事实或者真相又是如何的呢？

1. 一切存在事实都是变化的，是其所对应的具体存在者的反映，不变的只是事实所对应事物的抽象特征，是存在者所反映出来的共同特征。

科学所追求的主要是具有共同特性或者一致性特征／规律性特征和普遍意

---

① 于海：《西方社会思想史》，复旦大学出版社，2003，第190页。

义的事实抽象，以及贯穿于事物形成、变化之中的规定性，所以，只有具有这些特性或特征的事实／真相才具有科学意义。而这些特性或者特征的形成总是有条件的，是特定时间和空间条件下的产物。否则，事实或者真相就会模糊不清，或者缺乏科学价值。

从认识角度，科学所能获得的认识只是事实的有限信息。科学既无可能也无必要获得事实的全部信息。

2. 在认识意义上，所有的事实或者真相都可以用系统、结构、因果来分析和解释反映。不同的事实或者真相，它们各自对应着不同的问题或者命题，并具有特定的目标指向。所以，只有在问题指向明确一致，系统或类指向一致，研究的目标指向一致，以及逻辑起点一致的条件下，才可能形成对于事实或者真相的一致性认识。

从事实或者真相出发，每一系统层次都对应着自己的结构和因果联系，都有其所对应系统层面上的存在事实或者真相。也可以说，不同的系统指向具有不同的事实存在。在超越一切时间和空间的系统层面，宇宙万物都有共同的特征。在生物系统层面，所有的生物都有共同的特征；在动物层面，所有的动物都具有共同的特征；……所有猴子都具有共同的特征，但不同种类的猴子之间又具有差异，当然，意识事物在结构要素和因果联系等诸多方面，也都既存在着共同特性，又存在着明显差异。道理是不言自明的。

而如果问题指向的系统层次不同，所对应的结构要素就会不同，因果联系的主次性就会不同；如果问题指向的目标不同，逻辑起点不同，认识形成的逻辑就会发生混乱。当然，认识者所获得的结论也会因此不同。但是，这些结论的得出在本质上却是基于不同性质的问题基础上的，实际上是属于不同问题的答案，因此不具有一致性。

从科学一致性的要求角度，对于特定问题的研究认识，只有在问题指向、系统或事物类属性指向一致（或同质性）、目标指向一致、逻辑起点指向一致等的前提条件下，才具有一致性基础。以此作为前提和依据，科学认识在各个层面上、各种结构关系上和各种因果联系中得到了统一，否则，应答域就会不同。

科学认识的这种要求，是与存在的事实或者真相相符合一致的，否则，我们所获得的所谓事实或者真相的抽象就含糊不清。

3. 非意识事物和意识事物之间的系统、结构和因果有着不同的性质和不同的表现方式。

非意识事物的载体是自然物质系统，对应的是物质结构、物质关系和物质的规定性，它们是客观的产物，具有很大的可一致量化性，多数具有可重复一致性特征。

而意识事物的载体是思维系统、思维结构和思维逻辑，在约束条件、效用偏好、心智状态和行为选择倾向特征之间形成对应的类关系，形成不同的排列组合。这一系统的形成、结构和关系的建立，主要是逻辑思维的主观产物。行为选择倾向及在其基础上形成的事物，存在着某些时间、空间意义上的类一致性。在认识上是一种相对意义上的一致性。

也就是说，认识中的非意识事物的系统、结构和关系不过是作为认识主体的人对于客观存在的一种认识反映，是发现的结果；而意识事物的系统、结构和关系的形成却从其一开始就是主观认识的产物，是理解和逻辑构建的结果。

遗憾的是，这种具体与抽象、名与实、时间与空间等之间的逻辑关系，以及不同特性事物之间的本质区别，在科学研究和科学认识中却总是被忽视和混淆。

二、科学性之可一致依循性特征和意义

系统，就是相互联系、相互作用的诸元素的综合体，是同类事物按一定的秩序和内部联系组合而成的整体，它具有不同的等级层次。每一个系统都有自己的要素、结构和功能，对应的是变化或运行状态，高一级的系统经常由一些子系统、子子系统及进一步细分的系统组成。系统的可依循参照体系，就是所研究事物或现象在系统意义上的整体对应归属，对子系统、子子系统及进一步细分系统的评判需要以整体意义上的系统为依循基础；否则，就意味着参照系统的不同。

事物的可重复一致性特征，主要表现在两个方面：（1）系统结构及其要素在关联影响上的特征，系统的状态（功能）总是与系统结构及其组成要素之间的关联关系密切相关的，并存在着认识上的一致性表现特征，例如生物及其类

意义上的生理特征，这是类的静态意义上的一般性特征；（2）系统状态在时间、空间意义上类的表现特征，反映事物或现象在动态变化过程中类的一致性特征，类似于动物在其生命周期各个阶段时间上类的一致性表现特征，是与生理和心理变化相对应的特征，这是类的动态意义上的一般性特征。当我们具有这两种一般性特征的时候，我们对于具体事物及现象的认识、判断就有了客观的参照，即系统可依循性的参照体系。

我在前面提到，科学性之可一致依循性特征主要表现在以下几个方面：

1. 可重复一致性解释，就是对于同种事物的同一问题指向，在严格的时间和空间类指向或约束条件类一致情况下，都可以依据以一定的机制或机理和核心逻辑为内容的科学理论获得对于事物的一致性应答域或者一个（或组）解，实现在不同系统或结构层次、不同要素指向和不同因果关系等之间的一致性统一。或者据以能够消除因为系统结构层次的不同、要素指向的不同等所引起的应答或"解"的不一致性问题，进而消除解释上的似是而非或随意性问题。

2. 可重复一致性实验或操作性，即只要类事物的问题指向和约束条件一致可控，就可以根据科学理论进行并实现实验或操作上的重复一致性。

3. 可重复一致性预测或判断或推理，就是对于同种事物的问题指向，在严格的时间和空间特征指向或约束条件类一致假定下，都可以依据以一定的机制或机理和核心逻辑为内容的科学理论获得对于事物变化或者发展趋势的一种或若干种可能性预测或判断。理论上，这是与科学解释相对称的一种情况，符合"对称性论题"。[1] 所不同的是，科学解释是在确定的情况下进行的，或者是事后的解释；科学预测或判断则发生在不确定性的情况下或者是事前，需要依据不同的假定可能来作出推测。

4. 可重复一致性检验——证实或证伪：既包括通过重复实验或试验的事实检验，也包括运用具有一致性参照体系或标准和一致性逻辑的科学理论所进行的检验。科学研究的事物，有着不同性质的规定性，并非都具有可重复实验或试验性。对于依靠逻辑规定性建立结构、关系或联系的事物，或者对于不具有可重复实验或者试验的事物，例如，对社会经济事物来说，解释上的逻辑一致

---

[1]　马克·布劳格:《经济学方法论》，黎明星等译，北京大学出版社，1990，第287页。

性就成为科学理论是否自洽的一个客观标准。这是科学检验中的两种不同检验途径和方法，适用于不同的事物和情况。但是这二者经常被混淆在一起，后者在过去的科学认识中一直被忽视、被无视。

需要强调的是，支持系统一致依循性特征的是可重复一致性和一致性逻辑这一理论核心。自然物质事物的可重复一致性主要反映在实验/试验上，它的一致性逻辑是以自然物质的规定性以及内含着的固定不变关系为基础和依据的。经济意识事物的可重复一致性主要反映在趋向特征上，它的一致性逻辑是以经济性以及内含着的意识逻辑思维的时空相对性为基础和依据的；否则，系统可一致依循性特征就会失去科学依据。

我们应该明白，从不同系统结构层次或者不同要素的角度出发，总是存在着许多不同的解释可能。这是因为在没有时空条件约束的情况下，对于一种结果/状态/目标而言，总是存在着在"因"/路径/手段等意义上的多种不同排列组合的可能。但对于一个受时空条件约束的具体存在事实而言，却只存在着一个（或组）解，其他的许多结论或是错误的，似是而非的答案，或是根本就不属于同一问题。不同的立场和视角，有助于帮助我们全面地认识问题，但只有把认识回归到一致性逻辑上来，才能形成一个科学的或者合理的"解"。

三、系统一致性参照体系或标准

任何一个科学答案，都需要以一定的科学依据作为支撑。对于一种事物的认识，提出一种结论/判断/主张等并不难，难的是依据的合理性和可靠性。

我们何以评判一种结论/判断/主张等的合理性或科学性？

通常，我们对于事物的许多结论/判断/主张等是建立在特定的参照体系或标准基础之上的。对理论和系统状态的科学评价，都需要建立在参照体系或标准的基础上才得以进行并获得。参照体系或标准不同，对于同一事物状态所得出的结论或评价也会不同。没有基准/标准作为参照依据，我们无法作出评价。

所谓系统一致性参照体系或标准，就是对系统存在性状的合理判断/评价或评估结论的获得所需建立的一个客观的基准状态或者一致的意向性标准。通常，就其客观性要求而言，它既不是所研究的具体事物的存在状态，也不是这一事物的理想状态，而是这一事物的抽象所对应的众多具体事物状态的一般化，支持这一参照的是事物的一致规定性。而就其主体性要求而言，它就是相对于特定主体的目标与时空条件的一种逻辑结论。现象 / 关系 / 状态 / 结论等的合理与否、正常与否、正确与否，或者好与坏、有利与不利等等，都取决于事物的客观参照或者意向性标准。

对自然物质或者生物状态 / 现象的一般参照：

一是根据这些事物在经验意义上统计分析的类 "平均化" / "平均效应" 或者 "中位值" 或者 "阈值" 来确定，来评价其正常与否等，当然，这需要处理个体之间的异常情况，并应随时间的变化而作出调整；

二是以人类主体设定的价值或意向性标准为依据，来评价其合意与否或者好与坏及程度等。通常，这些方面的评价是相对于具体主体时空条件的不同而不同的，因此是相对的。

对经济状态 / 现象的一般参照：

一是根据一致的标准或者经济指标及其构建的标准体系，例如绝对的经济价值量 / 单位均占量 / 结构状态 / 速度指标 / 效率或效益，以及多个方面的指标 / 数据体系构建的标准来确定，当然，这是简单的比较所用的参照；

二是相对于时间和空间状态 / 条件或特征的参照或者标准，它的形成或者构建既非来自理想的状态，也非来自存在状态，而是来自大量（类空间特征）和大周期（完整发展周期的不同阶段特征）的系统研究，包括对多样本连续性历史数据的研究，与其相对应的是时空一致性逻辑。许多重要经济事物 / 状态 / 现象等的评价和经济问题的应对处理，例如经济发展评价、群体的经济行为的认识、制度及政策手段的合理性、市场状态、技术及创新水平和状态，以及经济管理中的应对，等等，都需要以此作为参照才能得到客观有效的结论。

什么才是客观合理的参照标准？

我认为，客观合理的参照标准，就是建立在以长期的一致性变化或者规律性特征为基础的能够有效地用以为识别判断同一事物及现象的性质提供客观依据的参照标准，它是一个随着时空条件或者系统性状的变化而动态变化的参照，是一个与事物的时间和空间状态相对应的动态标准。它不是随意设立的标准或者绝对的标准。并且，它可以用贯穿其中的一致性逻辑来解释。

建立这样一个相对的参照标准，其理论依据就是事物及现象的属性——相对于我们研究所对应的系统目标或者需要而言，在不同的时空条件下是存在差异的，时间和空间的条件也是存在差异的，面临的主次矛盾是变化的，事物的正反、利弊是消长变化而不是一成不变的。例如我在前面提到的政府干预经济或管理经济，在客观上存在着利弊两个方面的影响，实际上任何事物都是这样，是矛盾的对立统一体，它们相生、相依，并随着时空条件的变化可能发生消长变化。例如，在市场经济机制十分不成熟的条件下，政府的许多经济干预活动总体上可能是利大于弊，有助于经济增长，但随着市场经济的发展和时空条件的变化，以往政府干预经济的许多活动和手段就变得弊大于利。我们都无法改变这一事实，所以我们需要对政府干预经济的范围、方式和具体措施作出相应的调整适应，使得它有助于经济的持续增长。这里面包含了对类似于政府干预经济这样的许多经济事物及现象的实际经济属性在正反、利弊等方面的时空变化的认识。这种动态的相对参照衡量，也大大有助于理论和应用研究的科学性程度，因为它大大增强了经济研究与现实状态的动态匹配性。就像人们的饮食选择之相对于人的健康，同样一种食物，对于不同体质的人或者不同年龄阶段的人而言，它的实际影响可能是不同的，需要因人、因时加以区别对待。

对此，我在《大国现代经济增长的因果探源》（2014）一书及相关文章中所创建的"系统时空条件的动态区分理论"和"国家发展生命周期理论"，比较具体地阐述了第二种参照体系和时空一致性逻辑，以及我的认识基础，并结合大国的现代经济增长问题进行了系统阐述。

十分遗憾的是，迄今为止，经济学研究中所经常采用的不是第一种主观性很大的简单化和绝对化的做法，就是"理想化"参照或是以"存在状态"为参照，而很少采用时空意义上的"动态一致性参照"。现实中在对同一事物的判断、评价中之所以经常出现众说纷纭和莫衷一是的情况，就是因为在参照选择上存在不同。

四、系统一致性逻辑

系统一致性逻辑，就是贯穿在事物的形成和变化发展之中的决定同类事物具有一致性时空特征表现的共同机制、机理或者原理。如果说系统一致性参照"标准"是类事物形成、变化发展机制、机理或者逻辑原理的一致性时空表现特征的话，那么系统一致性逻辑则是类事物机制、机理或者原理的逻辑阐述和内核，它既是科学研究的核心内容，又是科学认识得以最终形成的依据。

自然科学领域的系统一致性逻辑是与认识命题指向的研究目标相符一致的各个系统层面、各种物质的规定性的最终归集反映，或即自然物质事物的系统机理在所涉及的各个层面、各种物质规定性上的一致性反映，也是对复杂系统中最后导致因果必然性的一致性机理阐释。

经济科学领域的系统一致性逻辑则是与认识命题的目标相一致的各个层面、各种要素、各种关系在核心逻辑主导下的一致性反映。例如，经济问题经常涉及政治、法律、社会、技术、自然等，以及短期与长期、局部与整体等不同的时空视角、不同的层面及其逻辑关系，但研究的应答域或者最终认识都须归集到与研究的问题指向、系统指向和目标指向一致的核心逻辑上，形成一致性逻辑的支撑。

在认识的意义上，系统一致性逻辑是使得从不同视角或者不同层面、不同要素、不同关系甚至所涉及的不同逻辑等可能形成的多种认识归集统一到与研究目标一致的共同逻辑依据。或者是用以避免由于视角的不同或者认识层面、要素、关系或逻辑类型等的不同而出现的在认识上的"各自为政"所导致的逻辑混乱而构建的系统逻辑一致性反映。

系统一致性逻辑，意味着与研究目标相对应的路径、手段在逻辑上的一致性反映，意味着事物的状态/结果与相对应的原因在形成机制、机理上的客观反映，意味着与目的相对应的路径、步骤、手段和时空条件的一致性反映。

对于同一研究或者认识命题来说，一定有一个共同的依据作为不同系统层面及不同关系或者不同视角作为共同一致的指向或归集，在因与果、目标与路径、路径和方法、状态与原因等之间建立起共同一致的联系，把建立在相关事物各自逻辑上的关系或者从不同视角得到的认识统一到同一的研究/认识目标上来。从这个意义上，系统一致性逻辑能够避免因为在视角上的不同可能形成在逻辑上的"各自为政"而导致的在认识上的似是而非的状况，实现真正意义上的"逻辑自洽"。①

当然，一致性逻辑或者"逻辑自洽"在不同的研究命题上有着不同的反映。即政治、法律、社会、自然、技术等命题各自所对应的核心逻辑为政治逻辑、法律逻辑、社会逻辑、自然逻辑、技术逻辑等，投资、消费、分配、交换等也都有其不同的经济逻辑，其他性质的命题亦然。但不同的研究命题都有其各自的核心逻辑作为统一归集。自然科学命题的逻辑支撑，总是反映为各种自然物质的规定性的统一归集。

在一般理论抽象中，或者超乎于时空条件的抽象意义上，逻辑通常反映为由事物的类规定性决定的相互之间关系的建立上，即一般机理及其作用下各种时空条件下相互联系的可能性。所以，导致一种现象／状态／结果／目标等发生所对应的因由／排列组合或者路径、手段和方法存在着多种可能性。

在时空意义上的研究，系统一致性逻辑或者"逻辑自洽"，是一般机理与时空条件相具体对应一致的逻辑反映。它通过客观性参照或者主观性参照的建立，把出自于不同的系统层面指向和不同的时间指向上的逻辑关系归集到共同一致的时空目标指向上。这样，无论是以哪一系统层面、结构要素、关系和时间作为认识起点，既不会因为"各自为政"所带来的在认识上的逻辑混乱或者伪"逻辑自洽"——用各种各样出于不同系统层面、结构要素和关系及其逻辑来达到"免疫战略"目的的做法，也不会因为由于缺乏时空条件的约束或者参照失当而造成逻辑上的混乱。

从科学研究规范的角度，系统一致性逻辑对科学研究在应答域上对于事物的问题指向或系统指向、目标指向等提出了在逻辑上的一致要求。

我们所研究的每一事物，都有特定的问题指向、系统指向和目标指向，或是认识论上超乎于时间和空间的性质及特征抽象，或是具体研究中类事物的空间性质或特征，或是与时间相对应的空间状态或特征及动态特征。无论是理论研究还是应用研究，与所研究的事物相对应的，都有明确的问题、系统层次和

---

① 缺乏一致性逻辑是历史分析经常被人诟病的原因。

目标。我们研究金丝猴的生物学特征，是研究金丝猴而非其他物种的生物学特征；我们研究国家的经济增长问题，是研究国家这一层面普遍意义上的经济增长问题，而非国家内部的各类区域或地方的经济增长问题，当然也非仅仅是经济增长的某一方面，还应该有具体明确的问题指向，例如，国家经济增长的具体方面，总量与结构的特征，动态绩效表现的系统成因，理论逻辑与现实（要素）支持，等等。

系统一致性逻辑也是整个研究所应该解决的核心问题。只有通过系统一致性逻辑的构建，才能把研究所涉及的多个不同层次、层面、要素功能、目标指向、结构关系和因果联系等理顺、归集为具有一致性的时空依据，或者把不同视角所得到的认识，回归到系统的一致性逻辑上，减少或避免结论的随意性。

例如，当我们在研究中国的经济增长的时候，所有的系统指向、结构指向、要素指向、因果指向等等，都应该是中国——这一具体国家系统层面的时空条件，并与这一层面的经济增长状态或绩效或者这方面的目标状态相对应，并在时间和空间上对应一致，在短期与长期的目标上实现统一，在局部与整体上形成一致，在要素与结构上形成对应，以消除由于系统层面、目标指向和时空关系等的不一致性所带来的逻辑的不一致性。支持这一系统一致性逻辑的，是所有国家在长期经济增长过程中所反映的共同特征，以及贯穿于国家这一系统层面的经济增长状态或绩效与其他不同层面的结构、要素之间一致关系的核心逻辑。如果我们所研究的是经济增长绩效或者目标，就应该以此为依据展开研究和讨论，提出系统的对策建议，提供核心逻辑和一致性参照体系，否则，就会造成逻辑的不一致性和混乱。

五、经济科学中的科学一致性反映

（一）类型特征和区别

经济科学研究的目的，用另一种表述，就是认识和把握经济事物所具有的可依循一致性特征，以及有意义的启示、启发，用以科学解释、预测判断，并在实践中加以遵循、利用和管理应用。也就是说，对于经济事物的科学解释、预测判断和认识应用，同样是建立在对经济事物的形成和发展变化之可依循特征的研究把握基础之上的。

1. 经济事物的可依循一致性特征包括：（1）经济事物在时间对应的空间变化状态上所存在的规律性特征，以及它们的结构、因果和功能关系；（2）经济事物在空间状态上所存在的共同性特征，特别是它们的分类定义或界定及其相互之间的空间关系的特征。

可依循一致性特征的类型：（1）超越时间和空间意义上的共同特征，即一般抽象；（2）超越时间的类空间特征，即类事物空间特性、特征的一致性抽象；（3）整体趋向的共同特征，即类事物整体动态趋向的一致性反映；（4）时间（阶段性）意义上的整体趋向特征，即类事物的阶段性趋向。它们分别对应着不同事物的类或层面指向的认识抽象。

需要强调的是，经济科学中所可能探知或者获得的是一种"特征"，而不是固定不变的"精确"关系。从认识角度，贯穿始终并支持经济事物可依循特征的是一致性逻辑。

2. 可重复一致性和趋向一致性之间的区别。前者具有实验、操作和解释意义上的可重复一致性；后者在现象反映上不是每次都可以重复一致，但具有较明显的大数意义上的趋向性或者较高的趋向率，是一种趋向特征。

本质上，所有的一致性表现差异都是程度意义上的，数学所反映的一致性最强，物理学、化学所反映的一致性次之，生物学所反映的一致性再次之，然后是经济事物所反映的一致性，社会学，艺术……即使在同一学科中的不同事物，也存在着差异。但这构成了不同事物特性及其导致的认识反映上的差异。

3. 整体趋向一致性与时间整体趋向一致性之间的区别。前者是指某种空间状态、现象及特征的出现在整体上具有非时间性趋向上的大数特征；后者是指某种空间状态、现象及特征出现的大数趋向只在特定的时间意义上存在，在另一时间区间所出现的趋向一致性中的趋向会随着时间区间的改变而改变。

4. 概率一致性与行为趋向一致性之间的区别。前者表现为某种状态、现象和特征在概率上的一致性分布，后者只存在趋向上的非概率一致性上的大数特征。

5. 空间特征的一致性（静态性质和特征）和时间特征的一致性（动态表现

特征）之间的区别。前者是事物在类意义上的一致性／同质性，后者则反映为变化／历时性特征上的一致性。

经济事物在客观上只具有时间意义上整体趋向的一致性特征，即大数意义上的趋向一致性。在空间意义上，经济事物的性质、特征和分类都是由人为确定的。

在动态意义上，有些经济事物具有类趋向上的一致性；有些则属于孤立事件或者偶然现象，没有一致性特征。

6. 科学一致性具有以下两种不同表现方式。

（1）绝对表现方式：实验或试验上的可重复一致性。某种事物，只要 A，就会 B，或者只要条件相同，结果就相同。

（2）相对表现方式：逻辑上的可重复一致性。只要系统指向一致、目标一致或问题指向一致，都可以获得某种理论的系统一致性逻辑解释或趋势推断。

经济事物中存在着时间约束下"大数"趋向特征上的可重复一致性和逻辑上的可重复一致性。

7. 个人经济主体所表现出的行为趋向一致性特征是由个人的自身约束条件、效用偏好和心智状态决定的。其中，自身约束条件虽然理论上是可变的，但其在出生至年轻时期／阶段的家庭经济景况及经历对其效用偏好形成的影响是深远的。效用偏好是预算约束和诸如"三观"综合作用下形成的，具有相对稳定性。心智状态则是另外一个相对稳定的因素簇，它受到先天禀赋和后天经历及条件等的很大影响。说其具有时间上的趋向一致性，是因为预算约束一般会随着年龄所对应人生阶段的变化而变化，效用偏好也可能会发生变化。

企业主体所表现出的行为选择趋向一致性，是由企业的预算约束条件、决策管理者的效用偏好和心智状态决定的，是决策管理者思想的权力结构化、制度化反映。

政府所表现的行为趋向一致性同样是由财政预算约束条件、决策管理精英的效用偏好和心智状态决定的，是决策管理者思想的权力结构化、制度化反映，涉及更加复杂的问题。

以上行为主体的行为选择特征决定了众多的以经济核算为基础的经济绩效表现，形成不同的因果层次：（1）核算关系上的数量关系及因果；（2）行为选择上的逻辑因果;（3）宏观与微观之间的因果,即行为选择与行为结果之间的因果。

8.经济科学所需要反映的可一致依循性特征与所有科学相同。

经济科学可以通过对微观、宏观及其相互关系的研究获得可依循一致性特征:在微观层面,以人之行为的经济逻辑为基础进行与主体目的与手段之间的因果逻辑分析;在宏观层面,以经济核算关系的数学逻辑为基础进行系统要素结构关系的因果逻辑分析;在宏观与微观层面之间,存在着结果（绩效）与行为起因之间的因果逻辑关系。即,经济逻辑是在经济行为选择的目标与手段之间的反映,以及在经济事物之间联系的反映。

（二）建立系统可一致参照体系或标准的作用和意义

我说的经济研究中的系统可一致参照体系,是指在从事经济研究中,我们认识、理解、判断和评价经济事物及现象的性质或者作出价值判断时的参照系统及评价标准,包括动态的系统性状和评价标准两个部分,是构建一致性逻辑的依据。它的特点是,对于不同的系统意义和时空特征的研究对象来说,都能够表现出很好的客观性、相对性和一致性特征,而不是以绝对意义的标准和以其中的某一种类的状态特征作为标准。它所隐含的理论基础或科学哲学是,相对于特定系统中的经济事物或现象而言,人们所需要的经济属性只有在系统性状的相对性上才具有意义。经济事物或现象对于人们的需求而言,只有放在与之相对应的时空系统中去判断才有意义。时间、空间及其对应的系统不同,看似相同的经济事物或现象所反映的意义可能会相同,也可能会有很大不同。同或不同的程度,取决于经济属性发生变化的边界或者性质。系统可一致依循的参照体系,其目的就是把不同类或者系统层面或者要素出发的评判取向回归到系统意义上的一致性目标取向上来。概括地说,就是解决在时间、空间和系统这三重意义上评判的一致性问题。它的主要特征必然是相对的,同时也是客观的,并且逻辑一致,有助于大大增进研究的合理性程度。当然,这一系统可一致参照体系及标准的建立本身,就涉及合理性或科学性问题,并且需要具体的内容和核心逻辑的支持。

经济研究是以特定经济事物或现象作为具体的研究对象，经常涉及系统意义上层次的划分和归属问题，涉及不同系统层次之间参照标准的确定问题，以及因果、矛盾的主次区分和影响因素的重要性顺序排列问题。当我们用不同的参照体系及标准来评判同一经济事物时，就会得出不同的甚至是截然相反的结论，这些不同的结论有许多有益于增进我们对于事物的全面认识，但如果所选择的参照体系或标准不当，那么对于所研究事物或现象的认识判断就会发生片面性错误。事实上，经济事物或问题上的许多争论和分歧，其中的一个原因就在于此。不仅如此，这同时也导致了研究视角和方法上的不少问题。对此，门格尔认为，当主流的看法把次要的问题作为决定性的问题来认识时，或者"人们对这门学科的次要问题赋予了过大，甚至是决定性的意义"时，"有一个势力强大的学派所支持的错误的方法论原则已完全掌控了局面，人们用片面的标准来判断该知识领域的一切研究活动。一句话，该学科的进步之所以受到阻碍，是因为错误的方法论原则盛极一时"。[①] 可以说，他的观点是正确的。

系统可一致参照体系及标准的建立，同样涉及方法论和理论逻辑体系的问题。任何标准，本质上都与客观性和价值判断相关。客观性的主要体现，是事物在时间和空间的一致性上存在性状的真实程度。也就是说，由于事物在类的相对意义上所包含的时间和空间属性不同，所谓的事物的客观性表现可能相同，也可能不同。价值判断的主要特征，是同一事物及现象在时间和空间上存在着的相对意义，也即尽管价值取向的绝对意义可能相同，但时间和空间的不同，意味着价值判断上的可能相同和可能不同，具体取决于系统的动态性状。因此，用绝对的、静态的和非系统的参照体系及标准，它所反映的也仅仅是静态意义的系统性状，这就抹杀了实际上存在着众多差异性或多样化特征的统计学意义上的整体特征，而没有真正反映客观世界中时间和空间意义上的多样性的事实。

（三）经济科学系统一致性中的时空约束

经济科学的系统一致性是由事物的核心逻辑所形成的一致性逻辑所反映的时空特征决定的。也就是说，经济科学的系统一致性，是贯穿于时空条件中的

---

① 卡尔·门格尔：《经济学方法论探索》，姚中秋译，新星出版社，2007，前言第 6 页。

核心逻辑的一致性反映，是因系统、时空条件而变化的一种动态反映。

　　经济科学的系统一致性，是系统、时间和空间属性的一致，只有在系统及时间、空间属性类一致的情况下，才具有科学意义。不同的经济事物，具有不同的经济逻辑指向，例如投资与消费；不同的时间属性和环境属性，会有不同的特征反映，例如国家经济所处的不同发展阶段或者环境。同样一种事物，如果系统指向不一致，或者时间和空间类指向不一致和发生混淆，例如把 A 国当成 B 国，用当下去认识和理解过去或是用过去理解现在，用现在去理解将来，都会发生错误。

　　经济学的时空表现具有什么特殊性吗？是的，与自然科学中具有相对稳定的时空表现不同，经济科学中的时空表现在：（1）时间与空间所对应的类具有易变性，在现代社会中尤甚；（2）贯穿于时空中相对不变的除了行为倾向的一致性之外，更重要的还有逻辑的一致性，即在意识事物中，一切存在于现实中的一致性，在认识上就对应为逻辑的一致性。

　　现实中的个别主体（国家、地区、企业和个人或家庭）的状况呈现出多样性，原因就在于各自先天、后天在禀赋结构条件的客观差异性，这些差异体现在与时间相对应的个性（空间）变化上，这是个性特征。类主体（国家、地区、企业和个人或家庭）的共同性特征，突出地体现在空间意义上结构及行为表现上的共同性特征和在时间意义上的结构及行为表现上的共同特征。它构成了不同时间与空间上类的意义，只有当时间和空间（作为具体事物及其所处环境条件）意义上具有高度类似性的时候，结构及行为表现才具有较高的一致性可能。用系统的概念来表述，也同样如此。换句话来说，当我们把不同的时间、空间意义的各种名称相同的事物放在一起进行研究的时候，它反映的仅仅是混合意义上的统计学结构或行为特征，但无论是在时间或是空间的意义上都没有多少理论和实际价值，既不具有对与特定时间特征相对应的事物产生理论或现实指导意义，又不具有对与特定空间特征相对应的事物产生理论或现实指导意义。就像把许多不同生长期和不同品种的苹果混杂在一起所得出的结果一样，它反映的仅仅是这样一些样本在这样一个时间片段上的混杂特征，如果不对这些样本加以具体的限定，则只反映极其个别的特征，而不具有普遍意义。

　　所以，经济研究中不仅需要从时间和空间上对经济事物加以严格的分类或约束，而且需要建立空间意义上和时间意义上具有高度一致性的参照体系，它类似于生物学意义上的类生物体生理结构的一般性特征和不同生长周期/阶段中的一般性特征，只有这样，对于经济事物的认识判断才具有完整的客观参照体系，才能有效地减少各种空洞无用的或似是而非的认识。

把时间、空间和系统这三个方面寓合在一个系统可依循的体系之中，就解决了静态分析方法和历史学派对于特定事物或现象、问题所作的解释在时间、空间上参照依据缺失的明显局限性。而当我们把静态意义上事物之间的联系特征和特定历史时期中的经济事物或现象放在一个系统的动态可依循性参照体系中去时，就等同于使得事物之间的联系有了一个动态的相对应的认识评价"坐标"，这个"坐标"为我们准确地理解同种事物或现象/问题在不同的时间与空间系统中所具有、所表现的经济属性（或影响）提供了现实依据。这就像一把枪有了一个十字瞄准器，从而能够使枪口准确地瞄准目标。因此，也就解决了门格尔对于国民经济研究、应用研究和经济历史研究等不同研究类型上的方法论困惑或难题。[①] 由于时间、空间上的差异，不可能不对相应的规律产生决定性的影响。

经济事物中也存在着类"各态历经"特征。经济研究 [②] 的对象，虽然不具有与自然科学研究对象一样的"各态历经"特征，但可以探求建立一种拥有相对稳定特征的动态参照体系来弥补这种缺陷，就像生物在整个生命周期的不同时期所显示的类的稳定特征一样。这样，就使得我们对于经济事物或现象的认识、理解和判断，能够在静态和动态的意义上形成了一个时间与空间的坐标，根据这一坐标，我们便有了一个系统的可依循一致性参照。即，拥有不同时间和空间属性的事物或现象，它们所参照的是与各自时空特征相对应的标准，而并非一个绝对的或静态的标准。这就是对应原则。

例如，我们在研究一个社会的家庭消费在支出结构上的合理性、收入分配结构的合理性时，就需要有一个相对的标准，来解决诸如"以什么作为评估的出发点或者相对于什么目标而言？""以什么作为水平、速度和结构特征或者比

---

① 门格尔针对当时国民经济学研究、理论研究、应用研究和经济历史研究上的差异性及方法论上的混乱，提出了不同研究类型采取不同方法的主张。

② 实际上社会科学的其他学科也如此。

率等方面的参照标准？""依据是什么？"等问题，而不是简单地以平均的水平或者高收入家庭作为衡量的参照标准；我们在研究不同国家的经济增长发展问题时，在研究金融、财政及其管理问题时，等等，都需要解决一个合理的参照标准问题，动态一致的参照标准的建立是我们能够得出合理化认识和建议的依据。类似这样的问题都是经济学研究所面对和需要解决的，它意味着逻辑和依据上的科学性问题，意味着假定前提条件的科学性问题，当然也意味着对于研究结论在理论解释上的科学性问题。

时空一致性参照体系的建立不仅是认识和判断宏观经济的需要，而且也是认识和评估微观经济行为选择整体性状的需要。

为什么时空一致性参照体系的建立还是认识评估微观主体经济行为选择性状的需要？难道微观主体的行为选择不是对其所处的时空状态/条件的一种"理性"反映吗？

的确如此，这也是传统历史分析学派和制度学派中一些学者据以立论的基础和依据，但也是造成其在认识上的缺陷/局限之所在。

现代经济学中的经济人理性假设，从大的方向上来说是对的，对于经济学研究具有积极的意义。但是，理性所包含的识别、判断、评估、计算以及使人的行为符合特定目的等方面的智能，以及对效用和利润等的具体理解，都存在着不一致性或者多样性。这种不一致性不仅反映在不同的经济主体之间，也反映在同一主体的不同时间意义上。也就是说，经济人理性的概念，是一个实际上包含了多种不同意义的人类意向性选择问题，包含了不同理性下不同的行为选择决策问题。所以，与之相关的事物或现象的可重复一致性，只有在严格分类的条件下才可能在同类的意义上出现，在整体上形成时间意义上和空间意义上不同的类在行为选择上的不同特征或不一致特征。因此，经济人理性假设，不论如何都是无法证伪的命题，因为人们对于理性的判断和选择是不同的。

例如，布劳格认为，需求定律，作为经济学中最接近事物向完全公理化理论所作的逻辑推理，也存在着严格的假设条件限制，而不总是现实的反映，受到嗜好、未来价格期望、消费者收入和所有价格状态等的影响；厂商理论，厂商实际上最大化的是包括利润、闲暇、声誉、流动性、控制等在内的多重效用函数，他们并不总是追求最大化，而是通过在考虑费用情况下调整他们的利润目标而"满足"于达到令人满意的水平，他们不可能最大化而生存。布劳格认为，受到重创的新古典厂商理论仍然有生命力，是因为它能作出一些定性的有效预言，如"需求的增加会导致产出和产品价格都提高"，"货币工资的提高引起就业减少"等等，而大多数其他理论甚至连这种弱的预言都作不出来。[①]

然而，任何假设，只有在与其对应的类的系统意义上来说，才有解释和预测的有效性。如果把特定的假设，放到一个不匹配的类的系统层面上去，它的有效性就会大打折扣；不匹配程度越大，解释和预测的有效性就越差。例如，抽烟损害健康，它在总体的意义上存在有效性，但表现在不同具体人群的不同类的层面，这样的说法就可能很有道理，也可能没有道理，不存在一致性特征。理性是一个高度抽象和笼统的概念，它反映的仅仅是一种心理和行为选择上的倾向属性，但又同时包含了心理和行为选择上的不同倾向。对理性的效用认知和判断选择不同，行为决策的结果就不同。也就是说，理性仅仅是名词概念上的相同，其实际含义在不同的时间、空间条件下存在着明显的不一致性，它本身就同时包含了不同的信息。

当采用大样本回归分析的时候，我们最终都会得到基于这样一些样本的分析所获得的某些特征结果，它有助于我们认识了解这些样本在特定研究目标方面所表现出来的特征，并加以合理地判断，但是这些结果和结论对于具体个案的指导价值，仍然受到时空条件的限制。这里面，就涉及一个参照标准的合理性问题。

（四）经济科学如何反映其科学一致性

经济科学研究的是意识事物或意向性事物，是建立在主观行为选择基础之上的事物。

与所有的科学一样，经济学的科学性本质也反映为可重复一致性特征。但是经济科学的这一特征，是不同于自然科学的科学性表现的。自然科学的科学性特征表现突出地反映为实验（包括试验）意义上的可重复一致性检验，而经济学的科学性特征所反映的则是建立在"解释结构"基础上的经济学原理（包括

---

① 马克·布劳格：《经济学方法论》，黎明星等译，北京大学出版社，1990。

经济理论）的可重复一致性解释、可一致性逻辑支撑及检验上，主要是一种相对意义上的一致性。同时，经济科学的一致性，还需要在不同类型的研究和不同命题的研究中在形式上得到一致性规范反映。

1. 经济科学的可重复一致性解释，是指经济科学的理论和认知对于同一经济事物的解释都可以回归到对于这种事物的特定问题指向、目标指向上的逻辑一致性应答。即只要问题指向和目标指向相同，应答据以的参照体系和逻辑就应贯穿一致，而非不一致。

2. 经济科学的可一致性依循，是指在时间、空间条件类一致的情况下，经济理论和认知不仅可以用以解释同一种事物的形成和变化，而且还可以据以预测判断经济事物的发展趋向，可以结合具体条件用以指导实践。

3. 经济科学的系统一致性参照体系，是指经济理论和认知对于经济事物的解释和预测判断所基据的不仅与问题指向所对应的系统层面或者类属性保持一致，而且具有动态的一致性参照体系和标准。通常，这个参照体系和标准既不是理想中状态，也不是此在的状态，而是那些具有共同目标指向的同类事物所反映的一般状态特征以及贯穿其中的一致性逻辑，或者在应用上的利益指向和逻辑起点一致上的共同参照。

4. 经济科学的系统一致性逻辑，是指经济理论和认知所反映的是与特定经济事物相对应的系统层面、目标指向和以主、客观参照标准为依据的经济逻辑。只有在系统层面指向、目标指向和参照依据一致的条件下，从各个系统层面或者不同视角所获得的认知才可能具有一致性逻辑。否则，就会因为事物所对应的系统层次、目标指向的不同，或者逻辑依据的不同而导致因果联系及其主次性质的混乱，以及众说纷纭的结果。如果系统层面指向不同，或者目标指向不同，或者参照依据不同，就会存在多个难以识别的主次因果逻辑。

5. 经济科学的可一致性检验，是指经济理论和研究认知的合理性或者科学性与否，解释和预测判断等的合理性，都可以在系统一致性参照体系和一致性逻辑的基础上获得一致性检验和判断。所以，这两个方面是经济科学研究所需要解决的核心问题。解决了这两个核心问题，经济研究及其形成的理论和认知，才会具有科学可一致性检验的判断依据和标准，才可能具有可一致性依循和可一致性解释的特征，才可能解决和避免经济研究中普遍存在的随意性现象，才有可能具有科学性特征。

6. 经济科学的一致性规范，是指一切经济研究为体现上述科学性特征所需要的共同性规范，包括理论研究和应用研究。经济科学的研究规范，不是形式，而是形式和内容之统一，是科学性要求的规范。

（1）反映在科学研究的问题指向、过程和方法，以及逻辑与检验上的一致性；

（2）反映在科学研究的问题指向与研究目标和应答域上的一致性；

（3）反映在科学研究的问题指向与事物性质和方法上的一致性。

即，在科学方法论的认知层面，获得科学认知的方法，在本质上是与研究的对象特性和命题的性质相符合一致的解决路径、程序、方法。

根据经济研究所研究对象的特性，与上述一致性规范相对应，经济科学的科学性要求思想性、逻辑性、规范性、恰当性和一致性的统一。

（1）思想性。经济事物都是建立在行为的基础上的，是人的思维、意识和信念等的反映，是人类思想活动的结果。它同样需要通过观察、内省、思考等思想活动去通达这种事物之所以发生和变化的内在动力（原因）和过程。一切的其他手段，如运用数理工具和方法的实证研究等等，只是思想形成的辅助性手段。经济研究，无论是一开始问题的提出、研究设计，还是研究的整个过程、对结果的分析判断和结论的得出，都无一不是在知识、经验、逻辑思维基础上的思想活动的反映。可以说，在很大的程度上，思想的合理与否，在一开始便已决定了整个经济研究的价值和意义，决定了研究成果的性质；否则，无论这项研究在程序、方法和形式上如何表现，我们也无法想象其结论的实际意义。

经济研究的思想性是关于如何获得经济事物一致性特征、如何建立一致性逻辑和通过一致性检验的研究构想的总称。为此，首先需要判断事物的性质、联系方式、结构和特征，例如，微观个体行为的发生和变化的一般结构和过程，非政府组织行为的发生和变化的一般结构和过程，政府组织行为的发生和变化的一般结构和过程，等等；个体行为如何在组织行为中产生影响的机理，个体、组织行为如何在政府组织中产生影响的机理，组织、政府行为又如何影响个体行为的选择，等等，及其历史性和时空变化过程。

（2）逻辑性。贯穿和反映在思想、认识以及研究中的逻辑连贯性、逻辑一致性、逻辑严谨性。

（3）规范性。有关不同研究类型或命题的一般研究范式和原则要求，包括理论研究、应用研究和历史研究等的结构、程序和方法等的科学规范和可一致性评估、检验的要求。

（4）恰当性。约束条件、逻辑表达、方法运用等与研究对象特性和研究类型的具体内容相符一致。

（5）一致性。包括系统层次指向一致、主体属性一致（同质性）、时空条件类一致，以及逻辑的一致性。

到此，经济理论和认知的科学性在理论研究、应用研究和历史研究的认识论层面上得到了统一。理论不过是思想、知识和逻辑的统一综合，应用不过是理论、知识和逻辑在时空意义上的具体运用，历史不过是事物在特定时空条件下的一种具体表现。

六、具有可操作意义的理论可一致性依循及其时空特征

科学研究是寻求对具有明确问题指向和目标指向的命题的应答域，它所对应的是系统、时间、空间和环境等这几个方面的约束条件。

1. 在这里，系统就是主题研究的事物所对应的系统层面，要求所有的研究应答都最后统一指向并服务于这一系统层面的问题和目标，而不是其他层面的问题和目标。换句话说，一切偏离于这一系统层面问题和目标的应答，都不是这样一个主题研究的应答域，而是其他系统层面主题或者仅仅是主题相关子系统或者更小系统层面的应答域。在本质上，除非与主题研究对应的系统层面目标相一致的应答，否则，从子系统或者子子系统层面获得的应答与主题研究的系统层面的应答在根本上就不是同一个问题。在诸多的研究和讨论中，对于主题研究所反映的问题指向和目标指向的系统偏离，是导致无谓纷争的重要原因。

2. 主题研究的第二个约束，就是空间条件。从狭义上，这里的空间是指所研究事物的载体、主体或概念；在广义上，它还包括事物的存在环境。为了区分空间的这两种不同的属性含义，这是仅指狭义的空间概念。科学研究中，抽象的理论研究中的空间经常被看作同一概念，如人，或者玉米，或者国家，等

等。但实际上，当理论被应用到具体问题的研究时，我们对空间的理解就需要进行一个具体阈值的定位，或者同质性要求。不同的阈值就意味着质的差异和空间条件上的质的不同。

3. 主题研究的第三个约束，就是时间意义。时间意义意味着动态过程中的阈值定位，或者我们经常说到的发展变化时期或阶段甚至更加准确的动态定位。所处时间阈值的不同，意味着同种事物所处的动态位置差异。

4. 主题研究的第四个约束，就是环境条件。作为事物变化的外部因素，环境条件是导致同种事物不同变化或者不同状态的重要变量集。

我们说类事物的共同特征，确切地说它主要表现在两个方面：（1）系统要素之间联系的一致性，存在着某些固有的因果和逻辑关系；（2）系统结构与功能之间动态联系的一致性，存在着在类空间、类时间和类环境条件下结构与功能的一致性。这也是科学研究之所以能够获得规律性认知的基础和前提。

由于理论研究的目标是类事物的抽象，是对于处于不同阈值的同类事物的抽象或者集合反映，包括空间阈值、时间阈值和环境阈值。所以，当我们用理论去分析研究具体的事物时，就必须从空间、时间和环境这三个方面来认识和理解主题研究的问题和目标；否则，就不可能获得具有针对性的应答域。

所以，实际上，科学研究中所面对的同时有两个方面的参照体系及标准：（1）静态参照体系，反映的是主题研究的事物之间联系的一般关系；（2）动态参照体系，反映的是主题研究的事物之间联系的动态关系。理论研究是对于具体事物在空间、时间和环境条件上的高度抽象而得出的机理/原理，它以舍弃具体事物的差异为代价，因此，在应用研究时，倘若理论原理不结合具体的时间、空间和环境条件，就会丧失针对性，失去其现实意义。

在动态参照体系中，倘若缺乏空间、时间和环境条件的约束，具体事物之间就会失去可比性和可借鉴性。

可依循一致性参照体系及标准，是建立在与主题对应事物系统的空间、时间和环境三个维度关系共同特征上的参照体系及标准。

第七章

现代经济学在方法论上的歧路和局限

> 人之为人的特性就在于他的本性的丰富性、微妙性、多样性和多面性。因此，数学绝不可能成为一个真正的人的学说、一个哲学人类学的工具。把人说成仿佛也是一个几何学的命题，这是荒谬的。
>
> ——恩斯特·卡西尔《人论》

> 方法是黑暗中照亮道路的明灯，是条条蹊径中的路标。
>
> ——弗朗西斯·培根《新工具》

一、现代经济学方法论概要

（一）相关概念述要

1. 方法论和方法

在哲学层面，方法论是有关何以认识世界和改造世界的学问，是有关"何以获得科学认识"的学问。现代科学的方法论基础是本体论自然主义和方法论自然主义，实证主义、证伪主义和实用主义是其中主要的哲学思想流派，也包括归纳主义、演绎主义、历史主义、制度主义等不同意义上的思想方法。

在学科层面，方法论（methodology）一般是指对给定领域进行认识探索或采取行动的一般途径或程序、方法的学问，对应的是各种流派所主张和提出的具体途径、程序和方法手段。

在技术层面，方法（methods）是指完成一项给定目标的研究所采用的具体技术、工具、程序及解决方案。

也就是说，方法论是有层次性的，一般方法论与学科方法论之间既是统一的又是有差异的，就像事物类的抽象与其所对应的具体事物之间的关系一样。它们的共同基础是科学认识论。同时，方法论和方法是不同的概念，不能混为一谈。

我认为，方法论是有关如何用恰当的手段来实现目的或者为实现目的如何选择有效的手段的学问。从这个意义上，也可以说，科学方法论就是有关如何为实现科学目标（特别是科学解释和预测）探求有效手段的学问。

所谓科学方法，是指运用于科学认识活动在不同抽象层面的研究方法的总称，它的核心原则就是"用与科学研究的客体所对应的事物特性相符的方法"去获得对事物的客观认识。在科学认识论和方法论层面，只有普遍意义的原则和理论抽象，而不存在适用于全部事物的具体统一方法。事物的存在是多层次的，人的认识抽象也具有层次性，不同层次的认识对应着不同事物的层次，不同特性的事物需要用不同的方法去获得科学认识，否则就会发生错误。

2. 逻辑及其类型和特性

逻辑，是由事物的类规定性决定的形成事物之间关系的纽带，是有关事物因果认识形成的基本依据。普通逻辑或形式逻辑主要是指思维的规则或规律；广义的逻辑泛指规律，包括思维规律和客观规律。

（1）数理逻辑，又称符号逻辑、理论逻辑。是符号化、精确化和数学化的形式逻辑。是基于数学定理和公理所进行的演绎推理或证明的符号化逻辑陈述形式，具有抽象性、简洁性、严谨性和精确性等特征。

（2）形式逻辑，即普通逻辑。是通过一系列规则和方法的研究确定，提供人类正确地运用语言文字对事物的因果联系来进行严谨的问题思考、思维表达、推理并加以检验的形式结构、逻辑规则和方法体系，是人们认识世界和改造世界的必要工具，被称为"常数的逻辑"。

（3）辩证逻辑。实际上是对事物的存在、联系和变化等的正反两个方面在认识上的时空区分或辩证思考，以反映事物的对立和统一关系的思想体系和逻辑形式，具有相对性。辩证逻辑不同于形式逻辑"非此即彼"的逻辑法则，它常"亦此亦彼"，也有称其为"变数的逻辑"。

（4）行为逻辑。是有关导致行为主体行为发生的缘由和依据，或者一种行为这样发生而不是那样发生的缘由。确切地说，它不是严格意义上的逻辑，而是一种导致行为发生的社会的、经济的、自然的、政治的、技术的、法律的，或者这些不同因素在权衡后得到的动机因由，是思维活动的反映。人的行为部分地可以归因为生理因素，部分地可以归因为心理因素。前者对应于人的自然属性，后者对应于人的社会属性，人的行为就是这两种内在属性在受到行为环境刺激影响下的一种反映。

（5）自然逻辑。是由自然物质现象内在规定性或者规律决定的某些固定不变的关系，即自然规律，是自然物质现象形成、变化发展的决定性依据。

从事物的性质分，还可以分为政治的、社会的、技术的、法律的和自然的等不同逻辑。不同类型的逻辑，由其所对应的事物本质特性决定其各自的特征，有着不同的规定性。

这是科学研究中所经常面临和运用到的几种不同的逻辑类型。其中，数理逻辑是最严谨的逻辑，它遵循的是数理定理或法则；形式逻辑的严谨性取决于概念与实际或者"名"与"实"或者形式与内容、抽象与具体之间的一致性程度，它遵循的是逻辑规则；辩证逻辑在严格意义上只是对于客观事物的存在在正反两方面或者"矛盾与统一"关系上的一种定性思辨；行为逻辑则专指行为之发生所反映在行为主体思维上的前因后果关系，通常因与果之间存在着多种不同可能，这种因果关系是不确定的或者缺乏可重复一致性，指向同一行为结果的因集存在着多种排列组合可能或者存在多种可能性。

许多人或许认为，逻辑是可以不加区分地加以运用的，因为他们不知道逻辑其实具有不同的种类并有着不同的性质和规定性，彼此之间的意义并不相同，不能混淆使用。

另外，对于特定的问题指向和研究目标来说，总有一个核心逻辑主导或统领着其中所涉及的各种逻辑关系，使得认识结论或选择得以与应答域或目标保持一致。

3. 归纳和演绎原理

归纳法是从个别的、特殊的事物抽离出一般的原理或普遍的事物，以获得事物共性的概括方法，其中，不完全归纳是一种或然性的概括。演绎推理则是从一般或普遍的原理推理到个别的或特殊的方法，是一种必然性推理。

尽管从严格的意义上，归纳法和演绎法因其各自所存在的局限性而被一些方法论者（例如证伪主义者）质疑，但我们实际上找不到其他更好的方法来抽象获得事物存在的方式。因而，这两种方法成为科学研究中最主要的认识路径和逻辑基础，但都有严格的运用原则和条件。

（二）现代经济学的方法论基础

现代经济学的方法论，基本上是模仿自然科学物理主义方法论：[①]（1）在经验主义和实证主义基础上通过数据调查、收集和计量分析形成归纳逻辑；（2）在理性主义和数理学派基础上形成演绎逻辑。强调实证，通过归纳—演绎获得对经济事物的认识。

在基础研究领域，通过观察—提出命题—运用逻辑方法（包括数学方法）—用实证方法论证命题，包括实证分析和规范分析，归纳分析和演绎分析，心理分析及边际分析，均衡分析和非均衡分析，微观分析和宏观分析，定性分析（包括数理分析）和定量分析（统计分析、计量分析），心理实验，模拟实验，社会调查，社会实验。

在应用研究和开发研究领域，运用经济学原理分析解决实际问题。

在研究的具体技术层面，数理分析和数量分析方法是最重要的手段。

现代经济学一般理论或基本原理，建立在"经济人假设"或"理性行为""完全或不完全市场""需求定理""边际收益递减定理"等假设的基础上，形成一个公理，即理性选择或经济人——每个人对每种可能性的成本和收益都加以计算衡量，以追求约束条件下的效用（收入、利润、满足）最大化；三个公设，即偏好的稳定性、资源稀缺性、既定的技术及制度。

作为现代经济学研究中主要的实证分析方法，数量分析或计量分析是建立

---

① 也称为"科学主义方法论"或者"一元论方法论"。

在"概率"和"大数定律"基础之上的，现代计量经济学被认为"实际上是建立在两个基本公理之上的，即公理 1：任何经济系统都可以看作是服从一定概率分布的随机过程；公理 2：任何经济现象（经济数据）都可以看作是这个随机数据生成过程的实现"[①]。

对于现代经济学理论价值的质疑，布劳格等许多经济学家已经有过比较详尽的分析论述，其中的一些我在前面几章中已有提及，尽管只引述了并不完整的"只言片语"，但是我们仍然能够比较强烈地感到这些经济学家对于现代经济学研究状况的不满或遗憾。特别是米塞斯和布劳格等，米塞斯在《人的行为》《经济学的认识论问题》和《货币、方法与市场过程》等著作中再三论述和强调了经济学研究在方法论构建上的特殊性；布劳格则在其《经济学方法论》一书中，从经济学方法论的历史起源和变迁开始，全面论述和批判了现代经济学理论和方法上所存在的诸多问题及局限。

在本章，我无意重复这些经济学家、方法论学者们的观点，也无意对技术层面的方法展开具体批驳论述，而着重从认识论意义上对主流经济学理论体系和方法所基据的前提条件或逻辑基础进行辨析论述，以期指出现代经济学在方法论上所存在着的一些错误。在我看来，一旦方法论所基据的认识论出现了问题，一旦科学研究借以开展的基础和前提发生了错误，那么，无论其后的过程和方法看上去有多严谨或者华丽，所获得的结果也是不可靠的。

二、现代经济学的方法论歧路

（一）数学推理的抽象表示是否适用于经济事物？

关于数学方法用于理论抽象的话题，在经济学家中有不少争论。肯定者认为，"数学是语言"，数学推理的严谨性、一致性和精练性等，有助于反映理论的科学性，理论抽象的目的在于突出反映经济本质，为此也必然需要舍弃掉一些不重要或非本质性的问题或因素，某些非现实性是正常的现象。但持异见者

---

① 洪永淼:《计量经济学的地位、作用和局限》,《经济研究》2007 年第 5 期。

则认为，理论的意义就在于具有现实性，非现实基础上的抽象缺乏现实意义。

捍卫数学在经济学中应用的经济学者，著名的有杰文斯，以及德布鲁（1986），后者认为，因为经济学中两个最重要的概念——商品和价格——被以一种特殊的方式定量化了，因此，微分计算和线性代数在经济学中的应用就成为理所当然了。斯坦纳（1989）认为，应用数学由对类似推理的应用构成，可以将数学比喻为更加稳定和更加精确的学术语言，能够避免其他科学经验谬误基础上的有关"严格"的含糊观点。当然，这种说法受到了批判。反对者认为，数学表达式在经济学中的运用是软弱无力的，并且从来没有证明经济学的对象是"天生"可以用数量表示的；没有充分的理由认为"商品空间"的公制结构同假设中的物理空间的公制结构是同构的。

我在前面述及，对事物的认识抽象是存在着层次性的，认识只在其所对应的层次上才具有实际意义。在抽象的意义上，研究所对应的事物系统越大，类层次越高，理论所舍弃的事物之间差异性和具体信息就越多，其所具有的实际意义就越小。即，理论越抽象，理论的实用性或具体应用指导作用就越弱。万物所具有的共同性，例如生灭、变化，对于认识一切存在之物虽然是有意义的，但缺乏具体性。这在认识哲学上，应该是不言自明的。经济学理论模型的性质和意义也同样如此。但在这里，我想重点论述的不是这个，而是数学模型是否和在什么样的情况下适用于经济事物的问题。

数学模型的理论推导及抽象表示在什么样的情况下是有效的？是否适合于所有的事物？

我们都知道，数理逻辑，又称符号逻辑、理论逻辑，是形式逻辑符号化、数学化的逻辑，经常被用于推理和证明。数学是一种严谨的逻辑反映，是建立在数学法则（定理或公理）基础之上数字或数学符号之间存在着的固定关系之上的。

那么，我认为，用数理关系式反映事物之间的联系及变化，或者理论具有普遍的适用性，其有效性的必要条件是：理论模型中所包含的全部符号化的要素或者变量在名与实上具有一致性，并且要素或者变量之间的关系是超乎时空条件变化的一致性存在。即，不论时间和空间如何变化，这些内含的条件始终不变。

（1）要素或者变量在名与实上具有类一致性，即始终保持静态、动态上的名实相符；

（2）同种事物必然反映出相同的或者一致性的运行特征，系统具有不变的关系和相同的结构；

（3）同种要素或变量在系统中始终具有相同的作用地位和重要性，而不会改变。

在这个时候，数学符号只是对所研究的事物／要素／因素所作的标记，数学符号就是所研究的事物／要素／因素本身，数学符号之间的关系及其推理也就是事物／要素／因素之间的关系及其变化，因而数理关系式也就是其所反映的事物事实本身及它的静态或者动态关系。否则，数理关系式所描述反映的就只是某种特定时空条件下被研究事物事实的存在或者静止状态，而不具有普遍或者动态意义。

数学模型根本无法完整表达理论所包含的思想，它只能是符号意义上的替代或再抽象。并且，在对于客观事实进行多次抽象的过程中，它自然地流失了有关事实的许多真实信息，而离事实更远了。就像我们对于人的认识抽象一样，抽象所对应的类越宽泛，其所失去的具体信息就越多；抽象所对应的类越具体，就越是贴近实在或者事物存在的状态。

问题的关键还在于：从科学认识的角度，"理论"模型或数学模型的抽象意义和价值，取决于构成理论模型或数学模型所对应的事物的性质及其关系的特征。如果这种事物的关系中存在着固定不变的关系，那么就可以用数学模型来表达，如果不存在固定不变的关系，那么数学模型就没有意义。因为我们无法通过只能反映一种固定关系的数学模型或公式来反映一种非固定或者相对关系的事物联系。虽然这种做法在名或者符号的意义上看起来似乎的确如此，但实际上，就在这种事物的动态变化过程中，要素概念所反映的变量及其关系的实际状态已经与原来发生了偏离或者转换，据此进行的演绎推理已经失去了逻辑一致的基础，所得到的结果也就不再真实可靠了。当然，许多似是而非的认识也是在类似于这种细微之差的情况下不知不觉地形成或者产生的。

数学关系并不能真实地反映经济关系，数学逻辑也不能反映经济逻辑，数学推理中的连续性也不同于经济演变中的时间性，它只是经济关系的静态抽象。一旦落实到经济事物具体的动态层面，运用数学推理来反映经济事物之间关系的动态变化便与实际发生了偏离。

另外，经济学是一门对实用性要求很高的学科，而数学又是最抽象的方法，因此，用最抽象的方法来反映一种对具体化要求很高的事物，手段的使用也偏离了目的的需要。其结果，只会产生许多"正确"的废话。

当然，数学语言或者模型是可以用来抽象表达某种思想的，但即使在这个时候，数学语言或者模型也仅仅是某种思想／想法的一种表达方式或者工具，只有在适合于想要表达的思想／想法的时候，才具有有效性。这种方式或者工具本身不能产生和不会自己成为一种思想。

对此，米塞斯[1] 指出：

（1）在任何一门科学中，导致方程式表述的考虑都是非数学性质的。方程式的表述具有实际意义是因为它所包含的恒定关系是实验确立的，还因为有可能在函数中代入已知量算出未知量。于是，这些方程式成为技术设计的基础；它们不仅是理论分析的总结，也是实际工作的出发点。但是在经济学中没有数量间的恒定关系，方程式也就没有了实际应用。即使我们能够克服关于方程式形成的一切疑虑，我们仍须认识到它们没有任何实际用途。

（2）数学在经济学研究领域能做的一切就是描述静态均衡。方程式和曲线描述的是虚构的从来不存在的事态。它们所做的一切不过是对静态均衡定义的数学表达。数理经济学家们从"经济学必须用数学术语研究"的先入之见出发，把对静态均衡的研究当作经济学的全部。这个概念的纯粹工具性质被这个成见掩盖了。当然了，数学不能告诉我们这个静态均衡如何能够被达到。真实状态和均衡状态间的差异的数学计算不能取代逻辑的或者非数学的，经济学家们使我们思考在没有进一步的数据变动的情况下带来均衡的那些人类行动的性质。

为什么经济科学或者社会科学领域所面对的许多事物缺少可以用数学的方式来抽象演绎推理的有效条件？

我认为，自然（物理）物质现象中存在着这种十分接近的不变关系[2]，这种

---

[1] 路德维希·冯·米塞斯：《货币、方法和市场过程》，戴忠玉，刘亚平译，新星出版社，2007。

[2] 严格地说，数学也无法反映许多生物现象的变化。类似于人类的意识现象，生物学中也不存在在精确意义上的定律。之所以把生物学现象区分于人的意识现象，是因为在研究的意义上它们分别处于不同的阈值位置的事物，前者相对抽象，后者更加具体。

关系由相关的定律、定理、公理和自然规律等决定。虽然在严格意义上，这种不变的关系也是有条件的，但这些条件或是可控的或是可以忽略不计的。并且，数学符号所对应的自然要素及关系多数具有可客观测度，可经实验确定，可用一致不变的计量单位测试它们的自然或物理量，在长度、质量、时间、电流强度、热力学温度、物质的量、光强度等及其基础上都有一致不变的计量单位，它们不会因为时间和空间条件的变化而发生改变。同时，物质定律、物理定理、化学定律和自然规律等所反映的自然物质现象及关系在同种事物中的一致性反映，有些不会因为时间和空间条件的变化而改变，有些在相同的时间和空间条件下可重复一致。正因为如此，自然物质关系和现象就具有用数学符号加以替代的特性，数理推理所反映的也就是自然物质关系。用数理模型、公式表示和抽象反映的就是自然存在的状态。它们之间的主要差别就是用数学符号来代替文字概念。

而在以人的意识行为为基础的经济现象中不具备具有普遍意义的有效理论所需的上述必要条件。

（1）除非以牺牲具体的应用价值作为代价，经济现象中不存在超乎时空条件的普遍意义上的可重复一致的关系，至多存在时空约束条件下的趋向率，这是因为不论是在集合意义还是在整体意义上，经济事物的基础——人的行为或活动及其关系不存在固定不变的规定性，在经济系统结构中与结果相对应的原因或者目的与手段之间的关系是多样化的，现代经济学中的"三大公设"所指向的内容也是会发生变化而不是时空一致的，即彼时或彼地的内容与此时或此地的内容并不总是相同，彼时稳定的"技术"或"制度"和此时稳定的"技术"或"制度"所指的内容并不总是相同，只是"名"或者符号上的相同。

（2）经济系统结构中的同种要素或变量的作用影响、地位和重要性位序是随着时空条件的变化而变化的，并非固定不变，这决定了导致同一结果的原因具有多样性，即在同一系统结构中要素在系统作用中的影响权重可能会随着时空条件的变化而发生变化或者存在不稳定性。换句话说，在不同的时空条件下，相对于经济系统的功能指向，结构要素的影响权重是不同的，其重要性位序也会发生改变，这些要素或变量之间的结构关系是不连续的，因为系统运行所面临的矛盾特征是变化的。

（3）数理符号所代表的经济概念或要素并非在"名"与"实"的关系上总是一致，经常模棱两可，无法准确量化。一是因为对于概念所赋予的量化标准经常变动，不相一致；二是无法实验或客观判断它们的一致性或者同质性；三是作为经济量或价值量的计量单位例如价格、利率和汇率等，都是变化的；四是我们经常把经济要素加以同质化对待，而无法准确地区分它们在不同时空条件下所对应的经济系统运行中所产生的影响/贡献程度的客观异质性；把行为主体同质化，而无法正确判断和区分其空间和时间状态上的异质性。这不仅使得数理推理所代表的概念要素经常与其所对应的实际状态不相一致，而且也使得它们之间的实际关系在数量的角度上不相连贯一致。

（4）数学的连续性不是时间的连续性，无法反映现实中经济关系的动态变化。作为一种意向性事物，在动态变化的经济系统里，事物之间的主次因果/矛盾性以及结构要素的重要性位序也在发生变化，而数学演绎却无法反映这些变化的关系。

另外，经济活动和经济运行中的许多重要因素，甚至具有决定性影响的某些要素是难以量化的，即使这些要素可以通过一些统计方法来达到数量化的目的，但我们仍然无法对其更加重要方面的性质及其影响程度加以量化处理。正如米塞斯所指出的，历史或者道德科学的类型概念不是统计平均值。被分类的大多数性质不能被赋予数值，仅此一点就使人们不可能把它们当作统计平均值。这些类型概念（在德语中人们用思想类型 Ideal-Typus 来表示，以区别于其他科学特别是生物学的类型概念）不应与被用于设想人类行动范畴的人类行动学概念相混淆。例如："企业家"概念在经济学理论中表示一种特殊的职能，也就是预见未来。在这个意义上，每个人在一定程度上都必须被认为是企业家。当然，经济学理论中的这个分类的任务不是区分人，而是区分职能并且说明收益或者亏损的源泉。这个意义上的企业家是导致收益或者亏损的职能的人格化。[①]

除了上述所提及的几个方面之外，还有类似的如创新、技术、政府干预、文化、制度、人才、观念等在经济学中的重要概念，以及理性、信念、习惯、意识、情感等影响经济行为选择的要素概念，特别是它们关键性的质的方面特

---

① 路德维希·冯·米塞斯：《货币、方法和市场过程》，戴忠玉译，新星出版社，2007，第一章。

征，以及它们的变化，无法得以量化确定。同样一种事物／概念，即使能够进行数量化，但却无法准确地进行质的区分。一篇有价值的论文或者一项重要的发明创造无论是用多少篇缺乏价值的论文或者多少项平庸的创新，都是无法相提并论的！对这些重要的要素／概念加以同质化对待和处理是错误的，而这种事情在经济学的量化研究中却不断地重复出现。

由于上述事实，数理推理除了数学自身的抽象表示功能之外，并无其他实际价值。

（二）假设对于理论推理及其价值的重要性

我认为，在理论推理时，除了需要满足上面所述的要求之外，假设的真实性同样重要。只有当假设与实际情况一致或者具有真实性，并且假设与所指向的实际内容高度一致时，演绎推理才具有实际意义。因为推论就是在假设的基础上进行的，如果一个推理所基据的假设前提是虚假的，那么我们无法想象，"推理是真"究竟意味着什么？它的理论价值和实际价值又体现在哪里？就像我们确知面前的是一块普通石头，而假设这是一块美玉，实际的结果会相同吗？明知我们所面对的是一个投机市场，而把其假设为一个投资市场，推论的结果会一样吗？或者明知前面是悬崖，而假设是平地，结果将会如何？"假戏真做"可能会达到某种目的，但假的还是假的。

假设的现实性与否对于推理的现实性的影响，需要区分的还有，假设未被观察或未被确定为真而实际为真与假设为非真而推理的情形实际为真这两种情况是明显不同的。前者的历史案例很多，后者则无法证明。对于后者，有学者认为这种假设的性质，还需要区分"不真实"与"不完全"之间的差异。

我认为，假设为非真而推理的情形实际为真的可能，存在于这一假设被以为是不真实的而实际是真的情况，或者我们的认识对于假设之真假的不确定。前者在自然科学中的出现是正常的，因为我们永远无法确知自然世界中全部存在的真假，我们有时以为是不真实的情况，其实可能是真实的；后者则经常出现于经济事物之中，我们对情况的真实与否难以判别。

在对于假设的真假对理论价值的影响问题上，经济学家之间存在着不少争论。①

马克卢普、罗特文等研究者认为，理解经济学理论所涉及的多种类型和多种功能假设，对于处理假设问题至关重要。在作为理论要素的假设范围内，它有助于区分对理论有关键作用与次关键作用的假设，或有助于区分理论的一部分和不构成理论一部分的假设，对应着"核心假设"和"外围假设"，如经济学中的封闭经济、商品和要素的完全可分性、同质资本、资源的充分利用、爱好和技术的恒常不变，以及其他条件不变等的虚假的"外围假设"。对此，弗里德曼辩称，虽然科学的基本假设在外表上可能不可靠，但其中有发现、解释或组织论据的路径，这些论据能揭开表面上无条理的、形形色色的现象，显示出更根本、相对更简单的结构，认为"理论的意义越重大，假设就越是不现实的"。持相似观点的，还有人认为"所有理论在很多情况下都是非现实的，假设问题不可能在抽象的意义上解决"。实在主义不纠结于假设是现实主义或是非现实主义这一问题，他们把关注点放在理论是否完成了它们的任务上。

但也有不少学者持不同观点。梅基对"核心假设"和"外围假设"的功能作了区分，认为"核心假设"应该获得"本质特征"或"更基本的结构"，"外围假设"是通过消除实际的干扰和混乱来帮助发现事物的本质，而弗里德曼混淆了核心假设和外围假设。尼尔德认为，物理学中假设的前提是现实主义，如果有证据表明它们不是现实主义的，或者不接近于现实，那么它们就会被拒绝。在每一个步骤上，从理论中提取的命题都将受到试验和观察的检验：所有的命题都会被做证伪检验。相反，在一般均衡经济学中，假设都是与现实极端对立的，它们是混乱的。对此，梅基以波义耳—查尔斯定律等为例反驳了尼尔德的论点，认为相似的例子还有引力假设、电磁力、黑洞、光量子、夸克等等，都是原本未被观察到的。

对于上述分歧，我认为：（1）科学研究在抽象意义和具体意义上分属于不同层面，理论研究的意义体现在其所对应系统的抽象层面上，假设—推理也同样如此；抽象的假设总是与抽象的推理相对应，它的意义主要反映在同一层面

---

① 马克·布劳格等著，罗杰·E. 巴克豪斯编：《经济学方法论的新趋势》，张大保，李刚等译，经济科学出版社，2000，第 12 章。

上具有与现实所对应的逻辑一致性，具体意义上的研究亦如此，抽象层面与具体层面在逻辑上是不能简单混用的。（2）未被观察到或未被确认为真，与被确认为非真或假是两类完全不同的情况，因此，把电磁力、黑洞、光量子、夸克等作为对于尼尔德认为物理学中对于假设应具有现实主义的观点的反驳是不够有力的。（3）"假设"的现实性是否重要，还在于这一"假设"是否是可忽略的或者适当的或者是具有"启发的"作用。（4）经济学中假设为非真而理论推理为真的情形是有可能的，原因是抽象的经济理论所对应的实际情形是随着时间、空间条件的变化而可能发生变化，即一个不进行时间、空间条件约束的抽象理论，其实际所对应的情形是多样性的，可能与理论一致，也可能与理论不一致，这种情形类似于之前的许多"气象预报"，但对于特定主体或具体事物而言，意义就十分有限。（5）经济关系是相对的和"变数"的关系，初始条件的实际指向缺乏一致性，众多的"干扰因素"会导致经济事物结构关系发生错综复杂的变化，这给抽象的理论演绎带来了巨大的挑战——造成了无法克服的障碍。（6）假定为真的另一个前提是，这一假定不仅在抽象意义上成立，而且具有实际上的一致性。但显然，许多的分歧和争论却忽视了这些事实。

　　以理性或"经济人"——"最大化"假设为例，"理性"或"经济人"及其行为倾向上的"最大化"寻求，毫无疑问，在抽象意义上是真实的。问题在于，这个抽象的真实性只反映在行为主体的主观意愿或者行为倾向上，而不是实际的行为结果上；只发生在意向性上，而非实际意义上。在实际行为的客观意义上，因为约束条件不一样，效用偏好不一样，心智状态不一样，这种主观意愿上的一致性在行为的实际表现上却是多样的，这导致了抽象理论假设推理所对应的情形实际上包含了许多不一致甚至相反的情况。

　　我想指出的是，人们不妨做这样的一个设想，如果一个理论的假设前提包含了全部不同的实际情形，那么据此推理所获得的情形将是一个什么样的情况呢？它的实际价值又将会如何？当然，它的结果必然也包罗万象——包含多种不同的情况。它只是抽象说明或描述了人的行为选择倾向是这个样子的，仅此而已。这种理论似乎说对了什么，但实际上也没有说什么，这就是此类理论的缺陷或局限性。实际上，就"理性"或"经济人"——"最大化"假设，在抽象意义上就是真的，但这一假设的意义不在于据此推理的结果上，而在于其对于制度安排的边界确定上。这类似于休谟的说法，就是告诉制度的设计者，所有的制度设计要在所有的人都是"无赖"这一假设上才可能有效发挥作用。

类似于我的论述的，还有其他一些经济学家和方法论学者的不同表述。例如，凯恩斯指出，如果"一个模型的本质，不能给其中的函数填入真实的量。那样做将使它作为一个模型毫无用处。因为一旦这样做，这个模型就失去它作为思维模式的一般化和价值"[①]；还有博兰的提问，在"运用数学模型的建立而完成的这些工作中，有哪些是没有数学模型的建立就不能完成的呢？"实际上，我认为，博兰的提问忽视了这个基本事实——这些工作也是由人的思想完成的，数学模型并不能提供给我们这些东西。

那么，理性或经济人假设中理性的实际意义具有一致性吗，如果这一假设的实际情况是一致的，那么最大化结论就是一致的。问题是，事实上，每个人的理性或者每个经济人的理性表现是多样化的，它们不尽一致，一致的只是主观的行为倾向。所以，最大化也是一种主观的行为倾向，实际的情况同样是多样化的，有着不同的结果。每个人在主观上都会理性地去追求自己想要的最大化，但各自实际所获得的结果却与理性期望并不总是一致。

当然，"在给定的技术和制度稳定条件下"的假设同样存在类似的问题，因为此假设及其推理的实际情况是多样化的，它似乎说出了某个道理，但又似乎什么也没有说。因为所谓"稳定"的技术和制度条件，其"给定"的实际指向在彼时此时并不相同，而是变化的或异质性的，当然，以此作为前提条件下所对应的结构关系或者联系也不相同并会随之改变，以此作为前提的推理结果也不相同一致，彼时成立的推理在此时却不再成立。即，所谓"在给定的技术和制度稳定条件下"所实际对应的经常是彼时、此时不同的情况，甚至是异质性条件，并且，这一前提条件实际改变的彼时与此时也是难以区分界清的，因此很难形成一种可以一劳永逸的所谓理论模型。

还有，在进行实证分析时，经常通过"在其他条件相同或者不变的情况"这一假设，来计量分析得出变量之间的关系或者某种变量所发生的影响，这又意味着什么情况呢？

---

① 马克·布劳格：《经济学方法论》，黎明星等译，北京大学出版社，1990，第 101 页。

理论上，这一假设的条件在可控的或是在可分离的情况下是有效的，当然它还需要变量设置和选取上存在合理性，否则这一假设的非现实性将会导致结论出现很大问题或者错误。因为除了简单事物或简单系统之外，复杂事物或复杂系统的形成、变化发展都是系统多要素共同作用、动态关联影响的结果，是多个系统层次主次要素交互作用及影响的产物，有时候对其中一个或几个看似次要或占比很小的变量的忽略便可能导致结论的错误。就像梅耶所指出的，经济学家已经把太多的注意力放在他们推理过程中的最强联系上，却忽视了相当重要的最弱的联系，因此，他们对其结果的精确性无法保证。[①] 显然，梅耶已经意识到了这个问题。

开放的经济系统是一个复杂系统，需要面对众多的不确定性或者变数，各因素之间你中有我，我中有你，动态关联，互为因果，无法分离，博弈性强，许多因素无法控制。这意味着其中一个或一些因素的变化就可能导致系统运行状况的整体变化，影响到其他要素的变化；也意味着我们无法通过控制"条件"来获得某些要素对于系统状态的重要性程度。我们需要明白，这种假设所形成的推论的有效性是存在约束条件的，并不适合于所有的事物和任何情况。对"在其他条件相同或者不变的情况"这一假设不加区分的滥用所导致的后果，就是结论的不真实和可操作性的缺乏。

（三）概率和"大数定律"的有效性前提

如果我没有说错的话，基本上，依靠统计分析、计量分析为主要支撑的实证分析，其有效性前提建立在：

（1）经验材料及经验数据中包含着事物的某些重复性或可依循性信息和逻辑；

（2）从经验数据中得出的重复概率在即将发生的同类事物中仍然具有有效性；

（3）"大数定律"具有可重复一致性。

---

① 马克·布劳格等著，罗杰·E. 巴克豪斯编：《经济学方法论的新趋势》，张大保，李刚等译，经济科学出版社，2000，第21页。

但我认为，上述前提成立的前提是具有科学获取信息和形成逻辑的思想和方法。[①] 除此之外，这些有效性前提还需要有以下约束条件才可能具有普遍意义：

（1）经验材料及经验数据所对应的研究对象是可量化一致的或者可用客观方法及标准加以统一，即类在名与实上的同质性，而非只是名的相同。因为实证研究的目标或任务总是建立在类的意义之上的，把不同类的事物掺杂在一起所作的研究，得出的结论是与研究目的相偏离的。假如我们研究的是黄豆，而把黑豆、扁豆、豌豆等混杂在一起来研究，结果是与研究的目的相偏离的，不是我们想要的。

（2）经验材料及经验数据在时间、空间对应的意义上具有同质性或一致性，或时空条件具有可控性。经验信息中隐藏的有用信息和逻辑，或者可重复一致性的规律，总是与时间和空间条件相对应的，或者是在时空条件可控制的情况下发生的。如果经验材料及经验数据所对应的时间、空间条件非同质或不一致，或不可控，那么其中的经验信息和逻辑在时空意义上也是混乱的、不一致的，其可重复一致依循性就会缺失。

（3）经验材料及经验数据所对应的研究对象具有稳定不变的关系属性。实证研究所期望获得的某些固有的因果关系，取决于经验材料及经验数据的载体是否具有或内含着这种稳定不变的关系。

（4）经验材料及经验数据所对应的研究对象对于外部刺激具有相同的反应。

以上是可重复一致性的前提条件。否则，它们的有效性只存在于彼时彼地，是彼时彼地的状态特征，经验材料及经验数据所包含的信息和逻辑就会过时失效，包括所谓概率和"大数定律"，不会重复。

不难发现，自然物质现象大多符合上述四方面条件。尽管在长期自然的变迁中这些方面的特征也可能发生变化，但在类时空意义上满足这些条件。而经济现象和人类经济行为，因为经济事物性质的特殊性，基本不符合这些条件。同时，在经验材料及经验数据的客观性、可靠性方面也大打折扣。

（1）因为不可实验和无法客观测定或定量确定等，以及概念的抽象性，经

---

① 具体可见第六章内容。

济事物的经验材料及经验数据所承载的事物在名类的意义上存在着歧义或不一致性，即名同实异。例如，同样是投资或消费的数据，同样是政府或市场数据，同样是创新型企业或传统企业的数据，只是名和统计归类上的相同，同样是制度，等等，各自的性质可能存在着很大的差异或质的不同。

（2）经济事物的经验材料及经验数据生成、处理上的不一致性，具有易谬性和不可控性。面对研究所需，不同的研究者可能通过不同的途径和手段去获得经济数据，即使面对相同的一堆经济数据或同一数据库，研究者对于经济数据的处理方法也不尽相同，甚至人为改变或者"修正"数据以达到主观的目的。

（3）经济事物的经验材料及经验数据对应的事物在时空条件上的不可控性。同第一种情况类似，同样一种经济数据，其所对应的事物只在名类意义上相同，而很难达到时空特征上的同质或一致性。

以研究大豆的生长特征为例，如果想要在大样本的经验数据中抽象出大豆的生长特征，我们就需要大量的在时空特征上（包括品种、生长周期等）一致的经验数据作为基础。如果用不同的品种和不同生长周期的大豆的经验数据作为研究依据，我们就不能达到研究的目的。对此，经济研究同样如此。但经济研究很难满足这些条件。

（4）经济事物的经验材料及经验数据中内含的信息和逻辑不具有可重复一致性。经济数据所内含的信息和逻辑，总是过去的或者历史的，无法重复一致。

对于上述结论的具体依据，详见第六章的论述。

从科学角度，概率的随机性尽管不够严谨，但仍然具有积极意义，因为它揭示了某种事件发生或出现的可能性。但如果实证研究获得的概率，它的样本特征与即将面对的事物之间不具有可重复性或一致性，它的前提条件不相同或者不能控制，那么概率的实际价值就会受到损害，因为相同的"概率"可能不会再出现。

"大数定律"在社会经济现象中是成立的，在集合和整体研究上是有效的，但前提是主体、时间和空间条件具有高度相似性。在这里，"大数"是一个趋向性特征概念。读者不难从上述的各个条件中明白其中的道理。

遗憾的是，现实中的经济研究者，包括职业的经济学家，似乎有许多都不明白这些道理。一些主流的经济学家只从事物的表面就确定了自然学科和经济学科在方法论上的同一性，而对这两门学科之间的本质差异及其对认识的获得途径和方法的要求视若无睹，对现代经济学研究方法上的缺陷和局限讳莫如深。

（四）运用数学工具进行实证分析的有效性和意义

数学在推动现代科学的发展中所起的作用和贡献是毋庸赘述的。但这并不表明数学工具和方法的有效运用是无条件的或者毫无约束的。实际上，在科学研究中，如果不适当运用或者滥用，也会导致研究之科学性的丧失。如果缺乏一致性规范，适当性也就无法得到保证和鉴别。

数学工具和方法在运用上的适当性，是由数学的基本性质和原理决定的。一般而言，如果事物的特性与数学的性质和原理是一致的，数学表示或反映与事物的存在及存在方式一致，那么这些事物可以用数学的方式来抽象反映；否则就不适用。在这方面，自然学科和经济学科都是相同的。

我想论述指出的是，有关数学工具和方法的运用，除了我在本节前三个部分所提到的适用性条件和要求之外，数学工具和方法在实证分析时的有效性，还存在着以下必要条件：

（1）研究者对于所涉事物具有完备的认识能力和水平；

（2）研究者能够恰当地运用数学工具和方法；

（3）用以实证分析的经验材料或数据真实地反映了所想研究的事物存在的特征信息或事实；

（4）用以实证分析的经验材料或数据中包含着有效的信息或规则性逻辑特征。

我认为，只有同时满足这几方面条件，才能达到研究的目的。显然，由于样本数据的选取、模型的设计和选择、模型的运用和特定计量技术的选择等都涉及研究者的主观因素，这种研究很难形成一致的客观结论，特别是在开展社会科学及经济科学的研究时。

即使我们愿意假定，从事社会经济研究的都是运用数学工具和方法的行家里手。尽管实际的情况远远没有这样乐观或者要糟糕得多。经济研究实证分析所基据的材料数据经常并不包含有效的信息，也不包含规则性的逻辑特征。原因之一就是许多这样的材料数据只在名的意义上相同，而实际内含却参差不齐或者不相一致，就像一堆看似相同而实质不一的杂物，并因无法直接观察、实验或者测定而难以分辨。它们经常是似是而非的一堆杂物。原因之二是，这些材料数据中混杂了在时间、空间上不同的信息，这对于想要从中获得动态一致性规律特征的研究来说是致命的。原因之三是，甚至这些材料及数据中根本就不包含有效的信息或者规则性逻辑特征，而只存在着这样一些样本数据在某个时间点或者区间内所反映的个别特征而不具有任何可重复甚至启示的信息，这些信息不是科学研究所需要的，毫无科学研究价值可言。

这种情况，十分类似于以下简单事例：我们想要去一个池塘捕某种鱼，首先需要合适的捕鱼工具和方法，其次需要这个池塘中有我们想要捕捉的鱼。然而，假如这个池塘中没有我们想要捕捉的鱼呢？当然，没有合适的工具和方法是捕捉不到我们想要的鱼的；而如果池塘中没有我们想要捕捉的鱼，那么即使工具再好也是徒劳无功的。

或许有人会说，数学工具能够帮助我们来判断材料数据中是否包含有效的信息或规律性的特征，然而，这种由数学工具或方法判断的所谓有效信息或规律特征究竟反映的是一种什么性质呢？它与客观事实中存在的信息或规律特征一致吗？如果这种判断仍然取决于材料数据的特征，或者可以通过主观的方式加以取舍变动而又难以重复检验，那么又如何保证科学研究所需的客观性前提呢？

实证检验无法检验和证明理论的合理性或事实特征，而只能检验数据之间可能存在的相互关系和特征。并且，一个给定时间和样本的信息特征只反映这个时间和样本的存在分布状态，它可以被描述，但未必具有普遍性。即使我们愿意假定这种信息特征是真实的，但这个结果仍然不具有普遍意义。原因就在于在现实中，与这种研究相对应的经济事物在涉及主体的时间和空间条件时总是不尽相同或者经常存在相异的。因此，并不存在可以简单地从此类实证结果中抽离出普遍适用的道理，更难以获得具有可一致操作性的依据。这应该是一个简单的道理。

退几步说，即使我们假定经济学通过数理方法所进行的实证研究正确无误，能够——满足我在本章中所提出的所有条件，然而，我们仍然需要思考以下问题：它是否具有与自然科学同类研究相同的应用价值？

凭借统计或计量方法的实证研究的应用价值，建立在这样一个基础或前提条件上：类一致性/同质性，具有时间和空间上的一致性条件。在自然科学中，我们研究一种物质的性质和变化特征，或者研究一种植物的遗传特性及生长规律，就是建立在这一基础或前提条件上的。由于可控制实验，我们得以保证作为观察和实验样本的类一致性/同质性；又由于物质的变化和植物的生长变化内含着时空意义上的可重复一致性——只要类一致并且环境条件相同，就会出现一致性的变化特征。正因为如此，我们通过人为控制或者干预它们的环境条件，得以利用这种可重复的类一致性服务于人类。

那么，类似的经济研究所得出的结果的应用价值如何呢？

由于据以研究的经济数据事实上无法保证样本在时空意义上的类一致性，包括事物类性质的一致性或者同质性、时间（例如发展阶段）上的类一致性和所处环境条件的类一致性，所以此类研究的结果只反映了这一样本条件下在"平均"或"中位"意义上的关系或者变化特征，而并不是这类事物的共同一致性或者规律性特征，也不是存在于此类事物之中的固定不变关系。从应用角度，对于想要给出特定对象（例如类企业或者地区）的可依循操作性建议——尽管这种做法在现有的应用研究中十分普遍，但在逻辑上显然是令人沮丧的。原因就在于，作为应用研究中特定对象的投资者、企业、地区乃至国家的时空条件总是不同的，甚至差异很大；通常，由于受到自身禀赋条件的很大约束，它们中的许多很难通过改变自己的状况使之与样本数据中抽象获得的"成功"或者"标准"条件一致，当然，它们也无法控制环境条件的变化。因此，在时空条件不同或者无法一致的情况下，想要重复样本所反映的关系特征或者样本企业、地区和国家等的成功经验基本上是不可能完成的任务。用格尔茨等的说法，定量研究关注的是某个自变量在总体中的平均效应，但这个平均值可能或者不能应用于特殊个案。[1]

在应用层面，经济研究唯一能够提供的是，在大量相同事物及其大量经验材料中观察、思考获得的科学一致性基础以及所抽象形成的一致性逻辑——这

---

① 加里·格尔茨等：《两种传承：社会科学中的定性与定量研究》，刘军译，格致出版社，2016，第52页。

种可根据时间、空间条件的不同而达到目的的相对性理论原理或者道理。

当然，经验材料和经验数据中还是包含了不少有益的启示、启发的。数学工具和方法也并非一无可用之处，它还是经济研究中不可缺少的工具和方法，因为经济研究本身就涉及许多数量分析和计算，存在着计量、统计和计算的需要。

概括地说，我以为数学主要适用于以下情形：

（1）在符合本部分内容中所述条件的前提下对于事物关系和特征等的描述和抽象表达，以帮助人们认识和判断在特定时空条件下经济行为或者事物发展的状态特征；

（2）在统计学、会计学、数学规则体系之下进行计算、推算/测算，反映结构和关系状态；

（3）其他数学功能的运用。

例如，①事物状态及关系特征的量化描述；②通过计算来比较评估预算约束条件下的方案选择；③在时空条件或系统一致性逻辑支持下，对同类事物进行比较和分析研究；④在统计学、会计学准则下进行经济核算和分析。

当然，即使开展的是这些实证研究，想要获得可靠的结论仍然是很不容易的。

（五）统计分析和计量分析所揭示的是什么特征

毫无疑问，统计分析和计量分析所获得的信息特征都是建立在经验数据的基础上的。即使在统计或者计量方法具有先进性和恰当性的条件下，运用这类方法所获得的结果仍然是它们所基据处理的样本和数据的特征。只有在当这些数据完整、真实、客观地反映研究事实的特征，并且计量技术可靠、研究设计合理和数据处理得当等时，事实的抽象特征——我们所想要的认识目的才可能达到。

然而事实上，一方面，经济统计或计量的技术仍然处于不断的改进之中，运用新的技术与先前的技术所获得的结果总是可能会存在差异——有时候这种差异对于分析结果的影响是显著的；另一方面，除了按照统计核算规则而生成的一些数据之外，其他许多数据的生成、分类和处理等仍然取决于研究者主观的因素，具有较大的随意性和易谬性；对于同样一项研究，甚至运用相同的数据，即使在不同的国际知名学者之间也经常存在着不同甚至相反的结论。例如，在统计实践中，解释的方差（即令 R^2 最大）是研究的一个主要目标，也是评价统计模型的关键标准，但现在很少有定量研究者用 R^2 统计量作为评估因果模型的基础。[①] 关于对经济增长因素和源泉的多国研究，丹尼森与乔根森等在具体的计算测量模型、估计方法和结果上曾经出现知名的争论；在生产率差别估计研究中，"艾兰估计约旦的生产率为美国的 25%，而霍尔和琼斯的估计是约旦的生产率为美国的 120%"[②]。并且，这些数据都属于历史数据——它们一般只具有描述、计算的作用，以及趋向上的某种特征，而很少具有精确的规律性特征。

本质上，经济计量学还困惑于这样的事实：新的发现往往导致人们现在所认为的变量之间的关系不复存在。人们或许会把经济计量学领域内规则的缺乏归因于操纵这个世界之数目众多的因素。

在超验唯实论的观点中，经济理论的中心目标是依据隐藏的派生结构来提供解释。进一步，解释力明显地不同于预见力。许多人把这种现象归因于诸多不确定性的存在。但这只说出了经济学弱预测力的部分原因，却没有指出它的根本原因即经济事物中缺乏固定稳定的具体关系和可控性。对于自然界的许多事物，人类可以借助于自己的力量加以控制或改变，而对于经济事物——这种经常以人的意识行为或者意向性为基础而形成的事物，则需要面临更大的复杂性。而从这种事物所具有的某些客观性基础和逻辑性出发，特别是从人性在经济行为选择时的时空条件上的许多类一致性反映的特征来看，经济学也存在着可预测力。

自然，我们不能否认经验中经常包含着许多有意义、有价值的信息甚至规律性特征。但是，如我在第五章中所指出的，自然科学中的经验和社会科学中的经验所反映的信息特征并不完全相同。不仅如此，这是两种不同性质的经验，它们的研究价值因此也有着许多质的区别。

---

① 加里·格尔茨等：《两种传承：社会科学中的定性与定量研究》，刘军译，格致出版社，2016，第49页。

② E. 赫尔普曼：《经济增长的秘密》，王世华译，中国人民大学出版社，2007，第27页。

对此，米塞斯[①]教授曾经作出过十分精辟的论述，认为：

（1）使社会经验有别于构成自然科学基础的经验是：它永远是关于复杂现象的经验。自然科学的一切成功所依赖的经验是试验经验。在实验中，变化的不同要素被隔离观察。对变化的条件的控制赋予试验者发现每个后果的充分原因的方法。但是，统计学提供的材料是历史的，这意味着它们是复杂的力量的结果。社会科学永远享受不到观察仅仅一个要素变化、其他条件不变的后果的有利条件。

（2）经济学不仅不是来自经验的，甚至不可能用经验证明其定理。我们必须强调指出，每个复杂现象的经验能够而且的确也是用不同的方法说明的。同样的事实、同样的统计数字被人们宣布为对相互矛盾的理论的证实。历史学科采用的特例理解的目的是通过心理过程掌握特例性的意义。它确立了这样的事实：我们面对的是独一无二的事情。它要弄清楚行动的人们的价值观、目的、理论、信仰和错误，总而言之，要弄清楚他们的全部哲学，以及他们如何设想他们的行动所处的条件。它把我们置于行动的环境中。

（3）以上论述支持这样的结论：在社会科学方法和自然科学方法之间存在根本的差异。社会科学的进步归功于其特有的方法的运用，而且必然沿着其研究对象的特殊性质要求的路线前进。它们不必采用自然科学的方法。

（4）推荐社会科学采用数学并且相信它们由此能够变得更加"精确"是个错误。数学的运用并没有使物理学更加精确或者更加确定。我们引述爱因斯坦的话："只要数学命题指称实在它们就不是确定的，只要它们是确定的它们就不指称实在。"而人类行动学命题有所不同。这些命题以精确性和确定性指称人类行动的实在。对这一现象的说明来自这样一个事实：人类行动的科学和人类行动本身有共同的根源，即人类理性。假定数量方法能够使它们更加精确是个错误。一切数量表述由于人类测量能力的内在局限都是不精确的。其余的我们只要看看上面说过的关于社会科学领域里的数量表述的纯粹历史的性质就行了。

而认识论的悲观主义者认为，不论计量经济学的技术多么先进，也不论数据群是多么复杂和详细，强相关的联系几乎不可能出现；一些不可测试的变量

① 路德维希·冯·米塞斯：《货币、方法和市场过程》，戴忠义译，新星出版社，2007，第一章。

经常会出现，使得我们可以理性地对一个发现表示怀疑，而在回归计算中所包括的变量发生改变时，研究就会得出不同的结论，对研究结果的解释总是充满分歧。①

我认同和支持米塞斯的上述多数观点，以及其他学者的诸多质疑，但也并不否定社会科学或者经济学中的"经验"之对于科学理论构建或者在科学研究中的价值与意义，包括统计分析和计量方法的运用。我认为，运用统计分析和计量方法所获得的都是数据特征而非所研究的事物特征，包括状态和关系特征。这种数据特征能否真实地反映其所对应的事物特征，不仅取决于样本及数据选择本身的状况，还取决于分析和处理这些数据的方法（工具）和研究者的认识能力。

另外，从科学研究的角度，虽然我认同格尔茨等"定量和定性方法适合于不同的研究任务，其设计也是为了达成不同的研究目标"，并且它们的结果各自来源于"概率论和统计学理论"和"逻辑学和集合论"②，但我认为定量研究和定性研究所形成结论的逻辑应该是一致的，而不应该是不同的。③

三、非主流经济学派的方法论及其局限性

我想强调指出的是，在经济学研究中，行为和制度及其相互之间的关系才是真正的基础和核心问题，因为只有通过这两个方面才能使得经济活动和经济现象的发生原因得以获得根本的认识和洞明，经济事物的本质得以揭示。与这两个方面相比，现在人们所重点关注的其他经济问题——经济的绩效表现、经济事件、经济结构、经济关系等只不过是一些表面的东西而已。就此而言，制度经济学和行为经济学的确找到了认识和理解经济事物或问题的方向。然而，遗憾的是，这两类非主流经济学派在方法论上却至今没有真正摆脱和走出历史

---

① 马克·布劳格等著，罗杰·E. 巴克豪斯编：《经济学方法论的新趋势》，张大保，李刚等译，经济科学出版社，2000，第 197 页。

② 加里·格尔茨等：《两种传承：社会科学中的定性与定量研究》，格致出版社，2016，第 2–3 页。

③ 在语义上，定量研究中运用统计或计量方法所获得的是研究结果，通过运用知识（甚至常识）、思想和逻辑判断所形成的才是研究结论。

学派或主流经济学分析方法的窠臼，因而也没有解决科学性或者随意性问题。

在这里，要着重论述我对制度经济学和行为经济学这两种正在日益引起关注的非主流经济学派的认识。实际上，这是两个密切相关的研究领域，因为对于经济行为的研究是研究制度问题的基础和依据，但经济行为又是在制度的条件下发生的。这种关联互动关系，构成了这两个方面问题的复杂性。

在主观理想主义者眼里，制度似乎是外生的，是可以通过人为的设计来实现它的功能，或者通过外部输入来达到公共需要的目的。但事实上，这种认识是片面的和错误的。因为有效制度的形成，从来都不能通过主观的路径和方式强加给一个社会系统。

制度的好或坏，也与它的"先进性"或者主观意愿上的理想程度无关，而在于它的有效性和与社会环境条件的匹配性。[①] 如果不能认识到这一点，所设计和制定的制度就难以发挥它的作用，就难以达到它的目的。当然，这里的表述是建立在从经济的发展和运行的视角出发前提之上的。

同样，好的制度的形成也并非完全是自然的产物。在世界上那些被认为是具有先进制度的国家，它们的制度形成总是现实和理想的结合物，是自然变迁与人为这两种力量共同推动和促进的产物。因此，就像想要通过主观愿望和努力构建起一个理想的制度的结果一样，寄希望于自然的力量来形成一个好的制度，结果同样会令人失望。

制度特征的形成总是与一个国家或者地区的禀赋条件和诸多文化历史因素相关。例如法律，"法律应该与国家的自然状态产生联系；与气候的冷、热、温和宜人相关；还与土壤的品质、位置和面积有关；法律与诸如农夫、猎人或者牧民等各类人群的生活方式息息相关。法律必须与政体所能承受的自由度相适应，还要与居民的宗教、喜好、财富、人口、贸易风俗以及言谈举止发生关系。最终，法律条款之间也有内在的关系；它们各自都有自己的渊源所在，其中包含立法者的主旨，以及制定法律所产生的基础性秩序的关联。应该通过这些所有的观点仔细考察法律"[②]。

---

① 马良华：《大国现代经济增长因果探源》，浙江大学出版社，2014，第二章、第四章。

② 孟德斯鸠：《论法的精神》，孙立坚等译，商务印书馆，2014，第一编，第一章。

显然，在我看来，好制度是一种既内生又外生的东西，在本质上却又是人为之物。只不过，在作出这一论断的时候，有关有效或好制度建立或形成的关键问题就出现了：究竟应该如何实现这一目标？当然，与经济发展一样，前提是统治阶层及精英们具有达到这一目标的良好愿望。

从研究角度，这涉及认识论及其指引下的方法论问题。总体看，制度经济学派和行为经济学派在方法论层面上存在着与主流经济学同样的问题或者缺陷，是传统历史学派方法论的延续。

（一）制度经济学派的方法论

制度经济学的起源可追溯到 19 世纪 20 年代初，早期的代表人物有美国的凡勃伦、康芒斯、米切尔等。到 19 世纪 40 年代，出现了以李斯特为代表的德国历史学派，他们反对英国古典学派运用的抽象、演绎的自然主义方法，主张运用具体的、实证的历史主义方法，强调经济生活中的国民性和历史发展阶段的特征。

新制度经济学起始于 20 世纪中期，形成了以阿尔奇安、德姆塞茨和张五常等为核心的产权学派，以科斯、威廉姆森和奥斯特罗姆等为核心的交易成本学派，和以诺思为核心的制度演化学派三个分支，它们各自关注的侧重点和立论不同，所采用的方法也不同。

总体而言，新制度经济学是建立在四个方面的基础之上的：（1）方法论上的个人主义；（2）选择的效用最大化；（3）有限理性；（4）机会主义。

产权学派认为，制度的核心在产权制度，在方法论上采用的是标准的新古典范式。交易成本学派认为，制度的优劣取决于各自的交易成本，强调面对现实，反对新古典范式。制度演化学派认为，制度的形成是一个演化的过程，是和人的认知、心理及博弈等相关的，强调制度的演化变迁，同样反对新古典范式。

虽然传统制度经济学派和新制度经济学派各自在视角、思想和方法上存在着明显不同，或者存在着分歧，但他们都强调制度在社会经济变迁中的决定性作用或者影响，主张从制度入手研究经济现象。

在方法论上，制度经济学强调历史分析、结构分析和案例分析的运用，把人置于社会环境中来观察思考，主张采取历史归纳方法和历史比较方法，反对主流经济学所使用的抽象演绎法和数量分析方法。认为人首先是一种"社会人"，是一种社会的存在，而不是简单的或纯粹的"经济人"，除了经济需要，还有安全、自尊、情感、自我实现等方面的社会性需要，人的行为选择是以效用函数为基础上的社会经验、学习过程、环境等共同作用的结果，因此，应当结合这些方面来考察人的经济行为，来发现经济规律。强调每一种经济制度都是在特定的历史条件下发展形成的。

因为新制度经济学派在政策设计上对市场化的强调，所以新制度经济学家又被归入新自由主义的阵营。

新制度经济学把制度作为内生变量，注重经验、案例和微观分析，主张以真实的前提取代想象的世界，强调通过对现实约束条件的考察调查，以及案例的一般化来理解和解释现实世界。

例如，科斯认为，现代制度经济学应该研究实际的人，研究现实制度约束下的人的行为，理论的生命力不在于预测，而是通过与大量具体信息的结合来解释具体事件，并反对对简单解释和简单理论的复杂化，以及为了使问题的表述更精美和深奥而附加的精心安排。诺思为代表的制度演化学派偏重从历史角度进行经验实证的制度分析，他们更多的是依靠个案分析，得出一种制度的共性和特征，而非大样本分析。因而这种研究方法也被称之为"文学描述"分支和结构建构制度研究法与历史制度研究法。

（二）行为经济学派的方法论

行为经济学是在 20 世纪 70 年代才出现的，又称为"心理学的经济学"，以人类行为作为基本研究对象，通过观察和实验等方法对个体和群体的经济行为特征进行规律性研究的科学，被认为是在心理学的基础上研究经济行为和经济现象的经济学分支学科。

行为经济学认为：（1）经济现象来自当事人的行为，但当事人进行决策所依据的理性是有限的，甚至反映为"有限自利"和"有限自制"，关心相对损益，并常常有框架效应；（2）当事人在决策时的偏好不是外生给定的，而是内生于当事人的决策过程中，不仅可能出现偏好逆转，而且会出现时间不一致等；（3）在决策过程当中，决策程序、决策情景都可能和当事人的心理产生互动，从而影响到决策的结果，决策心理特征、行为模式和决策结果相互之间是互动的和关联的，存在许多决策反馈机制；并且，在这些互动过程中，偏好在一些条件下被产生出来，并在和环境变化的互动中演化着，这就构成了当事人围绕偏好演化的学习过程，需要进行动态的分析；（4）当事人的决策模式和行为特征通过经济变量反映出来，个体决策结果的变化导致总量结果的变化，对经济总量的理解来自对个体行为的理解；（5）有限理性和学习过程会导致决策的偏差以及结果演变路径的随机性，从而产生异常行为，这种异常行为增添了经济现象的复杂性，同时加剧了有限理性的约束。因此，新古典经济学关于偏好稳定的基本假定在现实中是不成立的，静态和比较静态分析也不能满足经济分析的需要。

针对新古典经济学中"充分理性、偏好稳定和静态分析"所存在的理论缺陷，行为经济学试图通过提出更为现实的个人决策模型来有效解释各种经济现象，并且这种模型无须严格地区分当事人的各类专门行为。因此，其与新古典经济学的不同之处是，通过模型行为基础的重新构建，来改变这些模型的逻辑，以期提高经济学的解释力。

在最一般意义的方法论层面，一方面，行为经济学继承了新古典经济学的个体主义方法论和主观主义价值论两大基石；另一方面，行为经济学主张通过心理学打造一个现实的行为基础，提出了基于"有限理性"假设基础上的"新经济人"概念，强调经济学研究必须合理假定当事人的认知能力，经济模型的预测应该和决策的微观水平数据一致，包括实验数据，并把对当事人选择行为的讨论建立在心理学基础上。

在研究路径和方法层面，（1）行为经济学仍然用"均衡"的角度来看待经济学问题，尝试建立经济模型来解释行为人的决策，但它反对静态的眼光，而是在均衡分析范式中调整了"信念更新"与"最优决策"的方式，以使其模型的设定更加贴近现实生活。然而，行为经济学构建模型的方式受到很多学者的诟病，认为其所构建的模型只是增加了几个有关个人心理层面的解释变量，从而提高了模型的拟合优度，这些模型中的每一个都不能单独地提供对人类行为统一的解释框架。行为经济学模型缺少统一标准，逻辑不够连贯的弊端值得我们深思，能够建立起更加逻辑自洽，更具有一般解释力度的行为经济学模型是未来发展的方向。（2）在经验主义还是先验主义的争论中，行为经济学也鲜明地站在经验主义的阵营之中。通过引入心理分析方法、进化与演化视角、观察调查与行为实验等技术手段，行为经济学在方法论上有了自身鲜明的特征，也有了相对完善的研究体系。

在最具体项目／命题研究的技术方法层面，行为经济学主要采用观察调查法、心理分析法、行为实验方法、计算机模拟和微观计量方法，在最新的研究中开始利用市场数据来研究当事人的金融市场行为，通过市场分析来研究特定类别当事人的经济行为。

（三）制度和行为经济学派在方法论上的局限性

我认同多数制度经济学和行为经济学中的思想观点，也认为制度和行为是揭开许多经济现象之形成秘密的有效路径和基础。毫无疑问，经济行为选择和经济活动效率与制度之间存在着十分紧密的关系，有效的制度必然能够引导经济行为，并带来经济活动效率和资源配置效率的明显提高。同样，经济现象／状态／绩效等都不过是全体行为主体经济行为选择或者活动的结果反映，通过研究经济行为——其发生的基础和过程及其存在的"规律性"或者时空特征，以及结构化特征，将有助于我们深入地认识、理解经济现象／状态／绩效等形成的基本原因，有助于提高决策和制度建设的针对性、有效性。但我认为，与主流经济学一样，制度经济学和行为经济学在方法论上仍然存在着明显的科学性缺陷与局限，总体上只是对于传统历史主义和主流经济学方法的一种改进、修正或修补。因为缺乏认识论层面上的突破和支持，其方法论也就缺少根本上的突破和创新，依然缺乏系统性和一致性逻辑的支持，当然，也就不可能找到科学性特征所需的一致性检验的路径和方法，无法解决历史分析方法的反形式主义的"描述"和主流经济学"精确"的"形式主义"研究方法所存在的随意性现象。

新古典经济学、制度经济学和行为经济学在方法论上的比较见表7-1。

表7-1　新古典经济学、制度经济学和行为经济学在方法论上的比较

学派	逻辑基础	认识方法	路径手段	主要技术方法
新古典经济学	个人主义 完全理性 偏好稳定 最大化	静态均衡	数理分析 经验—实证 经验归纳 抽象演绎	统计、计量
制度经济学	个人主义 有限理性 机会主义 效用最大化	制度—环境 整体分析 结构分析 演化分析	历史归纳 历史比较 描述/抽象 规范分析	古典（产权学派） 逻辑分析 过程分析 经验/案例分析
行为经济学	个人主义 有限理性 （有限自制、有限自利）	改良的均衡 心理分析 环境—行为 学习过程 演化分析	经验实证 微观计量 模型构建	观察调查法、心理分析法、行为实验方法、计算机模拟和微观计量方法

1. 在逻辑假设上，新制度经济学和行为经济学把"完全理性"修改为"有限理性"，的确使得理论的假设更加贴近于现实，增强了真实性，但在本质上，"有限"仍是一个难以明确区分和界定的模糊概念，它所对应的实际情况仍然是多种多样的。有什么样的存在，就会有什么样的反映；你怎样看，就经常可能得出不同的答案。这种研究所得到的认识，对于存在及其现象而言，是多样的和变化的或者不一致的。除非能够提供类一致性参照和一致性逻辑，否则它就无法很好地反映科学研究所需要的一致性或共同性、普遍性意义要求，也无法对研究所得出的结论进行科学性检验。

2. 无论是演化分析还是描述性历史分析，其所反映的"事实"或者"真相"，都取决于研究者各自不同的理解，如果不能提供时空意义上的系统一致性参照和一致性逻辑，我们同样无法识别判断研究结论的合理性。在可能存在的不同答案中，我们何以判断哪一种答案是符合或者与"事实""真相"一致的呢？同样，世界上的每一种存在或者状态/现象/事件，它们的结构、过程和特征在理论上都可以得到描述，但倘若这只是一种独立/孤立事件/现象，除非我们能够从中抽离出一种共通的东西，那么更多的只能说明这种独立/孤立的现象/事件本身的过程和特征而已。现行的结构分析所存在的缺陷，同样如此。

3. 个人与整体之间的关系，从微观与宏观之间的关系来说，就像行为与制

度一样，都是一种复杂的互动关系。只从任何一个方面来认识这种关系，都可能导致结论上的片面性，进而得出一些似是而非的建议。演化意义上的这种互动，意味着这种关系的形成有着内生与外生同时存在的复杂影响。但在方法论意义上，制度经济学和行为经济学却至今未解，尚未形成有说服力的系统逻辑体系。

4. 对于意识事物，就像我在本书中所指出的，经验数据和实验数据中的信息真实性都会受到主观上的很大影响，并且是易操纵的，心理实验生成的数据与现实中所发生的情形经常是不一致的，即使与当时实验和经验情境中是一致的，它也更多地反映为"即时"性，会随行为主体的时空条件的变化而变化，会随环境的变化而变化。

5. 直到今日，现有的经济学方法论依旧在形式主义和反形式主义或者抽象与具体两个极端上徘徊，包括制度经济学和行为经济学。而现实和科学却是处于它们之间的一种状况。这与上一点的情况相类似。过于关注细节会导致普遍性意义的缺乏，而过于简化、抽象则会导致实用性和可操作性的严重不足。在这方面，制度经济学重在描述分析，行为经济学则在这两个极端上徘徊，均衡分析偏于抽象，情境分析偏于具体。

6. 理解和操作并非属于同一层面上的问题。对于一种现象／状态／结果等，我们经常可以从时空的存在之中找到多个理解的方面，但在意向性操作意义上，我们却无法简单地从存在的原因中找到解决问题或者实现目标的有效方法。道理同样是简单易懂的，因为存在的结果往往正是其存在的原因，否则许多现象就不会如此发生了。多数行为选择之所以如此发生，本身就是决定这种行为选择的各种时空因素的产物，除非能够改变这种决定和影响行为选择的时空状态，否则就无法根本改变行为选择。然而，这种时空因素中的不少是难以在短期内或者直接改变的。

总体上，就像一些学者所指出的那样，新制度经济学是应用现代微观经济分析去研究制度和制度变迁的产物。而行为经济学采用的改良均衡分析，本质上不过是通过假定的修正作为切入点对主流经济学静态均衡分析的一种"修正"而已；情境分析，则由于缺乏统一框架——一个模型通常只在某一特殊的情境中才具有更好的解释力，所以，这种个别、零碎的应境解释力，经常使人感到逻辑的不一致和自相矛盾。

我个人认为，在方法论意义上，由于受现行经济学认识论之囿，制度经济学和行为经济学都没有从根本上摆脱主流经济学方法论的束缚，当然也谈不上有重大突破，所做的不过是在这种方法论基础上的一些修正和修补。

第八章

经济学研究方法论的科学性回归

为了方法能适应关于分析对象所得到的认识，就必须不断地对方法进行修正……

——托尼·劳森《经济学方法论的新趋势》[①]

研究经济学认识论的目的，以及对于现有理论的批判，绝不是为了批判而批判。科学研究探索从来都是建立在追求客观事实这一信念基础之上的，否则就会失去意义。同时，指出一种认识或方法论上的错误或误区虽然是重要的，但更关键的是要重建或修正方法论，用更符合事物本身特性的方法论来指导科学研究。

从方法论视角，一门学科能否获得科学认知的关键在于所选择的研究路径、手段和方法是否与其所对应的事物的特性相适应一致，是否与科学研究领域相对应的科学特性相符一致。不仅如此，在学科的更具体研究层面上，路径和方法的选择同样应该符合研究事物的性质和研究命题的类型，或者目标任务。即使在自然学科中，虽然在大类角度，获得科学认知的路径和手段存在着同一性，但从其分支和研究类型等方面来看，具体的路径和手段也是存在差异的，同样需要考虑适当性。这种认识上的多样性和层次性，是与客观存在的多样性和层次性相对应的。理论抽象同样如此，不同层面的抽象是与其所对应的具体事物

[①] 马克·布劳格等著；罗杰·E. 巴克豪斯编：《经济学方法论的新趋势》，张大保，李刚等译，经济科学出版社，2000，第 341 页。

的范围相对应一致的。即，实际上，我们所面对研究和讨论的经常是不同层次上的问题，对应着的也是不同层次意义上的逻辑。对此，混为一谈的后果就是逻辑关系混乱。

如何实现经济学方法论的科学性回归，进而使得经济学研究的科学性得以重建？

本章将围绕这一核心问题展开具体论述。

一、什么是经济学研究方法论的科学性回归

所谓科学的经济学方法论，就是按照科学的认识论和方法论原则，结合经济学科的对象特性和研究特征所建立的有关如何获得经济事物科学认知的一般途径、手段（程序）和方法等的理论体系，是科学认识论和方法论的具体化体现。它的核心在于：根据事物本身的特性去寻找、确立和选择获得科学答案的路径和方法。

方法论研究的主要问题，一是有关如何根据不同事物的特性和研究所需来选择运用研究的路径、步骤、手段及具体的技术工具 / 方法的问题，以及这样做的逻辑基础和依据；二是有关如何根据具体研究手段和方法的功能、适用条件和要求来正确使用以达到目的的问题。

经济学方法论的科学性回归，涉及两个基本问题：一是指经济学方法论的确立如何从偏离经济事物特性的"泛物理主义"或"科学实证主义"回归到经济学研究对象本身或者经济科学本我的特性进行修正和重建，从"本我迷失"中回归本我，进而为经济学研究提供从事科学探索所需的一般路径、手段和方法；二是指经济学研究如何根据经济事物本身的特性和研究命题的性质来彰显并检验其科学性。从认识论角度，就是探寻科学性在一般特征反映与个别特征反映之间的统一，或者如何实现同一性与差异性上的统一。这是认识在两个层面之间的统一。

我们所面对的事实是：我们无法在对一种事物特性、特征缺乏足够了解的情况下形成一种解决问题的有效"方法"。当然，我们也无法用一种偏离事物特

性、特征的"方法"去有效地解决问题。

经济学方法论的回归重建，目的在于通过对经济学研究对象特性的深入研究，找到一种更加科学的认知或者研究路径、手段和方法，来解决现行研究中普遍存在的解释上的随意性、理论的弱预测性和弱可操作性问题，来增强经济学研究中的可一致依循性和可一致检验性，使得经济学研究走出"科学形式主义"的泥淖，实现科学形式与内容的统一。

为了达到上述目的，经济学方法论还需要在理论研究、应用研究和历史分析中，找到一种可一致性参照和检验的标准与方法，并确立一种科学规范，来弥补现有方法论上的缺陷和不足，以增强经济学研究的科学性。

经济学方法论的修正重建，涉及以下几个层面的主要内容：（1）经济学研究获得科学事实的一般途径、程序和方法；（2）理论研究、应用研究和历史分析的一般表现形式和科学性特征；（3）理论研究、应用研究在分类意义上所采用的技术手段、措施和方法；（4）经济学研究的一致性科学规范。

二、经济学研究的科学同一性和差异性

世上万物，既是同一的，又是差异的。它们在抽象的意义上具有同一性，而在具体意义上则是存在差异的，而这种同一性的和差异性的表现特征又取决于不同类型事物元本体事实的特性。

从分析认知的角度，一切事物都是不同意义上构成要素的排列组合结果，而一切事物之间的差异都不过是类之间和类内部具体事物之间阈值意义上的差异，包括构成要素及其排列组合上的不同和要素构成上阈值及其排列组合的不同。由此，对于同一目标的达成总是存在着条件和路径、手段上的多种不同的排列组合可能；对于同一结果的出现，也总是存在着由多个因素的排列组合而成的不同原因可能性。而主导并贯穿这些事物之中的总是存在着这样或者那样的逻辑规定性，不同的事质领域具有不同的逻辑规定性。必须清楚的是，主导自然领域和经济领域的是两种不同性质的逻辑类型。这应该成为认识论的共同基础。

从绝对意义上，科学的含义是一致的，它的特征或标准也不会因为学科的不同而不同。但是，从相对意义上，科学的含义及其特征表现方式，即以什么方式来获得和表现一门学科及其研究的科学性特征，在客观上是存在着差异的，会因类事物之间事质特性的本质区别而呈现差异。这就是"科学"的相对性。

人之所以为人，自然有着相同的标准，但男人与女人、老人与小孩等却有着人的不同表现。在此，人是一个作为人这样一个类的最抽象层面，男人与女人或者老人与小孩则是归属于人这个类之下的一个类抽象层面。科学也同样如此。

所谓科学的同一性，是指任何称之为科学的东西，在最一般的抽象意义上，科学认知和科学理论、科学方法等，都具有共同的一致性表现特征，进而可以用于科学解释、科学预测和科学检验等。否则，就不能称之为科学。

所谓科学的差异性，是指在不同的学科或者不同的科学研究领域，科学性特征的表现反映，以及获得、形成科学性特征的路径和方法，是多样的或差异的。

一是形成科学性特征的方法具有多样性，特别是反映在不同科学、不同性质的研究类型和不同目标的研究命题等科学性特征的形成上，不存在所谓完全一样的科学方法。科学方法的同一性只存在于认识论层面上的抽象，一旦涉及具体的层面，科学方法便因之具有具体性和多样性。"泛物理主义"或"科学主义"科学方法之所以出现甚至流行，源自于认识论上对不同抽象层面认识的混淆错误。

二是科学的特征在不同性质的事物领域中的表现方式存在着差异和不同，由于不同类事物在元本体事实特性上存在着本质的区别使得不同学科或者科学研究领域之间在科学性表现上也存在着差异性。有些可以通过绝对的方式表现反映，有些则需要通过相对的方式表现反映。这同样涉及认识论上的认识问题。

科学的同一性和差异性，是事物的普遍性与特殊性之间的真实写照。科学的同一性是科学对于所有不同学科进行科学研究的共同要求，科学的差异性是不同学科研究对象的不同特性、研究类型的不同性质和研究命题的不同目标等的客观反映。所研究事物的元本体事实特性相同，研究类型的性质一致，科学方法具有共同的特点，科学性特征表现就应该相同一致；元本体事实特性相异，研究类型的性质不同，用以获得科学认知和理论的方法就会有差异，科学性表现则存在差异。在这个意义上，科学的同一性和差异性得到了统一。就像人，在类一般抽象上是相同的，但在具体意义上是差异化的存在。当然，反映在自然科学、社会科学、人文科学及其内部的不同科学探索领域之间也同样如此。毫无疑问，我们不能用研究石头的方法来研究人的行为问题，不能用研究经济的方法来研究艺术问题。这里面包含了对具体与抽象、名与实、一般与特殊之间关系的正确认识问题。

方法的形成和选择运用，只有符合事物的特性时才可能达到科学研究的目的。就像汽车可以用来运输，但不能用来观测天体一样。再者，使用方法和选择方法属于两个不同层面的问题，只有方法的选择符合事物的特性和研究所需时，才会进一步涉及方法的具体使用问题。如果方法的选择发生了错误，不管如何使用这一方法，结果都是不理想的。这是一个简单的道理。

我们还应该认识到，一切所谓相同，只是名或类或符号等的抽象意义上，或者静态意义上的相同，但它们所对应的具体事物之间却是差异化的存在。与科学性特征、科学认识论、科学方法等相类似的名类所对应的实际存在具有多样化，它们分别对应着不同的认识抽象层次和事物特性。如果不能理解、不能领悟这个道理或者事实，就会导致认识上的混乱。

人们会产生认识错误的其中一个主要原因是，或是只看到了名类意义上的同一性而忽略了同名之下事物之间的客观差异，或是只看到了个别事物之间的差异而忽略了它们在类抽象上的同一性。这都是不符合事实的。此外，把形式置于本质之上，忽视获得不同特性事物的事实真相对于方法的不同要求，把不同层面的事物混淆在一起加以等同比较和评议，则是另外一些经常导致结论错误的原因。当然，把次要的置于主要的之前来评判事物，则更是可笑。

三、经济学研究何以获得和反映科学特性

我认可并支持反对用自然科学中普遍采用的科学实证主义作为经济科学主流方法的观点及主张，具体理由我在前面已经加以具体阐述。但我们现在面临的关键问题是，我们应该通过什么路径和方法来获得对于经济事物或现象的科

学认识呢，又应该如何来检验这些认知和理论的科学性呢？

唯名论者及其他学者的观点

在有关如何用一种新的方案和方法来替代在经济科学中依然盛行、滥用科学实证主义方法的问题上，反科学主义者也提出了一些设想和主张，但是多数是软弱无力的，既没有具体陈述如何解决新主张中依然可能存在的随意性或者如何实现科学一致性的难题，又缺乏具体的认识论依据。

波普尔提出了情景逻辑与情景分析法，认为社会行为是主体对于给定情景的"合乎逻辑"的反应，但他没有具体说明如何通过这种分析法来获得事物"真相"的过程。

作为一名"唯名论"者，麦克罗斯基认为，把经济学方法论局限于一种实证主义规范方法论框架内是不必要的，并且与经济学科的主题没有多大关系。他指出，"正统的"实证主义方法论是会对经济学问题产生误导的理解方式，为了产生正确的理解必须采用全新的方法论，主张经济学放弃实证主义；他认为经济学不是预测科学，无论是数学和物理学都不是经济学的可借鉴模式，它类似于语言游戏或者文学批评模式，经济学家的任务就是说服听众，使得其他同行经济学家和听众接受自己的观点。①

显然，麦克罗斯基认为经济学是说服的艺术的观点，既没有认识到经济学作为一门科学所具有的客观性基础，也无助于经济学科学性问题的解决。当然，他提出的用文学批评或标准来作为替代方法的观点是不可靠的，是从一个极端走向另一个极端。

当然，因袭主义②"把所有的科学理论和假说都视为不过是事件的简练描述，它们本身无所谓正确与错误，都只是所储存经验信息的沿袭"的观点也是错误的。因为如果缺乏一致性和约束条件，对"事件的简练描述"就连想要合理地反映"事件"原貌也难以办到。既然"无所谓正确与错误"，那么这种描述的科学意义又在哪里？

米洛斯基虽然指出了"商品空间"的公制结构与假设的物理空间的公制结构

---

① 托马斯·A. 博伊兰：《经济学方法论新论》，夏业良等译，经济科学出版社，2002，第二章。

② 马克·布劳格：《经济学方法论》，黎明星等译，北京大学出版社，1990，附录二，第284页。

之间的根本区别，但也没有提供可供替代的具体办法。

唯名论者认为，经济学是一门特殊的历史科学，数学模型只是替代了语言的部分表达，虽然表面上这种表达显得更有逻辑，但实际上却言不达意。唯名论者说出了事实的一部分，但他们并没有清楚地认识到，经济学和其他科学一样，是一门立体的科学。所谓立体的科学，就是经济事物既由理主导，又反映为数量关系，但它们分属于不同的分析层面，并服务于不同的研究目标，在表现特征上是不同的。

由于反对科学实证主义的学者没有能够提出解决这一难题的有效方法，因此科学实证主义主流得以在经济科学中继续泛滥。

米塞斯的经济学方法论

在众多的经济学家和方法论家中，米塞斯的论述是最全面而具体的。他不仅通过对自然科学和经济科学对象进行了本质区分，否定和拒绝了自然科学科学实证主义在经济科学中的适用性和恰当性，认为经济学建立在人类行动科学基础之上，既不能借助于逻辑实证主义、历史主义、制度主义等方法，也不能借助于经济史、经济计量学和统计学所称赞的方法，并且提出和论述了经济科学的方法论。

米塞斯[①]的主要观点如下：

1. 经济学是一门先验科学而非经验科学，是一门理解和逻辑而非预测的学问。经济学并非是基于经验的或者从经验中得出（提取）的。

"我们对既定条件下我们行动的了解不是来自经验，而是来自推理。我们对行动的基本范畴——行动、经济化、偏好、手段与目的的关系，以及与这些一起构成人类行动体系的其他每一件事——的了解都不是来自经验。我们从内心领悟这一切，正如我们不根据任何经验先验地领悟逻辑学与数学真理一样。如果任何一个人不从自己内心理解这些，经验就不能使他得到有关这些事情的知识。"

"历史经验——每个经济经验都是历史的，因为它是关于过去的事情的——

---

① 路德维希·冯·米塞斯：《货币、方法和市场过程》，戴忠义译，新星出版社，2007，第一章。

与经济学理论的关系不同于人们普遍认为的那样。经济学理论不是从经验中得出的。相反，它是掌握经济史的不可或缺的工具。经济史既不能证实也不能证伪经济学理论。相反，正是经济学理论使我们得以理解过去的经济事实。"

2. 经济科学不考虑偶然性，只考虑本质。它的目的是理解普遍性，而它的程序是形式化的和公理化的。它看待行动和行动发生的条件，不是以我们在日常生活中所遇到的它们的具体形式，也不是以其实际的背景，就像我们在每门自然和历史学科中看待它们的样子，而是把它们看作形式的构造物，它能使我们理解纯粹人类行动的形式。

3. 经济学是个演绎体系，从对于人类理智和行动的原理的洞见出发。重要的是要认识到这样一个事实：这个程序和方法不是科学研究特有的，而是对于社会性事实的普通的日常感悟的模式。"它现在就像过去一样，是行动和事实的逻辑。"

我们在人类行动领域中的一切经验都是建立在我们具备这一洞见的条件的基础上并且受到这个条件的制约。没有这个先验知识和从中得出的定理，我们就完全无法认识人类活动的含义。我们关于人类活动和社会生活的经验是以人类行动学特别是经济学为依据的。

我们设想一个行动的意义，也就是说，我们认为行动就是这样的。我们在行动中看到了通过手段达到目标的努力。在设想一个行动的意义时，我们认为它是为达到某个目标的有目的的努力，但是我们并不考虑提出的目标和采取的手段的性质。我们把活动设想为其逻辑（人类行动学）性质和范畴。我们在设想时所做的一切就是通过演绎分析揭示出包含在行动的第一原理中的一切并且将其应用于不同种类的能够想到的情况。这个研究是人类行动的理论科学（人类行动学）特别是其中迄今为止最发达的分支经济学（经济理论）的主题。

4. 在这些理论的先验考虑中运用的方法是思辨构造的方法。经济学家——以及非经济学家在其经济学论证中——建立一个并不存在的事态的意象。这个构造的素材来自对人类行动状况的洞见。这些思辨构造表示的事态是否对应或者能够对应实在与它们的工具性效用无关。甚至不可实现的构造由于给我们机会思考是什么使得它们不可实现、它们在哪些方面不同于实在的机会所能够起到的重大作用。

5. 这种"理解"和"思辨构造"方法所面临的危险及其评估的方法。"我们的一切经济学论证都借助于这些思辨概念进行。的确，这个方法有其危险；它很容易被误用。但是我们必须采用它，因为它是唯一可用的方法。当然了，我们必须十分小心地运用它。"

就显而易见的问题"一个从先验原理出发的纯粹逻辑演绎如何能够告诉我们关于实在的事情"，我们只能这么回答：人类思想和人类行动都是人类精神的产物，它们来自同样的根源。因此，从我们的先验论证中得出的正确结论不仅在逻辑上是不可反驳的，而且同时以其绝对的确实性应用于实在，只要其中的前提是实在中给定的。反驳一个经济学结论的唯一方式是表明其中包含逻辑错误。得到的结论是否适用于实在是另外的问题。同样，这一点只能表明其中的前提在我们希望说明的实在中还是没有对应物来决定。

有必要强调这一点，因为有时候一种类型的历史主义的滥用得到了错误的诠释的"理解"支持。逻辑、人类行动学和自然科学的推理在任何情况下都不会被"理解"推翻。然而，不论历史资料来源提供的证据多么强，也不论一个事实从当时的理论的观点看多么可理解，如果它不符合我们的理性，我们就不能接受它。

历史方法的这些类型只能通过特定理解的运用建立，而且只有在它们得以存在的理解框架内才有意义。因此，并非每个逻辑有效的类型概念都有助于理解的目的。如果一个类里面的所有元素都具有一个共同的性质，这个分类在逻辑意义上就是有效的。类并不实际存在，它们永远是精神产物，用于在观察事物时发现相同之处和不同之处。一个逻辑有效地建立在严格基础上的分类是否能够用于说明给定的资料是另外一个问题。

"理解"决定采用的分类法，而不是分类法决定"理解"。

在我看来，米塞斯在对于经济科学本质、性质、特征和方法等的分析、论述、论证中，提出了许多真知灼见，指出了问题所在。但是，因为缺乏在科学认识论对于具体与抽象、名与实、时间与空间等关系在认识上的研究支持，他对于如何解决诸如"理解""思辨构造"和经济学方法的运用时所出现的随意性问题也没有提出有效的路径和方法，没有能够提出解决经济学作为一门科学所需要的科学一致性问题的有效方法。他所提出的"有效""检验"或"衡量"的办法在系统性和针对性上仍然是远远不够的，因而也难以满足科学性检验和评价的需要。

经济学研究方法论的科学性回归

科学的方法论是有关为了形成科学性特征的科学理论及认知所应该选择的路径、方法、手段以及规范等的学问，是有关科学性特征的形成之目的与手段之间关系的学问。

我支持自然科学实证主义不能完全适用于经济科学的立场和观点，反对将其作为经济科学主流的方法并加以形式化。我也支持米塞斯关于经济学方法论的多数观点。但我认为，在如何增强经济科学的科学性特征方面或者如何有效避免和减少思维或"理解"所带来的随意性方面的问题上，我们的研究认识和实践还需要进一步深入与完善。

以下是我的基本观点和主张，我会在此基础上对经济理论研究和应用研究继续加以论证阐述。

1. 经济科学是通过建立在洞见基础上的逻辑思辨构造来认识和理解经济事物的，它通过人类自身行为的观察、内省、调查、交流、思考并通过逻辑构建等来理解人的行为选择，进而洞明、理解经济事物形成发生的一般机理，这是获得经济事物真相的最主要的路径和方法。

2. 经济科学的逻辑思辨构造通过经济学原理得到形式化和公理化反映，其与自然科学最大的不同是经济学原理总是通过概念化、分类、结构化要素构成的相对关系来表示并以一致性逻辑作为支撑的理论形式，而非自然科学中我们所常见的数量之间公式化反映的某种或某些固定关系理论形式。因为经济事物的形成、变化在元本体上取决于人的意识和逻辑思维或者意向性，及其表现出的时变性特征，经济学对象中没有包含可重复不变的固定关系。

经济学以原理来阐述经济事物发生的一般机理及过程，在主体目标与约束条件、手段之间形成相对逻辑，在结果与原因之间形成逻辑关系。经济学原理主要反映的是一种认识和理解经济事物之间的逻辑关系。在抽象意义上，它可以用来科学解释任何时间和空间条件下类经济事物的形成和变化发展之原因；在具体意义上，则需要结合具体的主体、时间、空间特征等类状态条件且保持一致时才能获得有价值的结果和启示，具有相对性。

在行为选择上，反映的主要是由经济逻辑所主导的目的与手段选择之间的关系；在因果关系上，反映的主要是由事物规定性（包括客观和主观）决定的相互之间的经济联系。在认识思维上反映的是思维内容与思维形式之间的关系；在数字关系上反映的是由数学（或核算）规则决定的数（或科目）与数（或科目）之间的关系。

3. 经济学原理可以用数学语言的形式来表达反映，但无法用数学的方法来推理推导。因为在抽象意义上，经济关系中所包含的只是某些相对关系，并且包罗万象，并不存在重复一致的关系特征。运用数学方法对经济事物之形成变化的抽象反映，必然以牺牲大量有效、有用的事实信息作为代价，这种抽象虽然可能得以成立，它虽然有所表达，但实际上等于什么也没有说，或者很少有可一致依循的实际意义。

除非只是想用数学语言来抽象表达一种单纯的思想，否则抽象的数学语言在经济学研究中并无多少实际意义。经济关系的数学公式化表现，主要发生在运用数学工具进行计算、运算功能时才具有实际意义。

4. 经济学之科学洞见的形成，是经验和思维共同作用的结果，观察、思考和逻辑构建等不仅来源于思维，而且来源于对于以往所发生的事物之形成变化等的假设和推理。实际上，经验和先验是一对在界限上难以绝对化区分的概念，人类进行先验的思想活动的经验基础不仅反映在学习方面，而且还反映在种群的生物学遗传上，在我们人类先验的知觉或禀赋能力中无不带有"经验"的成分。

一切实在以及它们的量化表现都是历史的，即与给定时间相对应的空间存在。

在经济研究中，之所以说实证研究不是获得科学真相的主要路径和方法，是因为无论是在具体的还是在抽象的意义上，经验数据或案例都是历史的产物——是特定时间和空间条件下的存在反映，经济研究的对象不具有自然科学研究对象中所内含的一致性条件（包括内含着的固定不变关系）或可控的特征。正如米塞斯所言的那样，每个经济经验都是历史的，因为它是关于过去的事情的，现在与过去不同，将来与现在不同。当然，我们仍然可以从许多经验事例和数据中获得许多启示，特别是对于有关人类行为倾向特征和经济关系趋向性特征等的深层思考。因此，经验分析或实证分析仍然是经济科学中的一种重要的辅助性方法，它有助于经济学科学思维结构和一致性逻辑的形成，但如果缺少科学研究所需的基础理论知识、专业知识和思想，就难以得出和形成科学认识或有价值的操作性建议。

5. 经济科学通过"洞见"来形成科学的"思维结构"或解释结构，用以解释和预测判断经济事物及其发展变化，这是符合经济学研究对象的特性和经济研究的特征的。但是，这样的研究路径和方法，仍然需要解决随意性这一难题。用以解决这一难题的方法是构建系统一致性逻辑和一致性参照体系及标准，这是形成对经济科学可一致性检验和一致性依循的核心和关键所在。只有这样，经济研究的科学性特征才能得到反映、衡量和检验判断。

无论是历史的还是现在的，经济学的科学性主要反映在它是否可以运用一致性的逻辑来解释它们，包括过去的、现在的和将来的。否则，它的科学性依然是缺乏的。

毫无疑问，在科学的形式与本质之间，本质决定形式，才是最重要的特征。经济科学通过"思维结构"或"解释结构"来阐述经济学原理，并用一致性逻辑作为理论的核心支撑和科学性特征的特殊表现基础，这也是最本质的问题。与这一本质特征相比，形式只有在其使得本质得以表现反映或者与本质保持一致时才具有科学意义。否则，失去本质反映的研究就只会徒有其表，就会缺少科学价值。这是一切科学研究都必须统一的认识问题。

换一种表述，经济学获知经济事物的有效信息和规律性特征的方法，是建立在观察、内省、思考、领悟等的洞见基础上，经济学对于经济事物的认识理解是建立在概念界定、分类、系统化、结构化等逻辑建立的基础之上的，是"思辨构造"的过程，其科学性的核心是建立一致性逻辑和一致性参照体系，只有这样才能据此得到一致性检验，也才具有科学价值。

综上所述，由于任何一种经济经验都是在一定历史背景条件下形成的，并对应着特定的时间和空间状态。任何一种对于这样一个存在状态和特征的抽象，都不过是对这一存在事实的反映。因此，实证主义抽象方式在经济学中所反映的，在过去、现在和将来都是不同的，因而是历史的，就不具有可重复依循性，也必然缺少科学所要求的重复一致性特征。这种方法在经济科学中是不可靠的和不适宜的。人们必须丢弃这一幻想，而应该通过其他的途径和方式来避免经验实证主义方法给经济学带来的科学性缺陷。唯一可行、可靠的办法是，通过建立认识框架或解释结构这一符合经济学对象特性的途径和方法，并用其是否具有一致性逻辑的支撑加以检验判断和约束。简言之，就是用规范的"解释结构（或认识框架）+一致性逻辑"这一经济科学特殊的科学性反映方式——这一洞见和理解经济事物的有效方法。

四、经济学理论抽象的特征和科学性表现

（一）经济理论研究的目的和任务

科学的主要目标是揭示自然中不变的客体或它们所隐藏的本质，而且该目标在成熟的理论科学中得到实现。科学的主要任务是建立原因—结果之间关系的理论体系，以揭示这个实体世界以及它的未变客体或根本特征。

什么是科学理论？

描述主义者认为，理论是一个省略或扼要地描述所观测到的现象的方法，可用一个复杂的或一系列的事实性陈述来表述。

科学实证主义认为，任何一门纯科学，从物理学到经济学，必须提出一种普遍适用的模型。如果纯粹经济学的目的是构建数学模型，必须以纯科学名义，探索该模型的经验适宜性；纯经济理论必须表达有关现实经济活动或行为的可观察信息。

劳森认为，科学研究的目的是找出那些持久的本质、结构和机制；科学解释的目的是从"表层现象"转到一些"深层次"的原因机制或动力，科学不仅要解释事件的规律，而且要揭示产生我们所经历的现象的结构和趋势，理论科学的主要目的之一就是发现不可观察过程的真实描摹，以揭示可观察现象的本质。

米塞斯认为，科学理论的目标在于一致性和严谨性、清晰性、准确性，有无可置疑的证明，并摆脱矛盾。

我认为，作为科学理论，经济理论的目的和任务同样是揭示事物的本质——特别是具有普遍意义的结构和机制，并具有可一致性解释和一致性检验

的特征。但如同我前面所述的，科学理论同样存在着不同的表现形式。

（二）经济理论研究的类型及其特征

在第三章中，我把经济学一般理论分为以下类型：（1）经济科学的认识论和方法论；（2）经济事物的机理类和逻辑关系研究；（3）因果联系研究。

在研究的抽象层次上，经济学理论又可以分为以下三类：（1）超乎时间和空间意义上的整体抽象，包括经济学认识论、方法论和经济事物一般理论的研究；（2）静态意义上对类事物的空间性质、结构、关系及特征等的研究；（3）与时间相对应的类事物空间特征的抽象研究，如类事物的结构、关系及特征等的动态研究。

通常，经济理论研究是对以上三种类型在上述三个层面上的不同研究。本书研究的主要属于第一种类型的第一个抽象层面，主要阐述论证"经济科学从何处获得真相"和"经济科学何以获得真相"的认识论和方法论问题。日常经济理论研究的主要是另外两类在静态、动态意义上的抽象研究。

1. 机理类及其逻辑关系的探索。是有关经济事物"怎么样"运行发展的结构、因果等的一致性逻辑体系方面的研究探索，是经济学在不同系统层次上的一般化抽象研究，是关于经济事物的框架结构、联系和逻辑等运行机制、机理或原则的基础性研究，它是对应于宏观经济学、微观经济学在不同系统层面上的理论研究，是经济解释、经济预测及操作层面上解决实际问题的重要依据，是理论经济学研究的核心问题。

在静态意义上，这类经济理论研究由一系统框架及其对应的要素（或概念）、结构和核心逻辑构成，反映系统要素与系统功能、要素之间，以及层次间的逻辑关系，或者原则和运行机理。

在动态意义上，这类经济理论研究由更加具体化的经济逻辑构建起结构、要素及不同层次之间的一致性逻辑，用以反映系统运行变化在不同的时间（阶段性）所对应的空间状态特征，提供要素、矛盾或者问题对于系统状态的影响差异——或者在主次性质、重要性顺序上变化的判断依据。

经济事物的形成变化存在着自身的作用机理和因果逻辑。从类的意义上，不同的经济事物既存在着相同之处，又存在着不同的发生机制，不同的发生机制意味着不同的事物结构。从这一意义上，每一事物本身就是一个系统，既是其所归属的一个系统的组成或影响因素，又由隶属于这一事物所对应系统的若干事物或者要素组成。你中有我，我中有你，构成不同的系统。通常，事物的特征以类的面目出现，分别对应不同的属性，形成不同的结构逻辑和因果关系。这就需要对不同经济事物之间存在着的异同之处进行研究。例如，由个体、家庭、组织（如企业、团体、政府、国际组织）等不同经济主体引起的经济事物，由生产、交换、消费、分配等不同经济活动产生的经济事物，等等，以及进一步的细分。

如前所述，与自然科学明显不同的是，自然科学主要依靠发现来揭示自然物质现象和关系的形成发生机理，而经济科学则主要通过概念界定、分类和逻辑来构建系统、结构和关系，通过逻辑思维阐述和建立起经济运行的机理/机制。这方面经济研究的所谓"发现"，本质上也是思维的概念化、逻辑化、系统化和结构化的产物。

与自然物质事物相比，经济事物运行的理论机理具有以下特性：（1）客观相对性，它并不内含有固定不变的关系，所以只能由一个解释结构和核心的经济逻辑来进行一致性阐述，而无法用固定的公式来反映；（2）主观基础性，所有经济事物都是人有目的、有意识行为或活动或者结构化的产物，经济系统、结构和关系的建立及相应理论的形成同样是逻辑构建的结果。

在一个由结构要素关系构成的理论机理中，填入一个具体的时空"变量"，就能获得这个经济理论与这一特定时空约束的事物的问题指向相匹配的时空一致性逻辑支撑的应答。

2. 因果联系探析类。是有关经济现象"为什么"形成和变化发展等的相关性、因果性的研究，是建立在机理类一般理论基础上运用实证分析和演绎分析方法探索经济事物相互联系的研究。通常，事物之间的联系涉及不同系统、不同的层面或者多个因果，如果缺少可一致性逻辑体系的支持，就可能在相互联系的多个因果关系中难以准确判断识别出主次和重要性次序。

这类经济理论研究所涉及的因果联系建立在以下不同的基础上：（1）经济核算关系，包括总量、结构及其进一步的细分归类，它们的依据就是人为划分确定的统计核算体系和规则，形成项目（科目）之间的因果关系，用以认识经济系统与结构要素、要素之间的相互联系；（2）根据统计、会计核算规则体系，以及其他通过逻辑构建的认识框架结构，实际形成的数量规模、结构和关系，即经济行为选择或者活动形成的结果；（3）导致行为的发生（结果）与缘由之间的因果关系，特别是行为选择决策与约束条件、效用偏好、心智状态和环境等之间的关系，以及在类意义上反映在不同时间（阶段性）上的趋向性特征。

本质上，第一种经济核算关系是建立在认识需要上的数量关系，是统计范围内全体行为人行为选择的结果反映，或者结果之间的数量关系的反映。虽然，这些数量（或经济值）分别对应了"名"的意义上行为与绩效（或结果）之间的关系，但是，这种因果是表面或者浅层的关系，其操作上的实际作用是有限的——通常只意味着资源总量上不同分配结构的可能性，而难以触及本质上与行为相关的深层原因的改变。也即，经济事物因果，在宏观和微观层面之间、行为结果与行为发生之间，最关键的是要认识探索和理解类行为、社会群体行为反映为趋向性特征的根本原由。

经济研究中的这类研究，分为两个层次。

（1）一般研究探寻、构建的是全时空条件下经济事物之间或者经济现象与形成原因之间所可能形成的全部关联性或者因果关系，包括静态和动态的关系。贯穿其中的分别是由问题指向形成的核心逻辑、经济逻辑和行为逻辑，在理论上建立起有序的秩序。因为没有具体的时空指向或者约束，所以经济事物之间关系的形成、经济现象的形成所对应的原因，存在着多种可能，形成一般的专业理论知识基础。宏观经济学和微观经济学主要阐述的是这个层面上的问题。

（2）在特定时空指向下经济事物之间或者经济现象与形成原因之间的关联性和因果性研究。在具体的问题指向形成的核心逻辑或者行为逻辑的主导下，通过动态一致性参照体系或标准的构建，各种关系便有了主次性，影响要素/因素的重要性顺序也因时空条件的不同随之发生变化，因果联系的具体方式和排列组合发生变化，这意味着一般研究中成立的许多因果可能被排除，主次性关系因时空约束的清晰化得以明确。应用研究主要依循的是这方面的理论。

经济学理论抽象的主要目的是通过认识框架或解释结构和逻辑这一相对意义的方式来反映经济事物的原理，在具体意义上还需要类意义上时间与空间条件的约束和一致性逻辑的支撑。否则，就会同时存在几种不同的解释结果和逻辑，失去形成一致性所需要的前提条件和科学特征。

（三）经济理论研究的科学性要求和规范

理论是相对于一个具体的范式、系统或概念化的体系而存在的。但是，任何反映事实的理论都具有约束条件，否则就无法证实或者证伪，无法检验。因为所有不能证伪的陈述，都没有约束条件，而能够证实的都有约束条件。没有时空条件约束的理论，一个结果总是对应着多种不同的原因。

对于理论研究来说，它在抽象层面，需要提供所有的经济学研究在不同层次上最一般化的框架结构、逻辑体系或原则，以及静态的和动态的机制或机理，包括涉及事物本质、认识的科学性和解决途径等方面的方法论问题。它在具体层面的核心任务是构建和提供在类意义上的可一致依循性逻辑体系和检验标准。

经济理论和其他理论具有相同的功能。

1. 提供或进行科学解释或阐释。科学解释应该为经济事物为什么是这样而不是那样或者某些规定性提供系统一致性逻辑。

自然科学理论中的一致性逻辑由核心逻辑来统一归集各种物质的规定性所形成的关系。经济科学理论中的一致性逻辑由经济事物的核心逻辑或者一致性参照体系的构建来统一归集各种不同性质的逻辑所形成的关系。

缺少系统一致性逻辑支撑的解释就不是科学解释，因为这样的解释往往意味着缺少核心逻辑，或者逻辑混淆和主次不分。在这种情况下，与一种现象／状况相对应的总是存在着来自多个层面、多个视角不同方面的多种解释，你便不难从中随意找到一种或几种答案给出解释，来达到"免疫战略"或者"自圆其说"的目的从而保护理论。但这种做法是非法的，是似是而非的。它或许是科学解释的一部分，但不是核心的，也不是理论的科学性反映。

2. 为预测、预判经济事物的发展趋势提供科学依据，它的核心同样是同类事物的系统一致性逻辑，经济学预测的精度取决于系统和命题的类型和性质，取决于系统因素的不确定性或可控性程度。

但是经济理论的解释或预测功能的表现方式，与自然科学中的理论存在着本质上的不同，经济理论的功能表现依靠的是原理、解释框架、核心逻辑和一致性等相对的方式，自然科学主要依靠的则是定律、公式、定理等绝对的方式。因为"自然种类的词汇是僵化的指定者：他们指代的是每一可能的世界中相同的种类。对于我们来说具有关键性意义的东西是这样的事实，即此类僵化的指定物被紧密地与基本属性相联系"[1]，而经济事物则不同，是在主观行为基础上形成的，每一行为主体都有自己的具体情况，行为表现在时间和空间特征上缺乏可重复性。

经济理论何以反映其科学性？或者我们何以评价和判断经济理论的科学性，进而对经济理论的研究提出规范性要求？

我的观点和原则如下：

理论是对事实特征的抽象概括和演绎，并通过问题指向、概念界定、分类、关系，以及系统指向、要素、结构、因果、功能，运用逻辑语言、文字陈述等反映事实的普遍特征。所以，经济理论构建的基本要求就是：问题界定清楚，概念定义清楚，分类一致，关系走向清晰，系统层次指向清晰，结构完整，并得到核心逻辑和一致性的支持。

在上述基础上，核心逻辑和一致性的构建与确定是经济理论科学性表现的关键所在，也是评价和检验经济理论的科学性与否的依据和标准。

1. 任何追求静态意义上空间状态特征的理论研究，无论构建起一个什么样的框架和结构，都需要有一个合理的核心逻辑作为支撑。否则，它就难以形成一致性的科学特征。

这一核心逻辑是事物本质的反映，是系统状态（结果或绩效）与系统要素结构之间关系的本质反映，一切形式上的和其他的逻辑都通过这一核心逻辑得以统一或者一致化反映，科学性在此基础上解决了逻辑上的矛盾，这是解决经济科学随意性的基本原则和条件。

即，静态的超乎时间的类空间特征的一般解释框架（结构）＋核心逻辑。

2. 任何追求动态意义上空间状态共同性或者趋向性特征的理论研究，无论是以一个什么样的框架和结构来解释或者判断，都需要建立起一个与核心逻辑

① 托马斯·A. 博伊兰：《经济学方法论新论》，夏业良等译，经济科学出版社，2002，第110页。

在时间与空间对应的一致性关系这一理论内核作为支撑，这是解决"随意性"得以存在的所谓"免疫战略"的必要条件。"免疫战略"是一种因认识缺陷的存在而形成的认识误区，本质上是错误的。

所谓与核心逻辑在时间、空间上的对应一致性关系，就是与所研究的系统层面或类及其问题指向、目标指向等相对应一致的核心逻辑在时间与空间特征上的对应关系，即时间特征、空间特征一致条件下经济事物所具有的核心逻辑的一致反映，或者在不同的时间、空间特征条件下核心逻辑的不同反映。在此基础上，其他不同的系统层面、结构、因果、逻辑等都在这一核心逻辑及其时空反映的一致性基础上得到了统一，形成对于系统状态特征的一组解。

即，解释框架（结构）＋核心逻辑＋一致性关系。

以动态的具有贯穿于与时间和空间关系的核心逻辑的一致性关系为支撑，或者以动态反映时空特征的一致性参照体系为依据，用以动态区分、判断识别主次因果、逻辑和要素的重要性顺序的基础性依据。

在这个包含"解释框架（结构）＋核心逻辑＋一致性"的经济理论中，只要填入任一空间状态及其所处的时间性，都能够获得符合核心逻辑的一致性解释或预测判断的应答域，并具有可操作依循性，系统地反映其应用性。

概括地说，经济理论科学性的特征包括：揭示本质问题、具有核心逻辑和一致性。

五、应用经济研究的科学性规范

应用研究是理论研究、知识体系在实际中的研究延伸，是理论价值的实际体现。它是研究者对于事物的理解能力（解释、阐明和推理）、应用能力、分析能力（要素、关系和结构原理等）、评价能力和综合能力（对传达的信息、计划或抽象关系的综合）的反映。

如果说基础理论研究是有关试图在一个专业或研究领域确定、建立基本事实和关系的认识研究，那么应用研究则是为获得解决某个特定问题的信息所进行的特定研究，它有着明确的目标。在相互关系上，基础理论研究和知识的积累，无疑是应用研究得以有意义或有价值或者有效开展和反映的基本前提。当然，它们各自也存在着不同的特征和面临着不同的挑战。

就像我们需要对经济理论研究作出必要的科学性规范一样，对应用经济研究的不同类型或命题作出相应的规范性适当要求，对于增强应用经济研究的合理性或者价值反映同样是必不可少的。这有助于解决或者减少当今在学术界中普遍存在的随意性现象。

（一）应用经济研究的类型和知识基础

应用经济研究的主要类型包括专题性研究和对策性研究。根据我在第三章中的分类，应用经济研究的命题又可主要分为：状态特性描述及其诊断评估、预测判断、可行性分析、检验和对策及其选择、综合性研究等几种不同的类型。

当然，我们还可以把应用经济研究分为分析研究和描述研究两类。其中，分析研究是有关"试图确定为什么是那样，或如何是那样的研究"；而描述研究是"试图确定、描述或识别是什么的研究"，其目的常常是综合而不是分析，将知识和信息集合在一起，解释其可能的逻辑联系，例如，产业结构可以通过企业数量、规模及其空间分布等进行描述。[①]

应用研究的最终目的在于指导实践活动，所以都有明确的主体指向、命题指向和目标指向，并且具有明确的时间和空间条件的约束。否则，结论必将泛泛而谈，缺乏针对性。

应用研究常常依赖于基础研究的存量基础，需要获得各类相关知识的支持，包括关于特定事物的知识（专门术语和事实）、处理事实的知识（分类、方法和方法论）、一直延伸到一个领域的普遍的和抽象的知识（原理、概括、理论和结构），或者约翰逊（1986）所提出的知识分类体系中的实证性知识、规则性知识、价值性知识。

实证性知识：是关于可以直接观察或计量的条件、情况或事物的知识。

规则性知识：规范性或部分规范性的知识，是关于什么应该（或本应）做的知识，具有固有的主观性。关心的是用什么作为判断决策正确与否的标准，是非价值性知识和价值性知识结合后的逻辑延伸。它对所有的个人、集团和整

---

① 唐·埃思里奇：《应用经济学研究的方法论》，朱钢译，经济科学出版社，2016，第21–26页。

个社会进行决策或行动来说都是不可缺少的。但它受到我们的精神状态、个人或集体的偏好、经历、对世界的感性认识、我们所处的道德和伦理状态，以及其他因素的影响。其中，有条件的规则性知识，以目标和约束为条件。

　　价值性知识：是关于环境、处境和事物的好与坏的知识。[①]

　　在应用经济研究中，经常需要运用这些不同类型的知识。不仅需要分析描述"是什么"，而且还要对这种描述判断作出论证或者客观评价；不仅要得出客观的描述判断，而且还需要用规范分析中的价值判断来衡量这种状态与主观意向性的相符或相异程度。并且，要用基础理论的核心逻辑及一致性来分析、研究、评估、判断具体的操作性对策和建议的合理性。当然，除此之外，在主次区分和重要性顺序排列时，还需要有"时空区分，动态权衡"的认识观念和方法。只有通过这样一些研究反映或者规范性要求，应用经济研究才可能形成合理性的基础。

　　应用研究的难点，不在于找到一个评价、判断和提供一种策略建议，而在于找到一个具有客观性、针对性并且颇具效率或者对于目标任务的完成真正有用的答案，或者真知灼见。

（二）应用经济研究的合理性基础

　　在这里，之所以用"合理性"替代"科学性"，是因为应用经济研究经常涉及与主观相对应的规则性知识和价值性知识的运用，或以主观价值或意向性作为标准。是一种相对而言的结论或者判断。

　　在前面，我曾经指出，应用研究层面需要提供与特定问题指向、目标指向下的与事物本身的规定性或相关理论、特定主体的价值指向（或价值逻辑）相一致的应答域。它的核心依据是包括相应的理论、知识体系和特定系统或主体的价值指向融合在一起的一致性逻辑，及其相应的研究框架结构和逻辑体系。

　　1. 在确定的时空条件下，用相应的理论、知识和方法客观地描述经济事物的状态和特征。

　　2. 提供对于实际经济问题的有效解决方案和对策建议。这是最终的归属。

---

① 唐·埃思里奇：《应用经济学研究的方法论》，朱钢译，经济科学出版社，2016，第45—46页。

我认为，无论是理论需要解决的还是具体应用需要解决的核心问题，都涉及框架结构和逻辑一致性的问题，只不过前者是后者的基础和依据。

在许多情况下，应用经济研究中经常会包含不同的主题内容，在相关理论的指导下，形成相互之间的逻辑关系。其中，状态描述和判断一般是其他应用研究命题的依据，而综合性研究则通常包含这些应用研究的多个方面内容。这些研究所面临的一个共同性问题是：它们都需要有一个明确的约束条件或者具体的时间和空间指向，否则，结论将是多种多样的。当然，我们有时候需要在不同的假定条件下的不同答案，以供在实践中选择运用。但无论何种应用研究，都需要有明确的主体指向、目标指向和时间、空间条件的约束。

以下是我对不同应用经济研究命题的一般性规范要求的认识。

1. 状态性质的描述及其诊断评估类。是以事物的类一般特征和人类或者经济主体的意向性为标准或依据所进行的对经济事物状态的诊断与评估，涉及宏、微观经济运行或者有关经济活动的各方面状态、状况"正常与否""好不好""强与弱"等相关的问题，需要相应的实证性知识、规则性知识和价值性知识作为支持。一般而言，只有在认识把握类一般特征的基础上，用意向性标准得出的结论才具有对策上的实际意义。否则，对策经常会陷入多种主观意愿之坑中而缺乏针对性。

需要解决的关键问题包括并不限于：诊断、评估体系和参照体系、标准等的构建，相对性标准和一致性标准的建立等等。

2. 对策选择筛选类。是有关在一定经济环境条件下（包括博弈条件）和已有的状态下，如何根据行为主体或者特定对象的禀赋条件进行战术与战略层面及其具体意义上的行为选择问题的应对性研究，涉及与"怎样做""先做什么，后做什么""以什么作为重点""选择何种路径、手段和方法"等相关的优化选择、策略性选择和战略性选择问题，属于相对性主观研究。

这类问题需要解决的关键问题包括并不限于：时空定位下在面对多种选择可能时如何进行选择所需要的权衡依据或标准确定，以及所依据的核心逻辑及一致性基础。

3. 预测判断类。是有关经济事物"会怎样"运行发展的方向和结果问题的预测判断研究，包括短期趋势和长期趋势，是建立在"机理、机制类理论"和"因果类研究"基础上的应用研究。

所需要解决的关键问题包括并不限于：理论所提供的一致性参照体系，一致性逻辑在时间和空间上的反映，不确定性或可控性程度下的不同可能性——依据核心逻辑对不同假设条件下事物演变的不同可能前景进行演绎推断。

经济事物的可预测判断性，建立在核心逻辑和主观意向性或者所谓核心利益之间关系的认识基础之上，这也是假设所依循的主要依据。在理论上，这类研究所依据的理论不过是用于解释已经发生或者形成的事物的另外一种运用，例如生命周期理论，它们之间的最大区别是：解释应答只存在建立在一致性参照及逻辑基础上的唯一一组解，而在其用于预测判断时，则同时存在几种不同的可能性，而这取决于"变数"所对应的假定前提的出现情形。

4. 可行性分析类。是有关经济行为措施或活动方案"行不行""能不能"等的分析研究，是与外部约束条件、自身能力及条件和行为选择的合理性、可靠性等相关的问题研究。涉及主体的禀赋条件、能力和客观环境等方面因素。

这类研究的关键问题包括并不限于：对主客观方面相关问题或者状态的客观评估和判断，及其标准的建立和论证。

5. 检验类。是有关经济理论和应用研究与事实或者预期目标的相符与相背程度的研究，是建立在"应是什么"的规则性知识和价值性知识基础上有关"是不是"的研究。

这类研究的关键包括并不限于：解决理论上时空标准的确定和系统一致性参照体系及其逻辑的构建，是与系统指向、主体指向、目标指向和参照体系密切关联的一类研究。

6. 状态、特性描述类。是以类事物的客观特征为依据所进行的对经济事物状态的诊断和评估，是有关经济事物在特定时点、期间上的状态、特征和性质等的"是什么"问题的研究，表现为静态和动态的结构和状态。

这种描述的客观性程度，取决于研究的问题指向的清晰性、认识框架、指标体系设计的合理性、数据的全面性、真实性和方法的合理性等。定性判断的正确与否，取决于参照体系的构建及其逻辑支撑，或者这方面的选择。

可以说，各类应用经济研究合理性程度所需要解决的关键问题，正是这些不同研究需要解决的难题。这些难题的解决，在很大程度取决于其所对应的基础理论的科学性程度。遗憾的是，因为经济基础理论所存在的科学性缺陷或者随意性，使得应用经济研究同样普遍地表现出这种随意性现象。

六、经济研究成果的价值评估

经济研究成果的价值主要体现在对于研究目标的实现程度或者研究目的的达成程度上的科学性或者合理性反映上。

在经济研究的科学性体现上，即具有一致性逻辑支撑以及检验基础上对于经济事物存在事实的客观反映程度和本质揭示，包括可用以一致性解释、预测、预见或者可依循性，以及反映在思想和方法层面上的创新、启发、启示和科学指引上的价值和普遍有效性。对于经济理论研究成果来说，这一点特别重要。

在经济研究的合理性体现上，即在时空意义上获得逻辑一致性支持的可操作性反映程度，包括解释、描述和具体应用上的客观性、针对性、具体性，以及可靠性或者可行性等。这对于应用研究成果来说特别重要。

概括地说，我认为，经济学理论研究成果和应用研究成果的价值主要体现在以下几个方面。

（一）经济学理论研究成果的价值体现

经济学的理论研究是对于经济事物的存在事实所进行的客观性、一致性（共同特征或规律）、普遍性和抽象性的认识追求，或者是对于经济现象、经济问题的形成和变化在本质上的揭示。那么，理论研究成果的价值就是这些方面特性的科学性和重要性的体现，具体包括它在思想性、一致性、创新性、启迪性、系统性和应用性等诸方面上的反映。

1. 科学性。就是经济理论所集中反映或体现出来的可重复一致性或者逻辑一致性和可一致检验性。可重复一致性，主要是理论所揭示的现象、趋向特征上具有可重复一致性；逻辑一致性则是隐藏在经济现象、趋向或"规律"特征的重复一致性下面贯穿在系统、层次、结构和关系之中所建立的在逻辑上的一致性，也是理论据以进行可一致性解释、预测推断和检验的依据。[①] 可一致检验性，包括事实检验和逻辑检验。

2. 思想性。思想是人类意识和思维活动的产物或观念体系，是建立在人们对事物存在现象的观察、思考、归纳、联想和逻辑推理基础之上的认识反映，是研究者拥有的多个方面知识累积及其融会贯通能力在研究成果上的反映。科学思想是思想和逻辑一致性相结合的产物，是经济理论对于经济事物和经济问题在本质上的一种揭示，对于认识经济事物具有重要的启迪性，是经济理论的内核。

思想价值的大小取决于思想的深邃性、本质性、启迪性和指引性，它反映的是研究者的认识格局、境界和水平。

3. 创新性。相较于已有的经济理论来说，新构建和提出的经济理论不但新颖，有着原创性的新思想、新发现或者新见解等等，而且更加合理和科学。这是衡量创新价值的基本要素。理论的价值反映绝不仅仅是理论所表现出来的某些不同。那种仅仅是表述上和形式上的"新"或者不同，或者缺乏实质思想内容系统支撑的所谓"创新"，不是真正的创新。理论的创新价值，取决于这种创新或突破在认识问题、解决问题上的基础性、关键性和重要性。

4. 系统性。科学理论是对某种经验现象或事实的科学界说和系统解释。它是由一系列特定的概念、原理（命题）以及对这些概念、原理（命题）的严密论证组成的知识体系，是系统化的观点体系。[②] 经济理论的系统性是理论的科学一致性，特别是逻辑一致性得以构建的前提条件。缺乏对于事物的系统指向、问题指向和目标指向的界定或约束，就无法构建逻辑一致性，无法形成明确一致的应答域。

5. 应用性。经济科学是一门实用性科学，经济理论的构建不仅是认识思想的系统化、结构化、抽象化和逻辑化的需要，而且是指导经济实践，认识、解释、预测、推断和解决、处理实际问题的需要。不以应用为目的的理论，它的价值是缺失的。

---

① 详见第一章、第六章和第九章相关内容。

② https://wiki.mbalib.com/wiki/ 科学理论。

（二）经济学应用研究成果的价值体现

经济学应用研究，是以知识体系和经济理论为指导或者为依据对于实际经济问题的各类具体研究。我以为，这类研究的价值，主要体现在以下几个方面。

1. 针对性。应用研究是结合具体时空条件约束的经济问题的研究，或者是以具体时空约束条件下的目标指向和问题指向为命题的研究，那么，在研究时就必须结合具体的时空条件，在应答域上应该充分反映时空条件的特殊性与目标指向之间的逻辑一致性，即针对性。偏离或者脱离研究对象的具体条件，就会缺少实际意义。

2. 具体性。应用研究需要解决的是具体问题，它要求研究者根据基本命题的性质及其目标指向，对所涉及的问题进行具体分析和论述，提出明确的判断或者观点／主张，并进行充分论证。泛泛而谈，浮于表面，就会缺失实际价值。

3. 逻辑性。应用研究涉及的时空条件指向主体或具体事物的状态、条件、环境或者空间关系，甚至价值取向或偏好等各个方面。所以，逻辑性不仅反映在分析、论述和结论的得出等是否符合逻辑规则的特征上，而且还反映在最后的研究应答／结论是否与主体或者具体事物的状态条件、环境或者空间关系、认识偏好等的逻辑一致性关系上。否则，就会因逻辑不一致或者逻辑混乱使得研究成果缺少实际价值。

4. 可行性。应用研究中对策建议或者解决方案的提出，是与外部约束条件、自身能力及条件等密切相关的，它需要在上述针对性、具体性和逻辑性基础上对这些方面作出正确的评估和判断，作为获得研究判断和结论的依据。否则，研究判断和结论就缺少现实条件的支持。

5. 经济性。经济性是实现经济目标与决策选择之间在经济意义上的反映，是为实现一个经济目标或达成一种经济目的而反映在路径、手段选择或者策略上的成本或者代价。以较小的成本和代价实现经济目标或者达到经济目的，是良好的经济性的表现，它与可行性特征一起构成应用研究成果的价值。

应用经济研究命题或者问题越重要，上述 5 个方面的特征越明显，判断和结论形成的依据越可靠，应用研究成果的价值和意义就越大。

第九章

经济学研究的科学性基础和检验

科学不是以它的学科内容或声称掌握某种知识的确定性为特征，而是以建立和检验命题的方法为特征的。

——马克·布劳格《经济学方法论》

面对经济学研究中普遍存在的随意性现象，以及认识论上对于这门学科如何解决科学一致性检验问题所一直存在的不解难题，经济学研究者中出现了以下不同的阵营：（1）科学形式主义。在这一主流阵营中包含了大量的主流经济学家和数理经济学家，他们试图模仿自然科学的数理模型和实证计量方法获得对于经济事物的科学特征，有些研究甚至是在缺乏经济学及相关专业领域系统的知识、理论和逻辑的情况下获得的所谓经济研究结论。当然，大多数这样的研究不具有或者只具有有限的科学意义，不能反映出科学研究所需的一致性特征。（2）唯名论者的描述主义，认为经济学不是预测科学，是类似文学批评或标准，是描述性学科。（3）少数经济学家和方法论学者试图通过经济学认识论和方法论理论的修正或重建，来找到和建立经济学研究的科学性基础。

对于我来说，经济学研究既非具有自然科学那般的科学性基础，也非如语言文学、艺术等那样主要依靠语言文字的表达和描述，或者通过主观偏好和市场来彰显其价值①，只不过就像我在前面几章中所反复指出 / 论述的那样——这门学科的科学特征在表现方式上有着与自然学科本质的不同，经济学研究有着与其科学性特征表现相对应的科学性基础。

本章重点论述以下几个问题：（1）经济学研究的科学性基础，包括经济逻辑的一致性、经济行为选择的时空类一致趋向性、认识主客体的一致性与行为逻辑的自明性等，以及在宏观和微观层面上的反映；（2）经济学研究的科学性检验，科学性检验的目的、意义、方法和依据等。

一、经济学研究的科学性基础

说经济学研究是否具有科学性基础，不啻是在问经济学研究的"事之理"是否具有客观性基础，是在问人的经济行为及其基础上的经济事物是否具有规律性或可依循性特征，是在问人的经济行为及其基础上的经济事物是否在时间和空间条件上具有某种或某些规定性而不论这种规定性是在绝对或是相对意义上的存在，或者是固定的还是相对稳定的行为倾向或者路径依赖上的表现，或者与某些因素存在着显著的关联性。毫无疑问，这种特征在直观意义上的确存在，在逻辑上也得到了相关因素的关联支持。

我要再三强调的是，人的经济行为是与约束条件、效用偏好和心智状态这三者在时空意义上的差异密切相关的，是时空状态或条件的产物。这样，如果我们能够确定这三组变量的不同排列组合与经济行为选择差异之间存在着类意义上的一致性关联特征，即使只是反映在趋向特征上，我们也就可以说经济学研究具有科学性基础。当然，行为基础上形成的经济事物，由于其所存在的明显的意向性逻辑或者目的与手段选择之间的关系，也因此具有逻辑上的关联性。而如果能够研究发现这种一致性关联特征，并能获得一致性逻辑的支持，也就为经济科学的发展提供了具有现实意义的答案。

---

① 需要强调的是文学和艺术同样具有一定的科学性基础，例如美学要素之对于感官的冲击和情感表达所带来的共鸣，只不过这个领域在艺术形成到受众接受这两个重要的方面都会更多地受到主观因素的影响，它们所具有的共同一致性基础更加抽象。

经济学研究的核心问题之一是人的经济行为选择的效率／效果／效益，只有理解、把握人的经济行为之发生因由和过程，以及目的与手段选择之约束条件之间的关系，才能把握和解决经济问题。一切意在干预人的经济行为的制度和政府行为，一切试图理解、把握进而遵循、利用市场经济规律的活动，只有在真正理解和把握经济行为选择的基础上才具有有效性。即，一方面，人的经济行为选择之个人理性需要借助于制度和政府干预这些外部的力量使之回归社会理性，使其不至于超出边界而对他人和公共的正当利益造成侵害；而另一方面，制度和政府干预等的有效性又取决于人的行为形成之普遍的时空状态，特别是一个社会的经济行为中所普遍反映的信念和文化习惯等，包括被管理者和管理者。有效的制度既是外生的又是内生的，外部输入／施加和内部的接纳内化都是不可缺少的。这是一个在认识上和现实中需要解决的悖论。当然，对于自然人、家庭以及人格化的非政府性组织的经济主体而言，同样如此。解决诸如此类悖论最为有效的路径和方法就是进行"时空区分和动态权衡"。

经济行为选择的时空类一致性，是因为经济行为主体在时空意义上存在着类一致性，当这种类一致性反映为经济逻辑时，就形成了经济行为的类一致性。又因为经济主体在时空上的类一致性不像自然科学那样具有"精确性"，所以，经济行为的类一致是一种倾向或趋向上的一致性。这种行为选择倾向上的类一致性表明，在特定的时空状态或条件下，其所对应的经济行为通常具有类一致性，在整体意义上也同样如此。这是我们认识和理解不同时间阶段和不同环境条件下经济行为选择特征的基础和依据。也即，如果时空条件处于一种相对稳定的或者缺少变化的条件下，经济行为选择无论是在个别的还是类的或是整体的层面都意味着其在倾向上或者趋向上的相对稳定的一致性；而如果时空条件处于一种明显变化的情况下，经济行为选择倾向也会相应作出变化，特别是在新旧交替的情况下。充分认识和理解这一点，对于增强经济研究的科学性至关重要。

（一）经济学研究的科学性基础及其始源

所谓科学性基础，就是一门学科或者一种作为被认识对象的事物是否在客观意义上存在着科学所具有的科学性特征的基础和前提，即不以认识主体的意志为改变或转移的客观规定性及其反映的"共同性"或"规律性"特征，并存在一致性检验的条件。如果答案是肯定的，那么我们就可以说，这门学科或者这一事物具有科学认识的价值基础。

显然，自然学科具有良好的客观基础和条件。而人文学科，特别是文学和艺术，虽然在艺术表现手法与感官之间也存在着某些客观联系，但总体上则缺少这样的客观性基础和条件。

那么，经济学科是否存在科学研究所需的可抽象一致性的存在基础或者贯穿于一切存在者或者类存在者及其对应的类事物之中抽象形成的共同性质和特征呢？

我认为，经济学科也存在着作为科学研究的微观和宏观基础及条件，但又同时有着许多与自然学科明显不同的特征。

作为一种意识或者意向性事物，如前所述，经济事物的产生和形成是人依据各种经济逻辑所主观建构的，经济系统、结构、功能和关系的建立，亦是如此。

在元事实及微观层面上，经济主体行为这样而不是那样选择的主要原因，同样是经济逻辑在时空条件上的不同反映结果，受到时空条件的客观限制或约束，包括经济主体的禀赋状态 / 条件、效用偏好、心智状态和环境等（如图9-1）。经济行为选择的特征，总是与这几个方面的状态 / 条件相关的，并存在着类意义上的某些一致性。

进一步分解，我们不难发现与这几个方面密切相关的背景因素。例如，心智状态和效用偏好都与教育背景、成长环境等密切相关；自然禀赋则与遗传基因和后天营养及健康等相关；行为环境则会对行为主体的思维能力、效用偏好等产生影响，有时甚至会扭曲其独立判断，导致（生理、心理）需求的改变成为行为选择决策的重要影响因素。

据此，经济科学研究的方向指向了两个主要领域：经济行为和经济制度。显然，这是与行为经济学和制度经济学的研究指向相一致的，是未来经济科学研究深入探索的重点。但诚如我在第七章中所指出的，行为经济学和制度经济学研究现在同样存在着方法论上的明显缺陷：研究结论的获得缺乏系统的时空条件一致性的判断和评估标准，这也是传统历史分析法和现行主流经济学研究所存在的"致命"缺陷。

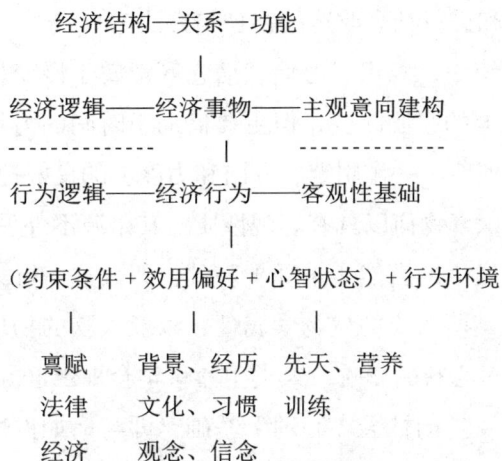

<pre>
                    经济结构—关系—功能
                           |
            经济逻辑——经济事物——主观意向建构
            - - - - - - - - - - - - - - | - - - - - - - - - - - - - -
            行为逻辑——经济行为——客观性基础
                           |
            （约束条件 + 效用偏好 + 心智状态）+ 行为环境
                  | | |
               禀赋   背景、经历   先天、营养
               法律   文化、习惯   训练
               经济   观念、信念
</pre>

图 9-1 经济行为与经济事物存在和反映特征之间的关系及影响因素

另外，对于经济行为选择特征的形成，还需要进行更具体的细分。

1. 主体性质：个人—家庭，企业—非企业组织，政府—政府组织，集团—集团联盟等，不同类型的主体的行为选择特征有着不同的影响因素，参与决策的人越多，行为选择决策的过程和结果形成就越复杂。

2. 影响因素（变量）的特性：在生理、心理或者类生理、心理变量中，由遗传基因或"类遗传基因"（社会文化）决定的生理、心理变量属于慢变量或序参量，例如意识、习惯和信念等；而由约束条件和环境因素决定的行为心理则属于快变量，例如效用偏好、从众行为等。当然，这种区分仍然是粗线条的和相对的，实际情况要复杂得多。

在企业或组织中，经济行为选择的特征还取决于产权结构、权力结构、治理结构等的特征。

应用经济学研究的复杂性在于：（1）作出一种制度安排不难，难的是如何使得这种制度切实可行和有效；（2）找到一种结果/现象的原因不难，难的是找到导致这种结果/现象的真正原因并构建和提供一致性逻辑的支持；（3）找到一

271

种解决问题的路径和方法不难，难的是找到一种符合客观时空条件并符合可持续性要求的路径和方法；（4）发现经济状态／现象之发生形成的数量关系和微观行为及社会成因不难，难的是找到和提供一种能够有效调节经济行为、改变人的行为意识、习惯等和进行社会改造的路径与方法。

在复杂的社会系统中，意识、习惯、信念等都属于慢变量，可以通过人为的制度加以一定程度上的强制改变，但更要借助于时间的力量，需要决策者的智慧和对于制度的合理性——作用点、方向和力度上的良好把握。

经济事物或者意识事物何以具有客观性质？其始源不外乎以下几方面。

（1）意识事物之发生的自然（生理）基础，即人这一行为主体的意识行为之发生的物质基础及其所对应的生物学属性，以及人脑的物理属性，它们所给予的规定性，特别是对心智的影响，人类生命科学会提供这方面的证据。

（2）意识事物所发生的社会（心理）基础，即与诸如惰性、经验回馈或者情绪、情感等心理活动相关的个体的意识行为在一定的群体或社会环境中所表现出来的某些趋向性特征，这经常是使人回归或者失去理智的环境因素之一，可以回溯到人类心理学层面的解释或者证据。

（3）与行为约束条件和心智状态等相对应的人之行为反应上所存在的趋向性。人的行为选择总是时空或者行为主体自身的禀赋状态及条件和空间环境共同作用下的结果，总是时空状态及条件的类反映。

另外，作为一种意识事物，经济事物以其所包含的特有的经济性或经济逻辑而区分于其他类型的意识事物。经济事物在群体或者集合意义上的这种客观性基础，赋予个体意识行为的集合抽象在特定的时间、空间和环境约束下有了某些稳定不变或趋向一致性的关系特征。人的行为特征，总是与历史和环境因素有着紧密的联系。

经济学之所以具有科学性基础，主要归因于上述几个方面决定的以下特征：（1）任何一种经济行为的选择都具有空间和时间意义上类趋向一致性特征，有着共同一致的逻辑规定性，并在主体意义上得到"生理""心理"层面上的解释支持；（2）任何一种经济事物都具有共同一致的经济逻辑或者经济性贯穿其中，在核心逻辑的主导下，形成系统、结构、因果和功能及其层次性、主次性关系。

这构成了经济科学甚或整个社会科学研究的客观性基础。

（二）经济学研究科学性基础的反映和特征

如我在前面各章中论述的那样，与自然科学（或非意识事物）不同，经济学研究的科学性突出地反映在以下几方面。

（1）逻辑一致性。自然物质事物的一致性反映在事实或经验（或实验、试验等）在时空意义上的可重复性上，只要时空状态或条件一致，结果的表现反映就相同。而经济事物的一致性则反映在时空意义上的逻辑一致性上，无论时空条件如何变化，经济行为所基据的逻辑性是一致的，经济事物的逻辑是一致的，都是经济逻辑的反映。例如，消费总是为了需求的满足，投资总是为了回报，缺少需求的产品必然导致供给过剩，持续的亏损或者资不抵债就会导致破产，投资和消费的持续下降就会导致经济衰退，等等。虽然具体的经济事物在分类上所表现出来的经济逻辑存在差异，但它们都反映为经济的逻辑规定性。正是这种常识和逻辑，才使得科学的经济理论具有了解释上和预测或预见上的一致性，并且在应用上具有可操作依循性。

（2）相对性。与上一点相对应，由于自然物质事物内含固定不变的关系，它的特点就是机械稳定性，可以通过重复性表现来检验，而经济事物不含有这种关系，意识行为的特点就是"相机"或者"灵活"或者"敏感"性，它是相对于时空状态及条件的产物。人们之所以会忽视这种差异，在认识上混为一谈而加以同样对待，是因为他们在阈值意义上把自然物质现象中的"适应"变化与意识行为的这种"敏感"性反应混为一谈了，把归属于不同阈值水平事物的研究抽象混为一谈了。[①] 所以自然科学就"天然"具有可以用数学进行抽象表示／反映的特性，但经济科学则只能通过原理和机理等来进行逻辑阐述，事物的变化过程和结果总是与时空状态或条件相对应的，是一种相对意义上的趋向一致性。一旦不具有了这种相对性，经济学的结论就只是一种绝对的或静态的抽象，就会变成一种很抽象的逻辑常识，或者类似于"人是理性的"或者"制度很重要"等这样一些"正确的"空话，以及经济运行"需要政府干预"或者"不需要政府干预"这样一些不符合实际或者缺乏实际意义的绝对化错误。

---

① 详见本书第一章，我认为，从事物存在特性和认识的意义上，天文学、物理学、化学、生物学和经济学、社会学等分别处于不同的类稳定性阈值水平上，这意味着不同事物在"时变性"表现特征及其对认识抽象上要求的不同。

　　与经济学研究的科学性表现特征相对应，经济学科的科学性基础也有其自己的特征。

　　（1）经济事物的形成基础是经济行为，任何一种经济行为都是在经济逻辑主导下发生的 [1]，即"如何为实现经济目标或者达到经济目的进行有效选择"或者"如何以较小的代价去获得理想的经济结果"等的问题，并以此区分于其他意识行为。

　　从个体而言，个人的行为特征通常会表现出某种意义上的趋向一致性，他或她的行为总是个体的自然禀赋条件和整个社会的环境状态及条件的历史混合物，是时空条件的产物。

　　而整个社会或群体的经济行为表现则不过是全体个体行为特征的类结构化产物，无不带有时间和空间上的类特征。

　　经济研究本质上是对一种事理的探究，存在着在时空意义上和群体行为表现上的类趋向一致性的客观性。

　　（2）在经济事物认识的主客体关系上，由于认识主客体间的一致性，研究思考的是人类自身的问题，所以具有认识上逻辑自明性的研究条件。

　　如果说自然科学的客观性基础是在于自然物质现象所存在的客观规定性的话，那么正如我在本书中再三论述的那样，经济科学的客观性基础就在于经济现象的发生总是人类逻辑思维的产物，经济行为选择总是经济逻辑在时空条件上的反映，对于类似这样的逻辑的认识最有效的途径和方法莫过于通过内省、交流及换位思考等"由内及外"进行"理解"的方式，而不必通过像自然科学那样的"由外入内"去"发现"的方式。关于人类自己的行为、发生的始源和过程，没有什么其他的方式比人类更能了解人类自己。

　　（3）经济事物一开始就是人类逻辑构建和思维的产物，无论是概念的形成、经济系统的建立，还是其要素结构和关系的建立，也无论是这种事物形成的行为基础，还是这种事物本身的产生、分类、概念化等等，都是如此。例如，现代经济学研究的重要基础之国民经济统计核算体系及标准所形成的数理关系和逻辑，以及作为其形成基础的经济行为选择，都是如此。

---

[1]　当然也包括推理，经济学研究以此区别于其他行为逻辑。

经济事物之间的许多联系，在它们的形成之始便由我们的逻辑思维确定了的，最典型的就是类似于经济核算体系那样的统计、会计核算上的关系及其调整。

例如，何为增长 / 衰退？何为盈利 / 亏损？何为通胀 / 通缩？何为财政 / 金融？何为市场 / 政府？何为危机？等等；以及生产要素之对于生产经营和经济增长，投资、消费之对于经济增长，成本和价格之对于企业盈利，等等。

我们需要明白，这些概念、关系及其构建都是由人的意识和逻辑确定的，而不像物的规定性——是由自然物理"逻辑"决定的。

在经济理论研究领域，我们定义或者约定经济事物的概念，进行分类，并建立起它们之间的某些联系，再通过研究理顺、发现、揭示它们之间在时空条件下的因果关系，并构建起系统意义上的逻辑一致性。

在经济应用研究领域，我们依据经济逻辑反映经济状态 / 结果 / 现象与时空条件之间所存在的关系或某些一致性，以及特定对象的意向性和时空状态或条件，对经济事物的状态、性质，包括其所涉及的关系以及对这些关系或结构状态的形成作出研究和评估。在此类研究中，我们始终不应忘记特定对象的时空特征和一致性参照体系，才是提供有针对性和有效的应答域的逻辑起点，而一致性逻辑则是解决时空混淆、错乱以及似是而非认识的关键所在。

从最基础层面，经济科学所面对的许多问题都可以从人的自然性（包括生物学和生理特性）和社会性（心理特征）在时空上的类表现中找到答案，从行为环境中找到存在的行为选择的重要依据。为此，若要获得对经济事物比较充分深入的认识，需要研究者具有宽广深厚的知识体系，包括对经济、社会、政治、生物、历史、行为心理、管理、哲学等方面人类活动相关知识的全面了解和理解。

世界万物，既是相同的，又是相异的。众多似是而非认识的形成，源自于彼此之间的毫厘之差和错觉。

事物之间的差异，本质上就是时空状态在要素及排列组合和阈值意义上的类不同，它们分别对应静态和动态上的类不同。特征和性质的不同，有些可以用量化的方式来区分反映，有些却只能用集合的方式来反映。就此意义上，物质层面的科学研究属于微观层次上的物质元素的排列组合及其在系统结构、关系、功能和性质上的表现反映，以及分类深化探索；意识层面的科学研究则是在本质上区分于纯物质系统的生物体①——即人类由于先天、后天和环境因素的差异所构成的不同排列组合——对人类行为选择特征在阈值意义上的影响。

经济科学是一门无法精确却又是实用性要求很高的学问。意识是"活"的规定性，它的类阈值范围过于宽广，类阈值边界过于模糊。与果相对应的因的排列组合存在太多可能，可控性差，不确定性大和变数多。经济逻辑在行为选择上的反映，因随时空条件的不同而不同，是相对的规定性。然而，经济学又是一门偏重于群体行为的科学，虽然群体行为的特征是以个体行为作为基础和起点的，但从应用层面上来说，群体或社会的结构的总体行为特征是我们据以决策的主要依据。

（三）理解人之经济行为选择倾向的逻辑基础

人之经济行为的选择倾向特征是时空条件的产物，是时间和空间条件共同作用的函数。人类经济行为之所以这样选择而不是那样选择，并且具有类意义上的趋向性特征，是因为主体的先天禀赋特征具有类一致性，后天的条件具有类一致性，导致相类似的效用偏好和心智状态及其影响因素具有类一致性，行为选择的环境具有类一致性。虽然这种类一致性既不是"精确"的，也不是固定的。

整体而言，人的经济行为选择倾向特征（消费率及支出结构、需求结构和层次、投资倾向和结构、生产结构、贸易结构等）总是与发展的时代相对应，总是与物质条件、制度文化和经济环境相对应。

经济事物都有核心逻辑并受其主导支配，都是经济性的反映，是特定时空条件下经济逻辑的反映。例如，投入与产出之间的关系，或者投资与回报，支出与收益或效用满足，发展与代价，等等。

对于经济事物而言，时间就是发展（或变迁）阶段和过程，空间就是行为主体的禀赋条件、事物之间的关系和环境条件。

---

① 生物与纯物质的最大区别就在于前者是生命体而后者不是生命体，单纯的生命物质也不会形成生命体，生命体必是物质与另外一种东西结合的产物。

经济逻辑的行为目的或目标以及经济手段选择，总是受到其相对应的时间和空间条件的约束或限制。在不同的时空条件下，表现出不同的矛盾特征，需要不同的选择策略。换句话说，与物质的可重复因果关系不同的是，与经济目标或结果相对应的选择，经常存在着不同的路径和要素的排列组合可能。

对于类的经济行为选择的趋向性特征而言，它总是与时空条件有着密切的对应关系；对于一个国家的经济发展特征，也同样存在着与时空条件相对应的类趋向性特征及其逻辑支撑，反映出国家经济发展的类生命周期阶段特征及类"生理"与"心理"特征。[①]

在相对意义上，因为经济事物、现象对于外部的刺激反应在类阈值上具有高度的敏感性，所以经济研究的科学性和价值更强调经济事物、现象、经济行为与时空条件及其变化之间相互联系的研究，特别是其中所存在的规律性特征或普遍性意义。

经济行为在逻辑／思维上的自明性

对于行为选择，虽然我们难以真实了解其他当事人的心里究竟是如何想的或者想着什么，或者究竟发生了什么，也并非人与人之间的境界、想法或者动机都相同一致，但是毫无疑问，我们了解及清楚在正常情况下行为选择的整个过程和一般的思维逻辑，我们明白自己在经济行为选择决策中的许多想法，我们大多清楚自己需要什么、关注什么、担心什么等等。因为被认识的对象正是我们的同类，我们有着基本相同的思维方式和关注重点。这与认识非意识事物有着根本的区别。

总是存在一个共同的逻辑结构，在人与人之间，在过去、现在和将来之间搭建起一座理解的桥梁或纽带，使得我们得以认识洞明遮掩在时空差异之下人性反映的共同之理。虽然人性在时空上的行为表现总是不尽相同。这个共同之理就是贯穿于人的行为及由此形成的事物之中的核心逻辑。经济逻辑不过是这种核心逻辑在事物的经济性上的反映，它的起因和基本前提是相对于各种需求满足的稀缺性。

---

① 马良华：《大国现代经济增长的因果探源：基于时空条件动态区分的经济学说》，浙江大学出版社，2014。

经济研究之所以存在意义，是因为无论对于同一个体或是不同个体的经济行为而言都存在着时空意义上的类相似性。只要空间状态或条件类一致，或者时间性类一致，人的经济行为选择在总体上总是会反映出在共同逻辑主导下的某些类倾向一致性特征。

人的消费行为，核心的基础就是行为主体的经济能力和需要的迫切程度，当然这里所指的经济能力不仅包含了行为主体自己拥有和预期拥有的，也包含了从外部得到的。需要的迫切程度，主要取决于行为主体对于物品和劳务在功能上的必要性。在这一基础上，人的消费选择就取决于个人的认知、偏好及情绪等等，取决于个人对于事与物的重要性排序。

人的投资行为，核心的基础是行为主体的经济能力和预期，以及此基础上的风险偏好、流动性偏好及相关认知。人们选择把满足生活必需之外多余的钱或是通过借贷方式获得的资金，或是存放在银行，或是用于购买证券，或是用于其他方面的投资来保值增值，或者用于扩大再生产，或是投资于新的领域。另外，它也总是受到朋友圈、社区、区域甚至国家不同层面流行风潮的影响。

经济事物的核心逻辑，反映为达到经济目的或者实现经济目标的手段总是需要遵循一定的法则才能完成。

消费行为指向的需求的满足总是受到自己已经拥有或者预期形成的可支配收入及财富积累的约束；投资行为总是受到行为主体的风险承受能力的约束，而信托代理的投资则需要在法律的有效保障下才可能反映委托人的真实意愿；企业的盈利能力以及竞争力总是可以回归到成本和定价能力，缺少定价能力和成本优势的企业或者产业就不会有良好的盈利能力和竞争力；国家或地区的经济可持续增长总是最终反映在供给端的要素结构条件和需求端可拓展的空间规模上，反映为供求两个方面在国内外资源的有效利用和拓展的管理能力上；金融所围绕解决的总是资金融通所涉及的资金的有效调动和风险控制问题，融资的难易程度总是与投资方的意愿及金融市场的安排特别是制度密切相关，如果制度安排和市场监管不能有效地解决资金供给方的疑虑和提供权益保障，融资难和融资贵就是十分正常而又自然的事情。

如果缺乏对经济行为的有效规范和约束，一些经济主体就可能为了达到自己的目的而不择手段：市场交易的买方或者卖方便有可能通过垄断或者合谋的方式来控制市场的供求关系来攫取利益；债务人反而可能成为强势一方，而债权人却可能成为弱势的一方，它们之间的正常关系就可能发生颠倒；股票市场就会成为一些人的"提款机"，沆瀣一气、监守自盗、弄虚作假、内幕交易和市场操纵就难以避免；政策和"规矩"就可能沦落为一些权贵们假公济私的工具；等等。

每一个经济事物都有着自己的逻辑，这些逻辑都可以是内省自明的，都与时空条件密切相关，这是最基本的常识。

所有的经济行为，不论其经济主体的性质如何，是直接的或是存在委托—代理关系的，都可以找到各种行为发生的原因或者逻辑。不仅如此，经济事物同样具有自身的运行发展逻辑，不仅其本身就是人为界定的概念化产物，而且它们之间的关系也是逻辑化的结果。所以，除了我在第六章中提及的几种需要借助于数据加以判断的情况外，贯穿于经济事物之间的关系通常只要借助于逻辑与常识就可以理解和推断，通过观察、思考和换位、内省就可以自明的，并不需要复杂的方法，也难以通过一堆貌似存在关联的"似是而非"的数据分析来获得。

那些违背时空条件和常识、逻辑的做法类似于中国古代寓言中的"东施效颦""拔苗助长"或者"刻舟求剑"，试图从所谓经验数据的实证研究中抽离出"客观"逻辑的做法，无异于缘木求鱼。

经济逻辑的一致性

经济逻辑不仅反映在经济事物之间的联系上，而且也反映在经济行为的选择决策上。

经济事物是由经济逻辑决定的，无论是主观的还是客观的都是如此，无论从经济事物得以形成的最基本单元的人及其形成的组织化经济主体的经济行为发生的角度，或是微观和宏观层面，还是作为经济学研究认识判断和评估的角度，或是其不同的反映，都是如此。虽然对于经济事物的认识，有时候我们需要结合社会、政治、自然等方面加以综合考虑，但经济逻辑无疑起到核心和主导的作用。这也是经济事物区分于其他事物的原因。

自然物质现象，以及它们的结构、关系和功能，由自然物质所固有的内在规定性决定，由物理的、化学的和生物的规定性决定，并具有时空上的可重复一致性，人类只能遵循和利用，但无法改变这种固有的关系。社会经济事物，以及它们的结构、关系和功能，无不由主观意义上人类的意向性赋予形成，并由人类的行为逻辑决定，是相对于时空状态或条件的产物。经济事物的结构、关系和功能，是经济逻辑在经济行为选择上的结果反映。

经济主体，个人、家庭、企业、非企业组织和政府及其组织机构，以及它们的联合体的经济行为选择都是经济逻辑的理性反映。经济主体的行为总是根据自己的条件（禀赋和环境）和自己的理解判断来反映它们各自的经济理性。民间的经济主体，它们的消费选择总是围绕效用需求的满足和预算约束进行，它们的投资选择总是围绕收益回报和风险偏好进行，它们的交换选择总是围绕效用或价值和代价进行，等等，总是经济逻辑在个别理性上的反映。政府及类政府组织经济主体的行为选择，理论上总是围绕公共需要或者公共利益和支出或代价之间的关系进行，总是经济逻辑在社会理性上的反映。

经济研究的目的，总是围绕经济目的与手段选择之间的科学性、合理性和可行性展开，使得行为选择的实际结果与主观愿望保持一致，使得经济目标在实践中得以有效实现。我们从事微观经济和宏观经济的理论研究，就是想要发现"经济规律"，建立基本原理，来科学解释或预见经济事件、关系和现象，并为实践应用提供理论依据。若要实现这样的研究目标，经济理论和应用研究须有时空意义上的逻辑一致性。没有逻辑一致性，就不具有科学性特征。缺乏经济逻辑的贯穿，就不属于经济事物。经济学研究"选择""交换"和"权衡"，以实现稀缺资源的优化配置，都始终贯穿着经济逻辑这一主线。

在逻辑上，经济研究探寻和发现"经济规律"或"规律性特征"，最终的目的还是想要通过依循和利用"规律"，或者通过策略选择或者制度、政策的设计制定来进行有效管理以实现资源的优化配置。

二、微观层面的科学性基础

如前所述，在最一般的意义上，经济现象都不过是人的经济行为或活动的产物，包括自然人及其基础上形成的组织化、结构化和人格化的经济主体的经济行为选择或者活动。这样，经济科学在微观层面上的基础，就主要指向经济行为选择的规律性特征。

经济主体的经济行为选择，是经济主体对于客观环境和自身条件认知基础上的决策反映。

人的经济行为是否具有规律性，不啻是在问：作为具体自然个体的人，他的经济行为是否具有空间和时间意义上的规律性特征，包括个人在不同（状态）条件和不同行为环境下的行为倾向及其在时间上的总体表现。如果答案是肯定的，那么就可以说人的经济行为表现是存在规律性及科学性基础的。这对于我们认识和理解经济学的科学研究方向、问题和方法是至关重要的。

从科学认识的角度，上述问题可以具体化为：（1）个人经济行为选择或者倾向特征与其生物学禀赋条件之间是否存在着分类意义上的关联性，其作用路径和机理是什么；（2）个人经济行为选择或者倾向特征与其物质条件之间是否存在着分类意义上的关联性，其作用路径和机理是什么；（3）个人经济行为选择或者倾向特征与其行为环境之间是否存在着分类意义上的关联性，其作用路径和机理是什么；（4）个人经济行为选择或者倾向在时间意义上是否存在着规律性特征，其作用路径和机理是什么；等等。

毫无疑问，在时空的意义上，微观经济主体的行为选择存在着类趋向上的一致性，即基于个人及其在集合意义上行为所具有的某些一致性表现反映或趋向率。主体行为倾向的这种类一致性，它的基础就在于：自然人行为倾向在时空意义上类一致性，及其形成的结构化组织行为的逻辑一致性。这种类一致性的源头来自人在自然意义上行为的动机在生理、心理或者本能上的表现，以及在社会（政治）意义上行为动机的表现/反映。在类或者整体的意义上，总有这两个方面的因素在时间、空间和环境这三个维度上反映为某些一致性倾向或特征。

经济行为选择不过是经济主体对于自身的行为条件和行为环境的一种表现/反映，都可以从主体的禀赋状态、约束条件和环境这三个维度中找到答案。

人的行为选择之理性和感性

通过对大量动物的观察，我们或许可以说，一切动物之行为意识都是其生存和种群繁衍发展的自然反映。对于一般动物而言，种（群）族繁衍延续或许是第一性的，为此，甚至不惜以生命作为代价。在动物界，食物、领地和交配基本反映了一切动物之生存的全部内容。对于许多雄性动物而言，它们生存的主要任务或者意义似乎就在于交配以使得基因延续，为此不惜冒着生命的危险。为了自己的基因和物种延续的争斗从来不会停止。在螳螂、蝎子、蛇、章鱼等许多物种中，雄性经常以自己的生命为代价以换取自己基因的延续。许多动物也同时具有自然性和社会性两重属性，有尊卑等级之分，有着自己的动物的社会秩序，它们的基础是自然竞争。但人的这两重属性显然是大大超乎其他一切动物之上的。人的自然性和社会性经常是交融在一起的有目的的意识反映。甚或，人为了达到自己的目的，会在自然性和社会性这两种不同的需求之间进行交易。人的行为既是出自自然的，也是适应社会环境的反映，是人有目的的反映。对于大多数人而言，其存在的意义就在于存在本身，只有极少数人把自己的存在意义定义在未来之中。

哲学家卡西尔用生物学观点，从人的自然属性出发，认为人类知识的最初阶段主要来自外部世界，因为人的一切直接需求和实践利益都要依赖于他的自然环境，人只有适应环境才能生存下去，包括生理和心理。[1]苏格拉底认为，人被宣称为应当是不断探究他自身的存在物——一个在他生存的每时每刻都必须查问和审视他的生存状况的存在物。[2]但斯多葛主义认为，人的本质不依赖于外部环境，而只依赖于人给予他自身的价值。[3]实际上，上述说法从不同的界定条件来说，都是有道理的。

人自诩是上帝之子，而区别于世界上的其他一切物种。人之所以为人，必定在其自然性和社会性的具体反映上，或者在本能及理性的行为反映上明显地区分于其他动物，特别是理性。但这些区分和进步是历史累积的产物，是生存

---

[1]　恩斯特·卡西尔：《人论》，甘阳译，上海译文出版社，1986，第5页。

[2]　同上，第8页。

[3]　同上，第10页。

环境变化的结果。

米塞斯指出，人所选择的一些手段，总是由一个理性的考虑来决定的；人之异于禽兽者，正在于他会着意于调整他的行动。人这个东西，有自制力，能够操纵他的冲动和情欲，有能力抑制本能的情欲和本能的冲动。[1] 与人不同，其他所有的动物都是绝对地被求生欲和生殖欲所驱使。于人，则不是必然的。人不像其他动物只是寻求食物、住所和异性，而且也寻求其他各类的满足，这是人性的特征。[2]

现代对于人的行为的主流看法，是用理性两字加以描述概括的。"但是，当人被一种特殊神明的启示开导之后就会发现：理性本身是世界上最成问题，最含糊不清的东西之一。理性不可能向我们指示通向澄明、真理和智慧的道路。"[3] 我认同这一观点。因为在事实出现之前，理性只是对于人的有意识行为倾向在主观上的一种抽象概括，然而行为的实际反映却是多种多样的，因为人的理性所包含的选项及其重要性顺序是不尽相同的。在主观上，人的行为多自以为是理性的，并没有一致的标准来区分理性或者不理性。人与人之间的理性反映是如此不同，而理性一词又是如此空泛，因而理性在更多的时候也就失去了实际意义。对此，卡西尔指出："人之为人的特性就在于他的本性的丰富性、微妙性、多样性和多面性。因此，数学绝不可能成为一个真正的人的学说、一个哲学人类学的工具。把人说成仿佛也是一个几何学的命题，这是荒谬的。"[4] 数学能够帮助我们做许多有用之事，"但是，要把我们在这个领域所发现的东西包括在一个单一的和简单的公式之内的任何企图，都是要失败的。人类生存的基本要素正是矛盾。人根本没有'本性'——没有单一的或同质的存在。人是存在与非存在的奇怪混合物，他的位置是在这对立的两极之间"[5]。

我得指出，毫无疑问，人具有共同的本性，只不过这种本性的表现总是与时间和空间相对应的产物，是人的自然本能对于生存环境的反映，而且具有语

---

① 路德维希·冯·米塞斯：《人的行为》，夏道平译，台湾远流出版社，1997，第9页。

② 同上，第19页。

③ 恩斯特·卡西尔：《人论》，甘阳译，上海译文出版社，1986，第14页。

④ 同上，第15页。

⑤ 同上，第16页。

境意义上的差异性。时间和空间所对应的生存环境不同，人的行为表现特征就可能出现差异甚至显著不同。即人之共同本性所对应的是一个抽象的层次，本性的具体表现又是处于另外的层次。在时间和空间的具体层次上，人之本性表现是千差万别的。我们没有办法一言以蔽之。

对此，生物学家乌克威尔认为，假定存在着一种对一切有生命的存在物都同一不变的绝对的实在之物，那就是一种非常幼稚的独断论。实在并不是唯一的和同质的东西，而是无限多样化的。有多少种不同的生物体，实在也就具有多少种不同的组合和样式。[1]

"即使在实践领域，人也并不生活在一个铁板事实的世界之中，并不是根据他的直接需要和意愿而生活，而是生活在想象的激情之中，生活在希望与恐惧、幻觉与醒悟、空想与梦境之中。"[2]

因此，人的行为既是理性的，也是感性的。我们说人的行为是理性的，主要是指多数情况下人在行为选择时的一种主观倾向，而不是与客观完全相一致的状态。即，理性行为的倾向，在面对主体理性认知能力的多样性和行为环境的众多不确定性时，它的实际意义是结果的多样性和差异性，甚至选择上的截然不同。例如在股票的交易中，买卖双方总是处于各自的理性选择之中，但方向却完全相反。没有人希望与价格变动的趋势作对或者愿意亏钱，但实际的结果总是在一方赚钱的同时，另一方却会遭受损失，否则就不可能达成交易。虽然这是比较极端的例子，因为在其他的一些交易中，参与其中的各方也可能各得其需，形成共赢。然而理性仅仅是一种主观行为倾向的描述却是事实。也就是说，即使行为人想要的是效用最大化或者利润最大化，但结果并不总是与预期一致。所以，如果从逻辑上我们可以说，作为一个行为主体，经济行为的选择多数是基于主观上的理性判断（或者计算），但实际的情形，无论是在个别的意义上还是整体的意义上，它总是不同的。另外，所谓效用最大化或者利润最大化，本身也是十分模糊的概念，并且是主观的倾向或描述，但你永远也不清楚它们的量化标准和行为界线。当人们在买卖一只股票时，或者确定一个证券

[1] 恩斯特·卡西尔：《人论》，甘阳译，上海译文出版社，1986，第31页。
[2] 同上，第33-34页。

组合时，他或她行为的主观倾向虽然相同，但实际上大多数人的选择总是与资产价值变化的情况不一样。这样的情况，在企业的生产经营过程中同样存在，否则就不会有企业破产倒闭。当然，你也可以找到不少在确定的条件下，理性的经济行为选择结果与其理性的预期一致性的案例，例如企业依据订单或者预收款来生产销售产品，或者银行在拥有充足担保条件下的贷款活动，或者普通消费者以市场平价来购买自己的必需品，等等。

人在经济活动中的经济行为选择决策时，理性既是一种抽象的、意向性的描述，又是一种包含多种不同选择和结果的东西。它带给我们的，只有当一种经济行为的选择具有诸多的确定性时，它在过程中和结果上的情形才具有指导意义，然而，它既需要在决定行为主体理性方面的较高一致性，又需要行为环境和行为结果上的较高一致性。也就是说，只有当我们能够找到或者有效地解决这两个方面的较高一致性程度时，我们对于经济事物及现象的研究才可能具有真正的较高科学程度。

理性总是依据经验或记忆、印象、想象、直觉、判断等来影响行为选择／决策，当行为的主客体及环境具有高度一致性时，它就意味着目的与结果上的更高一致性或者行为结果的可预测性，但许多有关因人发生的经济或者社会事物并不是这样，特别是面对比较复杂的系统或博弈关系时。尽管经济主体之间在行为选择／决策时所依据的抽象要素或逻辑结构存在着高度一致性，但无论是这些要素所具体包含的内容或者逻辑思维的方式实际上都存在很大的差异。所以，所谓理性，经常只是在事后基于结果的一种评价和判断，或者仅仅反映了决定行为选择的其中一类主观倾向，而绝不意味着行为主体行为选择实际内容的相同，更不意味着目的与结果的相同一致。

通常，我们并无一致的标准来事前区分行为的理性与感性。

经济行为理性反映的时空类一致性基础

在认识层面，我们不能说经济行为的"理性"或者"有限理性"假定全无意义，因为它的确反映了最抽象意义上我们对于人的经济行为主观倾向的描述，并为制度设计提供了基本的规范底线。即，在制度设计和制定时，只有当一切行为规则的制定假定在"自私"或"自利性"这一基础时，才能够有效地保护那些愿意自觉遵守规则的人。但是，除此之外，正如我在前面所指出的，笼统的"理性人"以及"有限理性"对于经济研究的开展或者理论的构建并无更大的科学意义。经济行为理性，只有当其具体深入到时空的类意义上，才能真正产生科学认识和研究的价值。也只有当经济行为和经济事物具有时空意义上的类一致性特征时，经济学研究才有了科学性基础。否则，我们又何以探寻获得经济事物的可一致依循性和认识判断上的一致性逻辑呢？

我们说经济事物是有目的和有意识行为的产物，是基于个人及其在集合意义上行为所具有的某些一致性表现反映或趋向率，它指向三个方面：

（1）出自自然意义上行为的动机在生理、心理或者本能上的表现；

（2）出自经济意义上微观经济主体的生存延续的需要；

（3）出自社会（政治）意义上行为动机的表现反映。

在类或者整体的意义上，总有这些方面的因素在时间、空间和环境这三个维度反映为一致性倾向或特征。所谓"人性既是相同的，又是差异的"，就是指这两个方面。

我们说经济行为选择总是人性在特定时间、空间和环境条件下表现的产物。

一是说，经济行为的选择特征总是与主体的物质或经济条件密切相关，受到行为主体经济条件的约束。虽然这并非意味着所有的个体或者组织的行为选择都是相同一致的，但在总体意义上或者"大数"上，以及分类意义上则是一种事实上的存在。经济行为选择总是与经济发展水平、物质生活条件等密切相关。对此，马斯洛的需求动机及层次理论能够很好地说明这一问题。

二是说，经济行为的选择在主体的空间意义上总是表现出类一致的倾向特征，行为选择倾向与主体的先天禀赋状态和后天经历存在着密切的关系，相同的先天禀赋条件和后天经历往往在效用偏好、心智状态、或者行为信念等方面表现反映出许多相似一致性。对此，生理与心理特征、营养条件、教育等起到了十分重要的作用。

三是说，经济行为的选择特征总是与行为环境或者空间关系密切相关，在总体意义上，有什么样的行为环境或者空间关系就会出现什么样的行为选择倾向。对此，正式规则、文化、习惯、信仰等的作用或影响十分重要。

经济的"规律性"特征的形成基础是经济逻辑在时空意义上的必然反映。在一般意义上，任何类型的经济主体的经济行为选择都是经济逻辑在时空条件上的反映，并在抽象意义上存在着类一致趋向性。运行状态、经济关系和结构等，以及所表现出的矛盾和问题，同样是经济逻辑在时空条件上的反映。所以，公共经济研究的核心问题就是探求经济事物的核心逻辑与时空条件之间的一致性和矛盾性，或者经济逻辑与时空条件之间所存在着的类一致性这一客观"规律"。

经济行为之理性表现的决定性因素

为了清楚地认识和理解经济行为理性之具体时空表现特征，我们很有必要对决定经济行为选择的众多因素进行一般抽象，以便进一步从时空的意义上对行为理性表现决定性要素加以深入探讨，为经济研究的主要问题提供方向。

在我看来，人的有目的的经济行为选择，由约束条件、效用偏好、心智状态等三组变量决定，是意识的反映。人的经济行为选择，是人按照经济逻辑所反映在各自的约束条件、效用偏好和心智状态下的产物。人的行为之所以这样而不是那样，是由这三个方面因素决定的，并与行为发生的环境相关，存在着多种排列组合的可能选择结果。

即，经济行为选择＝预算约束条件＋效用偏好＋心智状态＋行为环境。

其中，预算约束、效用偏好和心智状态之间存在着某些相互影响，特别是预算约束、制度约束对效用偏好和心智状态的影响，这种影响是复杂的，但在类意义上存在着某些趋向上的一致性。

趋向性特征，是一种虽然不是每次的选择都是一样但从选择频次的趋向分布上来说，存在着"大数"指向上的趋向一致性。

1. 心智、偏好、约束条件对于行为选择在大数上的稳定性，在主体空间状况上的稳定性，表现在经济行为的选择上，总是反映出类趋向上的大数一致性；

2. 行为主体对于环境条件接触反映上的大数稳定性，同一行为主体的经济行为选择在类似环境条件下总是表现出某种趋向上的大数一致性。

这意味着只要时空条件相对稳定，人的经济行为选择多数存在着某种比较稳定的趋向性特征，其基础和依据是：行为主体所具有的生理和心理上的某些需求特征，包括物质的需求和精神的需求，或者理性与情感的反映。

为了便于认识和理解经济行为选择特征的形成依据，我对约束条件、效用偏好和心智状态这三组变量作以下解说。

1. 约束条件：预算或经济约束、制度（正式的或非正式的）约束、自然约束，特别是预算约束，是与经济能力、制度环境、社会环境、自然条件和科技水平等相关联的一组变量。不论经济主体的类型和性质如何，其经济行为选择总是受到来自这些不同方面的约束或者限制的。

对于个人和家庭来说，是受收入水平或预算约束、法律法规和文化习惯等的限制和影响的。对于企业来说，是受到资本实力、风险承受能力、预算、法律法规和政策、市场环境等的限制和影响的。对于非企业组织单位，是受到预算约束、法律法规、财务制度等的限制和影响的。如果稀缺性和公共需要这个存在前提不发生改变，这些道理也不会发生改变。对于政府及其组织机构而言，同样如此。

2. 效用偏好："三观"（即世界观、人生观、价值观）或与之相关的信仰、信念、风险或流动性偏好、满足度偏好等，这是与主体自身的性格特征、家庭出身、经济条件、环境、角色归属、教育等相关的一组变量。毫无疑问，经济主体所进行的行为选择倾向总是与这些因素密切相关；由于偏好存在着差异性，经济行为选择倾向特征也因此不同。

也可以理解为：效用偏好是与自身的预算约束条件、经历、信仰、价值观等相关的一个变量，并因这些方面背景状况的不同而出现明显类差异。

3. 心智状态：指的是人的各项思维能力的状态，是一种获得知识、应用知识和抽象推理的能力。这是与先天禀赋（遗传基因）、营养、后天教育、经历等相关的一组变量。显然，并非所有的行为主体都具有相同的心智状态，因而经济行为的选择结果也必然是不一致的。

人的心智状态是其物理状态的一种反映。心智状态的结构和影响因素包括：（1）先天因素，基因——感觉器官（感受、观察、知觉、直觉等）——人脑组织（意识、选择、记忆、理解、判断、想象、归纳、假设、推理等思维能力和悟性）。在很大的程度上，先天因素对于心智状态具有决定性作用。当然，这种作用会反映在人的不同能力表现上，不仅反映在智商或者情商上，而且还反映在人的其他方面上。（2）后天因素，有助于改善感觉器官和人脑组织思维能力的营养、教育、健康、经历、经验等条件。这些条件能够改变一些行为主体心智状态的阈值水平，使得一些被这些条件压制或者正常表现的心智能力得以开发或者受到损伤。

这就是决定人的行为选择的三组变量。诚然，你也可以用不同的结构和方式来构建、解说经济行为选择倾向的形成，但不会改变其核心的逻辑及关系。

从不同的角度，个人行为选择特征的形成，还可以通过经验、习惯、路径依赖、从众、虚荣、理性与感性等方面来解释。在类细分意义上，又是与人的生理（物理状态）和心理两个方面因素密切相关的，涉及先天、后天在性格、脾气、环境、经历、背景条件等多方面因素。并且，这些因素之间还存在着相互间的作用关系。有些很难改变，有些可以改变，有些是慢变量，有些是快变量。

但无论如何，这些因素对于经济行为选择倾向类特征形成的影响，从科学研究的角度，需要回归到时间、空间和环境这三个维度。所谓行为理性，也是这三个方面状态的不同反映。

问题还在于，约束条件、效用偏好和心智状态之间还存在着相互影响的复杂联系。这也是经济研究需要不断深入研究探讨的主题和永恒的话题。在本质上，这三个方面对于经济行为选择特征的决定与影响，是我们得以认识和理解经济问题、现象或者经济事物之所以形成、变化或者不同的基础和依据。

上述三个方面的因素对于经济行为选择的最终影响，又可以简约地通过信念、路径依赖、便捷模式、趋利避害、"符号性"识别、选择性判断等这样一些思维特征及心理因素进行反映传递。

其中：（1）信念是决定行为选择的重要因素，但它又是时空条件的产物，包括个人的或者个别组织的状态和制度、文化及发展状况；（2）路径依赖是影响行为选择的另外一个关键性因素，它受到制度、文化、经验和信念的重要影响；（3）便捷模式是影响行为选择的一种心理性因素，大多数人并不精于"标准"理性的"计算"，也不擅长复杂的博弈思考，于是习惯、经验和从众等成为现实生活中行为选择的大众模式，在行事方式特别是在经济行为选择时，人们更倾向于短期的和根据自己所熟悉的路径和方法来考虑问题，而比较厌恶不熟悉所形成的风险，虽然他们的思想也总是容易对自己所不熟悉的东西产生神秘感；（4）趋利避害，经济行为选择是基于自我理性和经济逻辑基础上的趋利避害的思维结果；（5）"符号性"识别，多数人习惯于从人、事、物表面的"标记"/"符号"等来进行判断，而缺乏真正理性的独立判断能力。

经验突出地来自学习基础之上在过去的主观设想对于客观结果回馈的反复实践的总结和认识，是在人生类似的各种经历中得到多次验证——包括肯定的回馈或者否定的回馈的一些东西，它构成了人在行为选择时理性反映的其中一项重要依据。尽管在往后的实践中，这些理性的东西所获得的行为结果并不总是一致。经验在稳定不变的行为环境中，往往能够取得与认知相一致的结果或者正面回馈，而在不稳定的行为环境中则不然。行为环境的稳定性，既涉及时间的因素，又涉及作为行为发生空间关系方面诸多的因素，例如经济行为活动中的竞争对手以及制度因素等等。另外，经验在行为选择中也不是纯粹地简单重复运用，它在实际行为决策时经常融合了感受、理解、判断、推理等复杂的因素。当然，经验也只是行为决策中的一个影响因素，而不是全部。经验的回馈特征，也仅仅限于过去，它构成将来同类行为决策的一个重要影响因素，但将来的回馈特征仍然要受到其他方面因素的影响。上述关于经验的表述，主要是对于与人类行为相关的事。可以说，人类对于来自物所形成的经验，具有较高的可重复性，而对于来自人或事的非物经验，则并不具有可靠的可重复性特征，在博弈的环境中尤其如此。

习惯，除了受到人的生理和心理上的个性性格条件的影响之外，还受到社会文化和主流习俗的深刻影响。个人习惯之间的差异，表现在社会总约束条件下其他诸如生理、心理、偏好、意识、理念、教育、家庭、宗教、团体参照等等方面的影响。习惯一旦形成，就会很大程度上出现固化，成为路径依赖的一部分，从而使得改变面临很大的阻力，个人和社会都是这样，这构成了社会改造和制度改革的复杂性。

信念是行为的意志表现，是人生观、世界观和价值观的统一物。它同样内生于社会，内生于制度。与其说信念是外部灌输的结果，不如说是社会及经验不断回馈的产物，宗教信仰、教育和宣传等都对信念的形成产生重要影响，但社会实践及其回馈所形成的经验才是信念形成的决定力量。人们在这两个方面背景经历的不同，导致了类意义上信念及其影响的行为倾向和选择决策上的很大差异性，并反映为群体信念的区域性差异。

至于其他的许多因素，多数只属于次要的／中介的或者表面的性质。在研究中，我们需要加以区分识别。

总之，社会经济系统虽然不具有物质系统中存在的这种可重复一致性的稳定关系，但仍然在个体行为选择、类事物和系统事物中表现出时空意义上不同的趋向一致性特征。这句话的意思，一是说个体、类事物和系统事物都存在着阈值范围不同的趋向一致性，尽管不可重复一致，但存在着行为指向或趋向上的总体一致性；二是说这种趋向一致性在不同的时空条件下具有不同的意义，此时彼时，此地彼地，同种经济行为的趋向不尽相同。即，在类意义上存在着某种趋向上的一致性，在时间对应的空间意义上这种一致性趋向的表现又可能是不同的。它不是一种可重复意义上一致性。趋向一致性的具体表现，取决于给定的条件。

三、宏观层面的科学性基础

在宏观意义上，宏观经济事物的形成、变化发展取决于以下几方面：（1）宏观经济的表现总是微观经济和政府管理行为的综合反映，宏观经济既取决于微观行为活动又取决于政府管理，宏观经济与微观经济行为之间存在着最根本的互动因果关系；（2）宏观经济系统、结构和关系的建立是人的逻辑思维的产物；（3）宏观经济在系统、结构和关系上内含着现实与逻辑在时空上的经济规定性。

经济学研究的核心问题之一在于发现和揭示宏观经济、微观行为和政府管理之间在时空上的关联关系，并通过一致性逻辑的构建来分析和揭示类事物在时间、空间上的类表现反映。

同样，正如我在本章第一部分中所指出的那样，宏观经济事物的科学性基础也主要反映在：（1）微观经济行为的时空类客观性特征，成为认识和理解宏观经济状态趋势形成的微观原因；（2）贯穿于宏观经济事物本身的一般经济逻辑和时空类特征，特别是由人的主观目的和意识规定的经济系统、结构和功能关系的形成，成为认识和判断宏观经济状态的逻辑依据；（3）国民经济核算体系及标准所形成的结构数理关系，即与宏观经济系统和微观经济活动相对应的核算体系及标准决定的数据形成及其所反映的状态与关系。

（一）宏观经济是微观经济的时空状态反映

经济事物，从因果关系的逻辑层面，我认为可以分为不同的类型，并且它们有着不同的性质。但在经济研究和认识理解时却经常出现主次颠倒、逻辑混乱。

一是结果类变量，或因变量。这类变量主要包括诸如经济绩效、状态、现象等，增长率、结构、通货膨胀/紧缩、逆差/顺差、就业/失业、增长/衰退、生产过剩/不足等等都属于此类变量。

二是中间变量。这类变量主要包括正式制度、技术水平、人力资源数量及专业化层次、资本规模及性质、知识、创新、教育等等，是决定经济状态、结果的直接原因或者决定性因素，但其本身也是整个社会全体微观主体意识和行为选择的产物。

三是自变量，是导致结果发生的最基本/微观因素，包括物质生活条件/收入水平、文化、意识、观念、习惯、信仰、信念等等。

经济系统的复杂性在于，宏观经济与和微观经济存在着关联互动和时空关系，制度与宏、微观经济状态存在着时空关联互动。动态而言，中间变量对结果类变量产生直接影响，但它本身也是微观主体意识行为活动的结果；微观意识和行为性状又受到宏观结果类变量的约束和限制；于是，三个层面彼此之间循环累积，形成复杂的因果关联互动。

在循环累积关联互动过程中，经济系统的状态和结构会分化出几种不同的形态：（1）低水平恶性循环，宏观与微观系统的众多要素未能突破低水平向高水平发展的阈值，彼此之间相互牵制而无法摆脱系统的低水平陷阱的引力；（2）良性循环，宏观与微观经济系统的众多要素关联互动、相互促进，使得各种资源得以充分有效地调动利用；（3）经济衰退，是一种从相对好的经济状态继而掉入坏的状态的变化趋势，这种状态的形成主要归因于制度性障碍引致、技术性障碍引致、周期性因素引致和对策性失误引致等不同的情况。

（二）宏观经济的一般逻辑及其时空特征

与微观经济有所不同的是，微观经济突出地表现为在微观经济主体的行为选择或者活动时的行为逻辑所指向的约束条件、效用偏好和心智状态等，而宏观经济则偏重于对宏观经济系统、结构和功能的关系的认知理解上，它突出地反映在与宏观经济状态相对应的各种结构关系及其矛盾的研究，与此相对应的是制度安排和政府管理的有效性。

如前所述，宏观经济系统以及结构关系，是我们根据认识的需要按照经济逻辑人为定义、界定、分类以及分解所形成的，成为宏观经济学研究的主要内容。

经济研究可以分为三个不同的层面：（1）一般研究，包括一般原理和理论，分析研究一种经济状态／现象之形成的各种原因或者因果关系，用以解释各种状态／现象发生的可能原因及其机理；（2）类意义上的时空约束条件下的研究，用以解释在类意义上的各种经济状态／现象发生的对应性原因和过程，是应用研究的主要内容；（3）个体意义上的研究，即受具体的时空约束条件下的经济研究，包括有关个人、家庭、企业、地区、国家等个别的经济事件／事例或案例的研究。

科学研究的主要困难在于：各种经济状态或者结果总是对应着许多不同的缘由，存在着许多不同的解释，但真实的原因其实只有一种或者一组解。

（三）国民经济核算体系及标准所形成的结构数理关系

人们不应忘记，经济系统的构成，经济事物之间的结构、关系或因果逻辑，不论是宏观经济还是微观经济，包括统计核算中的关系，都是人为的结果。在此基础上，经济研究想要探知的是与时空条件相对应的不同排列组合和一致性，特别是人这种特殊的对象在经济事理上所存在的行为一致性及其影响因素。简单而言，经济行为选择的特征，很大程度上是与行为发生的时间和空间条件密切相关的，由此形成主体、时间和环境条件上的不同排列组合特征，这是经济事物形成的认识基础，也是经济现象及其数量化的形成始源。主体的行为总是主体的空间特征和条件与其行为发生的空间关系或者环境密切相关的，在彼此

之间形成趋向上的规律性特征和量化上的大数关系，反映出行为选择在人性上
的某种共同性。一旦离开主体的空间特征或条件和环境所反映的空间关系，主
体在行为表现上的特征就会失去现实意义，成为抽象意义上可以用常识来认识
的"正确"的废话。

四、经济学研究的科学性检验

所谓经济学研究的科学性检验，是指在研究的问题存在着科学价值或者实
际意义和研究过程科学规范的情况下，对经济学研究所得出的结论或者认知的
客观性、合理性进行证实或者证伪的路径及方法，或者对于理论研究和应用研
究成果所具有的科学性特征进行检验判断。如果说自然科学领域在这一方面的
确存在着重复实验这一稳定有效的路径和方法的话，那么迄今为止，在经济（社
会）科学领域，则显然缺乏可以用以有效检验其科学性的路径和方法。由于经
济科学在认识论/方法论上所存在的缺陷，以及缺少可供一致性依循和检验的
路径及方法，无法通过实验的方式进行证实或证伪，我们无法对经济学研究的
科学性、合理性进行有效的识别判断，因而导致了随意性和"形式主义"在这一
领域研究中的泛滥。

在科学研究中，科学性检验的一般方法是通过证实或者证伪。证实的前提
条件是时空属性的类一致性及可控性，包括空间意义上的类一致性和时间意义
上的类一致性，来检验同种事物在形成和变化上的可重复一致性和原因与结果
之间关系上的可重复一致性。证伪，则是推翻或者排除一种研究结论或者认知
的检验方法。

由于可以实验和数学化表达，因此，自然科学研究多数可以通过证实或者
证伪的方法来进行科学检验。但以人的行为为基础的社会科学，特别是经济学
研究却不具备可实验的条件，也很难数学化，它是有目的的、能动的意识事物。

经济学研究何以进行科学性检验？

艾克纳曾经在《经济学为什么还不是一门科学》[1]中提出三种性质的经验检

---

[1] 艾克纳主编：《经济学为什么还不是一门科学》，北京大学出版社，1990。

验：第一是相符性检验，即确定某一理论的结论与从对现实世界所作的经验观测中能够得到的东西是否相符。行为经济学家认为，传统经济学中无限理性、无限自制和无限自利的假设都不能经受住相符性检验。第二是普解性检验，即鉴定理论是否能够包容与所研究的某种现象有关的所有已知事实，封闭式基金之谜，过度自信，羊群效应等显现，传统经济学也不能接受普解性检验。三是精炼性检验，其目的是确定理论结构中任何具体要素对于说明由经验观测的东西是否是必要的，如去掉该要素并不影响该理论的解释能力，则要素是不必要的。传统经济学中有很多具体苛刻的假定，在经过行为经济学的精炼性检验后，诸多假定被放宽，从而更符合社会事实。

我认为，经济学研究同样具有科学性基础并可以进行科学性检验，认识抽象总是存在的抽象。与自然科学不同的是：（1）由于经济学理论和研究的科学性主要建立在逻辑思想而非可重复实验的基础之上，因此，经济学研究的科学性检验也需要通过一致性参照和一致性逻辑来进行，并根据所需要解决的不同时空约束条件要求来加以区别对待；或即，依据逻辑与时空的对应关系或者抽象的层面来区别检验。（2）经济学研究的科学性检验是一种相对性的逻辑检验，而非实验。

即，在符合科学性规范的条件下，经济学研究科学性的检验主要有两种：（1）可重复的一致性特征检验，或事实检验；（2）可重复一致性逻辑检验。理论的科学性与否一般同时反映在事实与逻辑这两种一致性检验上。

在不同的抽象／具体意义上，不同层次和类型的经济研究分别适合于不同的检验方法。

1. 对于缺乏时空条件约束的一般研究，或者超乎于时空约束的有关经济事物系统、结构和关系的构建，或者概念化、系统化和结构化的研究，包括认识论、方法论意义上的研究和系统结构及关系的构建、一般机理或原理的分析论述等等。对于这种研究的检验，需要根据研究所基据的假定前提，用逻辑的一致性或可一致性解释能力来检验。这种理论，一般依据事物的逻辑构建，当然也依据理论假定的逻辑和其解释的能力来检验。

2. 对于类意义上时空条件下经济事物的研究，包括类事物系统、结构和关系的理论构建和一般机理、机制或者原理的分析论述，主要依据类时空约束条件下的四个方面来检验：（1）研究所确定的系统和目标；（2）类一致性参照体系或标准的构建；（3）一致性逻辑的构建；（4）可一致性解释能力。在类意义上，经济事物的规律性／共同特征都反映为时空条件／状态上的一致性，是经济逻辑在时空类一致性上的反映。因此，科学性检验可以用"事实"或时空一致性逻辑来检验，用以排除虽然在理论上成立却与所研究的对象在时空上不相符一致的许多似是而非的其他解释／认识结论。

对这方面的应用研究合理性的检验或者评估，关键在于其所基据的一致性参照体系或标准及其在时空对应关系在一致性逻辑上的反映。一种科学的时空理论的解释能力，从一致性逻辑出发，它不仅可以解释过去和现在，而且也能解释未来，而不会出现对同一事物的众说纷纭。

3. 对于以具体事物或者经济主体为特定对象的研究，例如具体的个人、家庭、企业、组织、政府或者区域，及其为依托约束的产业、行业和经济事物。是以前面两个方面理论研究为基础和依据，并以具体事物的时空条件为约束的逻辑一致性来检验的。

4. 对于独立事件／孤立事件，对应的是研究对象当时的空间状态与外部环境状态／条件之间的关系，即作为一个特殊的个体／个别事物在一个特殊的环境条件下的空间存在，只有当认识者设身处地地作为这个特殊的对象面对这个特殊的环境条件来感受理解才可能获得当时境况下的存在，解释的检验应当符合或者与当时研究对象的空间特征和环境条件一致，个案研究的结论应当反映逻辑一致性。

上面几类研究的不同之处是约束条件及其具体化程度不同。约束条件的不同，导致了因与果、目标与手段选择之间的不同可能。而如果此时彼时，此地彼地，时空的约束条件发生错乱或者混淆，研究所需要遵循的逻辑一致性就发生混淆，结论就必然发生错误。这一点在认识和研究时十分重要。

第十章

对经济科学发展的一个展望

上士闻道，勤而行之；中士闻道，若存若亡；下士闻道，大笑之。不笑不足以为道。故建言有之：明道若昧，进道若退，夷道若纇……

——老子《道德经》第四十一章

经济科学是一门实用性科学，这种实用是建立在对于经济事物充分理解的基础之上的，包括经济事物形成发展的共同特征和"规律性"特征，特别是贯穿在经济事物发展变化中的经济逻辑和个体及其在群体中的经济行为选择时的思维特征，以及影响和决定这种思维特征的时空条件。认识和把握这些共同特征和规律性，才能通过有效的管理更好地实现个人的目标、组织或者集体的目标和国家或社会的发展目标。

但是，正如我在本书中一再提到的那样，经济科学研究所面对的对象及其经验大多具有历史性，许多经验在现实生活中虽然仍然能够发挥重要作用，然而这种作用更多的并非表现为自然科学研究对象所具有的可操作意义上的可重复性，而是内含在经济事物中的一些具有可依循性的"道理"——即根据不同的时空条件为达到各自的经济目的作出合理选择的不同策略或者原理。

显然，这种"道理"或者"原理"的获得，是建立在思想和逻辑的基础之上，包括贯穿于经济事物之间关系的形成和变化中所特有的经济逻辑，以及为达到或实现一定的经济目的／目标而反映在手段选择上如何根据经济主体不同的时空条件作出适当性决策的逻辑。从应用管理的角度，这两个方面都是不可缺少的认识基础。

　　经济事物中的经验之所以只具有相对性的"道理"，原因就在于历史经验总是特定时空条件下的产物，而时空条件又一直处于变化之中，唯有"道理"相对不变。当然，我们也可以说，如果时空条件相对不变或者具有类一致性，那么这种经验则具有较强的可依循性。这种情况是存在的。

　　因为经济学研究的最终目的是指导实践，理论研究和应用研究都是如此。所以，经济研究或是要为经济实践提供可重复操作的经验，或是告诉／提供给实践者——个人、家庭、企业组织、非企业组织、政府机构等能够有效地进行经济行为选择的"道理"，特别是能够为这些不同的经济主体提供符合各自时空条件的针对性的策略建议，而不是空泛的"道理"或建议。然而，现在的经济研究很难提出有针对性的可行结论。它更像是一种文字或者数学"游戏"。这种状况是难以令人满意的。

　　我认为，经济学研究所需要研究理解和揭示的最基本问题：（1）人及其组织化的主体之经济行为选择在时间、空间条件对应关系上的类共同或"规律"特征，及其生理和心理原因；（2）经济事物在宏观意义上系统、结构、功能的变化发展的一致性特征及其逻辑反映；（3）经济事物在宏观与微观层面之间的互动关系和逻辑支撑。这些问题所对应的是经济事物在不同层次和时空意义上所存在着的各种"周期性规律"，是理解不同时空条件下经济事物的存在状况并进行有效应对管理的基础和依据。

　　随着电子信息技术的快速发展及广泛应用，特别是 AI 和大数据技术的应用，经济学微观研究的条件正在发生深刻变化。信息数据传递的全面性、通畅性和真实性，信息收集、处理的及时性，将大大增进我们对人的经济行为方式及其表现特征以及影响因素的关联性特征的认识把握，这为制度安排和政策工具的有效运用提供了微观基础。经济学研究将在正确的认识论及方法论指引下通过行为经济学、制度经济学和时空经济学的融合研究发生质的发展进步。在此背景下，经济数据或经验材料，以及统计分析和计量分析在经济研究中的运用，在未来不是弱化了而是会有所增强。只不过它们仍然需要遵循我在本书中所说的这些原则和逻辑，仍然只是帮助我们发现问题和理解、判断经济事物的存在性状以及构建理论的辅助性材料或工具。经济数据或经验材料具有有用的信息和逻辑以及数理工具得以有效发挥作用的前提条件不会改变。

从技术进步对经济发生的深刻影响来前瞻，也出现了可以预见的一些变化，这些变化将大大改变甚至颠覆传统的经济学理论，一些传统理论的解释力和预见力的局限性将日益显现。例如，在数字经济条件下，资金流动性条件的改变对于政府财政危机、银行危机出现的界定正变得日益模糊化，货币无纸化或者数字化将对人的经济行为特别是消费行为产生很大的影响，等等。

在不久的将来，产业的技术壁垒将增强，市场及相互之间的套利空间将变小，各种经济主体的经济行为模式及其类特征以及影响因素和空间分布等对经济增长发展的影响将得到更好的研究认识，自然科学与经济科学、社会学、心理学等之间的融合研究将不断增进。当然还包括经济学认识论和方法论研究的拓展和深入。而哲学，特别如人类如何认识世界、如何认识事物的方式等的研究，将最终决定人类对于存在的认识境界和自己的命运。

参考文献

1. 埃思里奇. 应用经济学研究方法论 [M]. 朱钢，译. 北京：经济科学出版社，2007.

2. 波普尔. 科学发现的逻辑 [M]. 查汝强，邱仁宗，译. 杭州：中国美术学院出版社，2008.

3. 布劳格. 经济学方法论 [M]. 黎明星，译. 北京：北京大学出版社，1990.

4. 布劳格等著；罗杰·E. 巴克豪斯编. 经济学方法论的新趋势 [M]. 张大保，李刚，韩振明，译. 北京：经济科学出版社，2000.

5. 博伊兰. 经济学方法论新论：超越经济学中的唯名论和唯实论 [M]. 夏业良，译. 北京：经济科学出版社，2002.

6. 查尔默斯. 科学究竟是什么 [M]. 邱仁宗，译. 石家庄：河北科学技术出版社，2002.

7. 格尔茨、马奥尼，等. 两种传承：社会科学中的定性与定量研究 [M]. 刘军，译. 上海：格致出版社，2016.

8. 赫尔普曼. 经济增长的秘密 [M]. 王世华，译. 北京：中国人民大学出版社，2007.

9. 哈耶克. 自由秩序原理 [M]. 邓正来，译. 北京：生活·读书·新知三联书店，2003.

10. 海德格尔. 存在与时间（修订译本）[M]. 陈嘉映，王庆节合译. 北京：生活·读书·新知三联书店，2006.

11. 库恩 . 科学革命的结构 [M]. 金吾伦，胡新和，译 . 北京：北京大学出版社，2003.

12. 卡西尔 . 人论 [M]. 甘阳，译 . 上海：上海译文出版社，1986.

13. 拉卡托斯 . 科学研究纲领方法论 [M]. 兰征，译 . 上海：上海译文出版社，1986.

14. 门格尔 . 经济学方法论探究 [M]. 姚中秋，译 . 北京：新星出版社，2007.

15. 迈因策尔 . 复杂性中的思维 [M]. 曾国屏，译 . 北京：北京大学出版社，1996.

16. 米塞斯 . 货币、方法与市场过程 [M]. 戴忠玉，刘亚平，译 . 北京：新星出版社，2007.

17. 米塞斯 . 经济学的认识论问题 [M]. 梁小民，译 . 北京：经济科学出版社，2001.

18. 米塞斯 . 人的行为 [M]. 夏道平译，台湾：台湾远流出版社，1997.

19. 马良华 . 大国现代经济增长的因果探源 [M]. 杭州：浙江大学出版社，2014.

20. 诺思 . 理解经济变迁过程 [M]. 钟正生，邢华，高东明，译 . 北京：中国人民大学出版社，2008.

21. 培根 . 新工具 [M]. 许宝骙，译 . 北京：商务印书馆，1984.

22. 休谟 . 人类理解研究 [M]. 关文运，译 . 北京：商务印书馆，1972.

图书在版编目（CIP）数据

回归本我：论经济学研究的科学性重建/马良华著.--
杭州：浙江大学出版社，2021.10
ISBN 978-7-308-21459-9

Ⅰ．①回… Ⅱ．①马… Ⅲ．①经济学－研究 Ⅳ.
①F0

中国版本图书馆CIP数据核字（2021）第107792号

回归本我：论经济学研究的科学性重建

马良华 著

责任编辑	赵　静	
责任校对	胡　畔	
封面设计	林智广告	
出版发行	浙江大学出版社	
	（杭州市天目山路148号　　邮政编码　310007）	
	（网址：http://www.zjupress.com）	
排　　版	杭州林智广告有限公司	
印　　刷	杭州高腾印务有限公司	
开　　本	710mm×1000mm 1/16	
印　　张	19.75	
字　　数	323千	
版 印 次	2021年10月第1版　2021年10月第1次印刷	
书　　号	ISBN 978-7-308-21459-9	
定　　价	80.00元	

版权所有　翻印必究　　印装差错　　负责调换

浙江大学出版社市场运营中心联系方式：0571-88925591；http://zjdxcbs.tmall.com